思想与时代　03

中国式现代化的理性探寻

学术论坛论文集

蒋传光　贺朝霞　主编

樊志辉　执行主编

中国出版集团　东方出版中心

图书在版编目（CIP）数据

中国式现代化的理性探寻：学术论坛论文集 / 蒋传
光，贺朝霞主编；樊志辉执行主编. -- 上海：东方出
版中心，2024.12. -- ISBN 978-7-5473-2623-7

Ⅰ. D61-53

中国国家版本馆CIP数据核字第20240NP542号

中国式现代化的理性探寻：学术论坛论文集

主　　编　蒋传光　　贺朝霞
执行主编　樊志辉
责任编辑　黄　驰
封面设计　钟　颖

出 版 人　陈义望
出版发行　东方出版中心
地　　址　上海市仙霞路345号
邮政编码　200336
电　　话　021-62417400
印 刷 者　上海盛通时代印刷有限公司

开　　本　710mm×1000mm 1/16
印　　张　21
字　　数　296千字
版　　次　2024年12月第1版
印　　次　2024年12月第1次印刷
定　　价　98.00元

目　录

法 政 篇

刑事司法解释中"数量型释法"现象之反思

崔志伟①

摘　要

从解释的刑法文本对象来看，数量型释法主要分为四种："裸"的行为类型、数量（额）要素类型、情节要素类型与结果要素类型，其中情节要素类型最为普遍。司法解释固然有助于统一司法标准且助于实际操作，但是，这种以一般性解释几乎完全替代法官个别解释的做法也有不可忽视的弊端，在数量型释法情形中更是如此：无视刑法文本明定的结果要素及行为关联，有违反罪刑法定之嫌；在"裸"的行为类型中未定性先定量，方向失之偏颇；将数量简单等同于情节而无视其他的能够影响情节轻重的核心要素。数量型释法作为一种司法客观现象，欲消解其局囿性可从"面向主体"及"制定主体"两个方向着手。其一，容许具体司法者通过法益（定性）识别作为不予适用司法解释的豁免渠道，如果某一行为仅侵犯了某种行政管理秩序却没有威胁到他人（包括个体和不特定集体）赖以生存的利益甚至对这种利益实现具有正价值，就需要考虑突破这种数字限制而寻求可予出罪的法理和文本依据。其二，解释制定者适时在司法解释中增加概括性的

---

① 崔志伟，上海师范大学哲学与法政学院讲师，法学博士。

基于危害考量的出罪规定，从公众认可角度不断揣摩立法者设置此罪名的应然目的，并对争议个案不断总结从而增设可供出罪的教义学依据。欲实现罪名适用的形式合理性与实质合理性的融合，破除"数量迷信"是关键。

关键词：刑事司法解释；数量型释法；法益；定性；定量；出罪

一、问题的提出

在我国古代的刑事法制中便有为律文注疏的传统，延续至当下，最高人民法院与最高人民检察院作为有权主体发布的司法解释俨然也在司法实践中占据着崇高的地位。[①]司法解释作为一项我国较为独特的司法制度自然有其历史传统和现实用义，[②]但毋庸讳言，在此之下整体形成了两个尴尬局面：其一，司法解释的实际效力有超越刑事立法之势；[③]其二，依司法解释办案的便捷性导致司法者形成了很强的依赖性，以致"如果没有司法解释，下级司法机关几乎不会办案"。[④]前者直接涉及罪刑法定原则的司法贯彻，而后者则关系到在法定性的约束框架内如何实现法官能动避免用刑机械。从解释对象来看，司法解释既可以对实体性构成要件要素进行解释，如生产、销售伪劣产品罪中的"掺杂、掺假，以假充真，以次充好"、入户抢劫中的"户"及寻衅滋事罪中的"寻衅滋事"等；也可以对罪状中诸如情节、数额、危害后果等要素予以量化厘定，甚至也可以对罪状中未列明的罪量要素予以补充。笔者将这种量化解释称为"数量型释法"，即通过可量化的数字来解释罪状中的概括性要素或者对刑法规范予以罪量解释，这种量化既包括刑法条文经常使用的数额、数量，也包括人数、次数、

---

① "两高"与其他主体（如司法部、公安部等）联合发布的司法解释也在本文讨论范畴。
② 有学者将我国司法解释发达的原因归为立法规定之粗疏、法官能力之不足、判例制度之缺位。参见陈兴良：《司法解释功过之议》，《法学》2003年第8期，第51页。
③ 参见张明楷：《罪刑法定与刑法解释》，北京：北京大学出版社，2009年，第39页；项婷婷：《刑法解释僭越刑事立法的危害与规避》，《湘潭大学学报》（哲学社会科学版）2018年第5期，第56页。
④ 张明楷：《简评近年来的刑事司法解释》，《清华法学》2014年第1期，第26页。

时间等。[①]

司法解释对司法人员的拘束力是一种客观事实，司法内在的评价机制决定了循规蹈矩严格按照司法解释办事不会被追究责任，而越过司法解释另寻依据则有被追责的可能。司法者在面临司法解释与个案恰当的两难时该如何选择呢？尤其是在面对数量型释法情形，数字化的界定具有断然性，非此即彼而无法变通。此时便深刻考验着司法者的勇气和智慧，以及"情与法"间如何协调。[②]例如，根据《刑法》第128条，违反枪支管理规定非法持有枪支的便可构成犯罪，情节严重的则加重法定刑（3年以上7年以下有期徒刑）。最高人民法院《关于审理非法制造、买卖、运输枪支、弹药、爆炸物等刑事案件具体应用法律若干问题的解释》（以下简称"《枪支解释》"）第5条规定，非法持有以压缩气体为动力的其他非军用枪支5支以上的属于"情节严重"。在"赵春华非法持枪案"中，经鉴定被告人所持枪支中有6支属于能正常发射以压缩气体为动力的枪支，一审法院虽然意识到被告人存在自愿认罪、初犯等从轻情节，但惮于司法解释的严格规定，仍然选择在加重的法定刑幅度内处罚。在舆论发酵后，二审法院依然坚持认为该行为情节严重应判处3年以上7年以下有期徒刑，只是基于被告人社会危害性、主观恶性、人身危险性低等对其适用了"判三缓三"的刑罚。[③]但是，"情节严重"与社会危害性、主观恶性低等事实判断岂非矛盾？另外，这种判决固然一定程度上回应了社会关切，但无论从学理角度还是大众情理角度，"这一判决结果，仍然是难以令人满意的"。[④]甚至有

---

① 从刑法条文用于来看，数量并不同于数额，后者指一种可以转化为以货币计算的经济价值，而前者指涉案物品的计算量，关于两者有无区分的必要在理论上也存在着争议，参见牛克乾："关于犯罪数额认定中若干实践问题的理论思考"，《法律适用》2008年第11期，第56—57页。在日常语义中，数量是指事物数目的多少（见中国社会科学院语言研究所词典编辑室编：《现代汉语词典》，北京：商务印书馆，2012年，第1212页），而这种事物显然可以包括物品、时间、次数，甚至涉案人员。因此，本文在广义上理解"数量"，即以数字厘定罪量，刑法条文中明确使用的"数量较大"等则指狭义上的数量。如无特殊说明，本文所指的"数量"或者"数量型释法"均指广义上的。

② 虽然司法解释并非严格意义上的"法"，但其规范属性以及实际效力已然具备了法的形式特征，依照司法解释进行裁判也显然属于依法裁判。

③ 参见天津市河北区人民法院刑事判决书（2016）津0105刑初442号；天津市第一中级人民法院刑事判决书（2017）津01刑终41号。

④ 陈兴良：《刑法教义学的逻辑方法：形式逻辑与实体逻辑》，《政法论坛》2017年第5期，第121页。

学者批判道:"有罪判决表明了法官既不具备对中国社会生活经验的了解，也缺乏对中国世俗人情与人性的洞察，更缺乏悲天悯人的良善之德，以至于产生了如此这般缺乏司法良知的判决。"[1] 在这种强硬性的司法解释规定下，"情与法"对于司法者尤其是基层法院司法者显然是一种两难选择。再如《刑法》第341条规定非法运输珍贵、濒危野生动物的即构成犯罪，情节严重的则在5年以上10年以下的加重幅度内量刑。在鲍某等人非法运输珍贵野生动物案中，[2] 按照2000年最高人民法院《关于审理破坏野生动物资源刑事案件具体应用法律若干问题的解释》(以下简称"《野生动物解释》")，运输猕猴六只以上的便属"情节严重"，[3] 一审法院认为被告人非法运输的目的系进行猴艺表演且自愿认罪从而判定罪免罚，二审法院认为被告人的行为违反了国家有关野生动物运输管理规定，但鉴于猴艺表演系河南省新野县的传统民间艺术，四名上诉人利用农闲时间异地进行猴艺表演营利谋生，客观上需要长途运输猕猴，在运输、表演过程中，并未对携带的猕猴造成伤害，情节显著轻微，危害不大，可不认为是犯罪。二审判决照顾到了判决的合情理性以及公众可接受性，但无疑将司法解释的硬性规定置于尴尬境地，因为"情节严重"与"但书"中的"情节显著轻微"显然不协调。如何客观看待这种"数量型释法"现象，又如何

---

[1] 刘艳红:《"司法无良知"抑或"刑法无底线"？——以"摆摊打气球案"入刑为视角的分析》，《东南大学学报》(哲学社会科学版)2017年第1期，第77页。

[2] 鲍某等四人在未办理野生动物运输证明的情况下，于2014年6月下旬，利用农闲时间携带各自驯养及合养的共六只猕猴由河南省新野县乘车外出进行猴艺表演，以营利谋生。同年7月9日，四名上诉人到达黑龙江省牡丹江市进行表演。次日10时许，牡丹江市森林公安局发现四名上诉人利用野生动物表演，经依法传唤调查后，以四名上诉人涉嫌非法运输珍贵、濒危野生动物予以刑事拘留。经鉴定，四名上诉人携带的六只猕猴系《国家重点保护野生动物名录》中国家二级保护动物。参见黑龙江省林区中级人民法院刑事判决书(2014)黑林刑终字第40号。

[3] 该解释第3条规定"达到本解释附表所列相应数量标准的"即属于"情节严重"，在附表中明确列明非法猎捕、杀害、收购、运输、出售猕猴六只便达到"情节严重"标准。2022年"两高"《关于办理破坏野生动物资源刑事案件适用法律若干问题的解释》意识到这种数量型释法存在的问题，该解释考虑到不同野生动物存在较大差异，对破坏野生动物资源犯罪不再唯数量论，而以价值(主要由国务院野生动物保护主管部门根据野生动物的珍贵、濒危程度、生态价值和市场价值等评估确定)作为基本定罪量刑标准。但是，就本案而言，按照新的解释的规定，如果六只猕猴价值达到2万元的标准，依然应当被认定为犯罪;如果达到20万元的标准，就依然属于"情节严重"。这里就仍然会涉及量化的定罪标准与法益保护的协调性问题。

实现判决的个案公正与实质合理，这无疑是一个兼具学理与实践意义的重要命题。

二、刑事司法解释中"数量型释法"之类型归纳

在现行司法解释状况下，"数量型释法"已成为一种普遍现象。根据笔者初步归纳，刑法分则中有近270个罪名中的概括性罪状存在相应司法解释，[①]即通过司法解释的数量界定来解释罪状中的诸如情节严重、严重危害、数额较大等要素。这种数量界定标准较为多元化，既包括经济数额、涉案物品数量、涉及人数，也包括行为次数（如行政处罚两次后再次实施同样行为）、时间跨度（如两年内实施行为几次）以及具体数值（如醉驾"80毫克/100毫升"标准）等。从解释的刑法文本对象来看，主要分为以下四种类型。[②]

其一，"裸"的行为模式，即刑法文本只规定了具备相应行为便可构成犯罪，未在基本犯中设置罪量要素，相应司法解释对罪量要素做了补充规定。例如《刑法》第303条规定只要以营利为目的的聚众赌博便构成犯罪，但是显然不能将涉案数额极低的行为也划入犯罪，"两高"《关于办理赌博刑事案件具体应用法律若干问题的解释》第1条便具体界定了入罪标准，即"组织3人以上赌博，

① 有些罪名虽然存在行为后果、情节等要素，却没有相应司法解释或者虽然有司法解释却未采取"数量型释法"模式。例如丢失枪支不报罪要求"造成严重后果的"才构成犯罪，但相关司法解释并未采取"数量型"模式而是要求只要造成人员轻伤以上事故便可入罪；擅自设立金融机构罪存在情节加重犯规定，但没有司法解释规定何为"情节严重"；侵占罪要求数额较大才构成犯罪，但没有司法解释来界定这种具体标准。
② 需要说明的是，第一，在某些罪名中存在以下多种类型，因此，各类型的总和会大于以上罪名数（270个）。例如，虚报注册资本罪便存在数额、后果及情节三种，且司法解释（《关于公安机关管辖的刑事案件立案追诉标准的规定（二）》第三条）对该三种类型均作了量化解释。再如，掩饰、隐瞒犯罪所得、犯罪所得收益罪存在"裸"的行为（基本罪状）及情节加重两种，司法解释（《关于审理掩饰、隐瞒犯罪所得、犯罪所得收益刑事案件适用法律若干问题的解释》第1、3条）也对此进行了量化解释。第二，有些罪名在一个罪名中规定了多个数额（如数额较大、数额巨大、数额特别巨大）、多个情节（情节严重、情节特别严重）、多个后果等，在同一罪名中不累积计算，算作一处。第三，有些罪名中的同一情形存在多个司法解释（如非法经营罪、非法吸收公众存款罪），此时不累积计算。

抽头渔利数额累计达到5 000元以上的""组织3人以上赌博，赌资数额累计达到5万元以上的"等，其中"组织3人以上赌博"是对"聚众"的解释，而数额标准则是对刑法文本的补充规定。再如，非法拘禁罪也属于典型的"裸"的行为类型，"两高"、公安部、司法部《关于办理黑恶势力犯罪案件若干问题的指导意见》进一步规定"非法拘禁他人3次以上、每次持续时间在4小时以上，或者非法拘禁他人累计时间在12小时以上的，应以非法拘禁罪定罪处罚"。从而将偶尔实施且时间短暂的拘禁行为排除在犯罪之外。这种通过"数量"来限定"裸"的行为罪状的释法情形在分则中大致有51处。与此相反，在一些罪名中却没有相关司法解释对这种"裸"的行为予以量化补充。例如，洗钱罪在基本罪状中只规定了行为类型而没有情节或数额因素，司法解释也未就此量化补充；抗税罪也没有司法解释就"以暴力、威胁方法拒不缴纳税款"进行补充，而是仅仅数量化阐述了"情节严重"（抗税数额10万元以上）。由于我国奉行行政处罚与刑事处罚并行的二元处罚机制，在犯罪认定中很少完全不考虑罪量因素，这种针对"裸"的行为进行数量型释法的司法解释规定便具有其积极意义。一方面，其合理限定了刑法的处罚范围，另一方面也使得这种限定有据可循，为司法操作提供了有形的标准。反之，如果没有这种数量型释法，司法者也难以对所有符合行为类型的情形悉数认定为犯罪而不考虑情节等量化因素，但是对于达到何种标准方可入罪又没有可循的法定依据，结果必然是各行其是，不利于司法统一。

其二，概括性数量（额）要素，即罪状中仅以数量[1]或数额较大等笼统表述作为罪状中的罪量要素，司法解释在此基础上以具体的数字来厘定相应范围。这种情形在经济或侵财犯罪中非常普遍，在分则中大致有67处，其意义主要在于平衡刑法的稳定性与社会易变性、兼顾刑法条文的简明性以及可操作性。[2]因为，立法不可能将具体的数量因素一一注明，否则不但会造成文

---

[1] 此处的数量指狭义的，即条文中明确规定了"数量"二字。

[2] 参见李翔：《刑法修订、立法解释与司法解释界限之厘定》，《上海大学学报》（社会科学版）2014年第3期，第133页。

本的异常繁冗，也会因经济社会的发展变迁而频频修改，司法解释的数量型释法正是弥补了这一不足，既便于司法操作，也照顾到了刑法文本的稳定和简明。

其三，行为情节严重程度要素，即司法解释将罪状中的情节恶劣、情节严重以及类似于情节的描述（如严重超员超速）等因素转化为一种具体的数量描述，譬如数额（如内幕交易、泄露内幕信息罪中的情节严重解释为证券交易成交额在50万元以上等）、次数（如内幕交易、泄露内幕信息三次以上视为情节严重）、比例（如以占比30%等界定操纵证券、期货市场罪基本罪状中的情节严重）、涉及人数（如以会员制方式传播他人作品，注册会员达到1 000人以上的，视为侵犯著作权罪的其他严重情节）、涉案事物的数量（如非法获取财产信息50条以上的视为侵犯公民个人信息罪基本罪状中的情节严重）等等。该情形在分则中大致有126处。这种数量型释法的意义除了统一司法标准外，最大的意义在于降低了司法者认证的难度而增强了操作的便捷性。立法者之所以用"情节"这一综合性因素而非数量这种单一因素来描述行为的严重程度，主要是需要参酌的因素过于多元，立法者无法预料具体情形或即便能够预料也无法具体详尽描述其表现形式（立法简洁性考虑），而以"情节"兜底。[1]但是，如果将这种多元化的综合认定直接转嫁给司法者也不现实，会很大程度上抑制司法效率；没有较为明确的指引方向或参酌标准，司法者在理解是否情节严重时也容易产生分歧。司法解释正是基于司法经验试图将具有代表性的、能够反映情节严重程度的事实予以归纳，司法者在具体适用中便可直接引据而省却了不少司法精力。并且，司法解释制定者也会考虑到难以周全所有可能的情节类型，而通常在列举之后采用诸如"其他情节严重的情形"的表述。在多数"情节→数量"释法情形中，具体的数字确实能够说明情节的严重程度。例如，在内幕交易中，交易成交额便是能够反映情节的关键因素之一；虚假广告罪中通过发布虚假广告违法所得的数额或者给消费者造成的损失也完全能够说明情节的严重

---

① 参见李翔：《刑事政策视野中的情节犯研究》，《中国刑事法杂志》2005年第6期，第24页。

程度；强迫交易中涉及的交易数额及行为次数等也能说明情节因素。但是，在有些犯罪类型中便并非如此，即数量型释法并不能尽然合理解释罪状中的情节要素（既包括作为基本罪状中入罪条件的情节也包括加重情节）。

其四，结果危害程度要素，即司法解释将罪状中规定的概括性的危害后果通过具体的数字进行阐述。[1]例如，破坏电力设备罪中，司法解释将"造成1人以上死亡、3人以上重伤或者10人以上轻伤的""造成直接经济损失100万元以上的"界定为"造成严重后果"；侵犯商业秘密罪将"损失数额在50万元以上"界定为"造成重大损失"；非法行医罪中将"造成3名以上就诊人轻度残疾……"界定为"严重损害就诊人身体健康"等。该情形在分则中大致有81处。总体来看，量化后的具体数字基本能够说明结果危害程度，这种司法解释也有利于统一司法尺度减少司法者认证的难度。

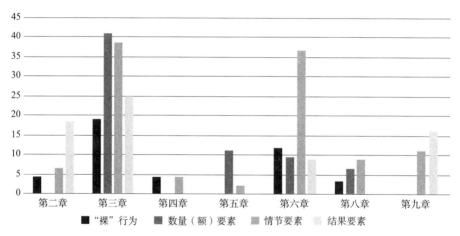

图1　四种类型在分则各章中大致分布[2]

① 具体表述上不尽一致，可以是"后果严重""致使……""造成……""严重损害……"等。在个别罪状中会存在情节与后果并存的情形，如《刑法》第407条违法发放林木许可证罪规定"……情节严重，致使森林遭受严重破坏的"才构成犯罪，从语义上讲，"情节严重"应当是对后果要素的一种修饰，两者并非"或者"的关系，因此，笔者将此情形归入第四种类型。再如，第443条虐待部属罪要求"……情节恶劣，致人重伤或者造成其他严重后果的"才构成犯罪，情节与后果显然是一种并存关系，宜将其理解为结果犯。但是，从最高检、解放军总政治部发布的《军人违反职责罪案件立案标准的规定》第26条来看，显然是将两者理解为选择关系，即只要情节恶劣（如虐待3人或3次以上）即便未造成严重后果也成立犯罪，这有违反罪刑法定原则之嫌。

② 由于分则第一、七、十章罪名较为少用，在该图表中不予列举。

总体来看，情节要素类型最为普遍，在各章均有分布，在第三章破坏社会主义市场经济秩序罪及第六章妨害社会管理秩序罪中最多。在一些涉经济利益或涉财产、人身权益的犯罪类型中，涉案价值或人数的量化固然能够反映行为情节的程度，即这种数字直接承载了危害及罪责大小；但是，在一些犯罪类型尤其是分则第三、六章中，行为直接侵犯的客体是一种行政性管理秩序，且大都涉及行政规范与刑法规范的衔接，这种数量型释法便不一定能够集中反映行为的情节轻重。对于数量（额）要素而言，既然刑法文本规定了这一概括性要素，司法解释只是在此基础上的具体化，不会超越刑法语义及规范目的，最多只涉及如何确定数值的高低以及顺应经济社会发展的问题，不存在原则上的大的问题。对于"裸"的行为类型，由于通常将其理解为行为犯即只要具备法定行为就构成犯罪，尤其是在第三、六章中，如果对其法益性质缺乏认知，便难以在定性的基础上进行定量评价。刑法文本在基本罪状中规定结果要素的同时基本也就划定了本罪的规范目的，即避免行为指向的对象受到法益侵害，围绕行为对象进行细化的数量型释法大都能够反映结果的严重程度，但也要注意这种量化与规范目的是否直接相关。

三、"数量型释法"局囿性呈现与反思

虽然说司法解释有助于统一司法标准且助于实际操作，但是这种以一般性解释几乎完全替代法官个别解释的做法也有不可忽视的弊端，在数量型释法情形中更是如此。总的来说，一方面，司法解释虽然是法律文本的细化，但是相较个案事实毕竟也是一种一般性规范，在一般与个别之间对接时，并不排除不"接洽"的可能，细化后的数字化标准过于绝对，堵截了进一步的解释空间，也就难免导致个案不合理。另一方面，过于倚重司法解释办案使司法者形成了很强的路径依赖，"会抑制法官自身探索刑法学真谛的冲动，使得法官的独立裁判显得多余"。[①] 久而久之形成了一种恶性循环，更不利于法官业务能力的养成。

---

① 周光权：《刑法学的西方经验与中国现实》，《政法论坛》2006年第2期，第21页。

结合具体司法解释，其局囿性也就更加明显。

（一）无视刑法文本明定的结果要素及行为关联，有违反罪刑法定之嫌

众所周知，司法解释应当在刑法文本确立的文义范围内进行具体解释，否则便有造法之嫌从而违反罪刑法定原则。在结果要素型数量释法中，部分司法解释的量化解释虽然细致且可操作，但已然忽视了法定的结果要素以及行为与结果的关联性。例如，虚假破产罪要求"公司、企业通过隐匿财产、承担虚构的债务或者以其他方法转移、处分财产，实施虚假破产，严重损害债权人或者其他人利益的"才构成犯罪，从文义来看，这种"严重损害"明显是一种结果要素，即本罪名应当是一种结果犯，这也是理论界的通常观点。[①]但是，司法解释却将该罪名改变为行为犯。最高检、公安部《关于公安机关管辖的刑事案件立案追诉标准的规定（二）》（下文简称"《立案标准（二）》"）第9条将"隐匿财产价值在50万元以上的""承担虚构的债务涉及金额在50万元以上的""以其他方法转移、处分财产价值在50万元以上的""造成债权人或者其他人直接经济损失数额累积在10万元以上的"等均划入立案追诉之列。非常明显，只有第4项是忠于原文的解释，而前三项属于不论结果只看行为，这样明显背离了刑法文本中结果犯立法模式的文义。现实中完全存在这种可能：行为人虽然实施了隐匿财产、虚构债务并申请虚假破产的行为，但实际上没有损害债权人或其他人的利益，或者虽有损害但尚未达到严重程度。例如，管理人、债权人及时发现了行为人的隐匿行为从而依法追回了自己的应有财产，或者行为人基于担心事情败露而第一时间撤回申请或者对相关人及时进行了补偿，或者债务人准备通过虚假破产来逃避债务而后来债权人主动免除债务人的债务等。[②]也就是说，隐

---

① 参见陈冬：《解读〈刑法修正案（六）〉之虚假破产罪》，《中国检察官》2006年第9期，第15页；潘家永：《虚假破产罪探析——兼论破产犯罪的相关问题》，《政法论坛》2008年第2期，第145页；刘德法，肖本山：《虚假破产罪若干问题的认定》，《中国检察官》2007年第9期，第37页。

② 参见潘家永：《虚假破产罪探析——兼论破产犯罪的相关问题》，《政法论坛》2008年第2期，第146页；行江，朱俊卿：《破产犯罪中的客观处罚条件研究》，《政治与法律》2009年第11期，第38页。

匿财产、虚构债务的行为与"严重损害"结果间可能没有必然关联。放弃对结果要素的坚守实际上是将该罪名理解为行为犯，有违罪刑法定原则。再如，为亲友非法牟利罪的罪状明确指明"使国家利益遭受重大损失的"才达到入罪标准，《立案标准（二）》第13条却将"使亲友非法获利数额在20万元以上的"也纳入立案追诉范畴。问题是，"使亲友获利"与"国家利益损失"之间并无绝对关联，完全可能存在既使亲友获利又使国有公司、企业增收的"双赢"情形，尤其是"将本单位的盈利业务交由自己的亲友进行经营的"。本罪名其实意在通过规制为亲友非法牟利的行为达至保护国家利益不受损失的目的，完全不是仅仅规制行为本身。该数量型释法完全可能使司法人员陷入被动尴尬：如果行为人使亲友非法获利20万元以上却没有使国家利益遭受损失该如何处理？究竟应忠于司法解释还是刑法文本的应有语义？这种精确却不准确的数量型释法不可避免地会对刑法文本的权威性造成负面影响，也会把具体司法认定引入歧途。复如，侵犯商业秘密罪要求以"给商业秘密的权利人造成重大损失的"才符合基本构罪标准，而《立案标准（二）》第73条将"因侵犯商业秘密违法所得数额在50万元以上的"也作为立案追诉的情形。现实中完全存在一种可能：侵犯者与权利人不存在竞争关系，而前者通过不正当手段获取的商业秘密谋取了50万元以上的违法所得，却没有因此给权利人造成较大的实际经济损失。也就是说"违法所得"与"权利人损失"之间也没有必然的联系。与前置法（《反不正当竞争法》《民法通则》等）只要具备相应行为便系不法的规制状况不同，该罪名明显属于结果犯，司法解释实际上是僭越刑法文义进行了不利于被告人的扩大化解释。

（二）在"裸"的行为类型中未定性先定量，方向失之偏颇

立法者为了体现对某类犯罪的严厉打击态度而在罪状中省却罪量设置而只规定了相应的行为，问题是，这类犯罪果真不需要法益侵害性要素而仅仅关注行为本身的违法性吗？例如，《刑法修正案（八）》取消生产、销售假药罪"足以严重危害人体健康"的构成要素，有观点便认为，生产、销售假药罪改为行

为犯，只要行为人实施了生产、销售假药的行为，无论数量多少，均依法构成本罪。①但是，这与法益侵害原则以及我国刑法确立的责任主义原则便发生了抵牾。因为，其一，无论是新近引入的法益侵害说还是社会危害论，"都以危害为其落脚点"，②这种危害包括了作为结果的实害以及危险，如果说只要具备相应行为而无需产生实际危害便构成犯罪，岂不是一元行为无价值论的立场吗？其二，我国刑法对故意、过失的认知范畴以"危害社会的结果"加以界定，即对"危害社会"这种后果应该具备故意或过失，在定罪中显然不应忽视这种实质危害性要素。那么生产、销售假药罪的实质危害性何在呢？传统理论认为生产、销售假药罪的客体是国家对药品的管理制度和不特定多数人的身体健康、生命安全，③删除"足以严重危害人体健康"表面上似乎不再要求危害健康要素，即在保护法益上不再持人身健康立场而是转为彻底的药品管理制度维护，但是，这种理解会引申出一系列的问题。一方面，药品管理制度或秩序维护其实是前置性行政规范的任务，在刑法罪状与前置法构成要件完全一致的情况下，如果认为"两法"的规范目的也完全相同，势必会使"制售假药罪与制售假药违法行为处于完全重合状态，制售假药的违法行为没有独立存在的空间"。④现实中发生的诸如陆勇案等如"我不是药神"的案件表明刑事司法实际上在扮演行政法的工具的角色，将"面临沦为保护纯粹行政利益的风险"。⑤另一方面，将不具有人身危害甚至有益于人身健康的救命药认定为假药从而予以定罪严重挑战公众的情理认同，其背后"是患者生命健康权与当前药品管理秩序的冲突，是一场情与法的碰撞"。⑥

总结陆勇案的经验，2014年"两高"《关于办理危害药品安全刑事案件若干

① 徐盈雁：《对生产销售假药零容忍》，《检察日报》2014年11月19日，第3版。
② 陈兴良：《风险刑法理论的法教义学批判》，《中外法学》2014年第1期，第108页。
③ 高铭暄，马克昌主编：《刑法学》，北京：北京大学出版社、高等教育出版社，2014年，第370页。
④ 刘晓莉，逄晓枫：《制售假药行为之行政处罚与刑罚适用研究》，《中国刑事法杂志》2012年第9期，第66页。
⑤ 何荣功：《社会治理"过度刑法化"的法哲学批判》，《中外法学》2015年第2期，第532页。
⑥ 刘羡：《印度仿制抗癌药的功与罪：患者称其能续命，多名药商因它获刑》，https://www.chinanews.com/sh/2019/04-08/8802691.shtml，最后访问日期：2020年2月10日。

问题的解释》（以下简称“《药品解释》”）应运而生，该解释第 11 条第 2 款规定，销售少量根据民间传统配方私自加工的药品，或者销售少量未经批准进口的国外、境外药品，没有造成他人伤害后果或者延误诊治，情节显著轻微危害不大的，不认为是犯罪。[①]但是，这种数量型释法仅仅是解决了一小部分案件的处罚实质合理性问题，对于超出“少量”标准的生产、销售行为司法解释并未预留出罪空间。上文已述，在依司法解释办案的思维依赖下，司法者很少有解释法律的勇气和愿望，现实情况是对于超出该“少量”标准的一律认定为犯罪。[②]例如，在蔡某销售丙肝药一案中，[③]辩护人便以该款作为辩护依据，但法院认为被告人销售上述药品金额累计 8 万余元，获利约 15 000 元，已超出该解释中规定的“少量”的范畴，应当以销售假药罪追究其刑事责任。[④]显然，这种判决依然无法解决判决结果的公众可接受问题，社会效果依然欠缺。这种“合法却不合情”的根由在于缺乏对刑法规范的实质判断，仅仅从形式上（即严格按照刑法文本及司法解释规定）进行概念符合性判断与逻辑推演，忽视了行为的实际危害性。在这种危害性判断缺失的前提下进行刑事不法认定难以避免将行政犯沦化为刑事犯，使司法解释观沿着“结果无价值→行为无价值→形式犯”的路径演进。[⑤]

可见，如果不首先厘清行为危害性的定性问题，数量型释法之定量判断便失去了赖以存在的前提，其合理性便是非常有限的，朝着限制刑事处罚方向的努力值得肯定但仍然失之偏颇。最近通过的新修订的《药品管理法》限缩了假药的范围，对于进口国内未批的境外合法新药将不再按假药论处，为此类案件

---

① 严格来说，司法解释将出罪依据界定为“少量”而非具体的数字，不甚符合本文关于数量型释法的概念，但鉴于该解释具有很好的代表性，且司法实践中也必然将该“少量”标准化为具体的数字，因此，笔者将该解释纳入论述范畴。
② 参见崔志伟：《“但书”出罪的学理争议、实证分析与教义学解构》，《中国刑事法杂志》2018 年第 2 期，第 20 页。
③ 被告人为赚取差价，通过 QQ 与一名自称为印度人的男子取得联系，以每瓶 500—1 500 元不等的价格多次购进 sofosbuvir（中文名“索非布韦”）和 daclatasvir（中文名为“达卡他韦”）等用于治疗丙肝的药品，再以 700—1 700 元不等的价格将上述药物销售给十余名丙肝患者。有证据表明其所售价格便宜且具有良好的疗效。
④ 参见河南省汝州市人民法院刑事判决书（2017）豫 0482 刑初 229 号。
⑤ 参见孙万怀：《生产、销售假药行为刑事违法性之评估》，《法学家》2017 年第 2 期，第 138 页。

的公正审理提供了法定依据，但是这种修正完全不能掩饰数量型释法的弊端，相反，这种修法恰恰说明立法者已然认同脱离危害性要素（定性）的假药认定在刑法上不具合理性。①

再如，"枪支解释"在"裸"的行为基础上将买卖以压缩气体等为动力的非军用枪支入罪限定在2支以上，情节严重限定在10支以上；将持有该种枪支入罪限定在2支以上，情节严重限定在5支以上。固然，这种数量型释法一定程度上能够起到限定处罚的作用（相较单纯以行为入罪），但如果不对枪支予以限定而是完全照搬行政认定标准或者不考虑实际的危害性要素，就只能事与愿违。以赵春华案为例，诚然，从法律上讲，非法持有枪支罪是一种行为犯设置，并且枪支的认定权限交付了公安部门，赵春华所持气枪既已达到这种认定标准，从法律概念以及逻辑推演上得出构成犯罪的结论似乎没有破绽。但是，何以严格依法得出的裁判结果与公众认可背道而驰？此类判决"生动地反映了我国当前司法实践中形式主义的司法逻辑，并由此而与社会公众的常识形成深刻的对峙"。②严格按照司法解释在"情节严重"幅度内量刑的一审判决也反映了司法者在数量型释法面前的被动与机械。③传统理论认为非法持有枪支罪的保护法益是社会的公共安全和国家对枪支、弹药的管理制度，④但是这两种客体并不完全协调，鉴于过低的行政性枪支认定标准，完全可能存在侵犯后者却未侵犯前者

---

① 由此可见，《药品管理法》的修改与"数量型释法之局囿性"命题并不冲突，前者对后者反而是一种印证，并且，假药犯罪司法解释具有很强的代表性。因此，即便新《药品管理法》即将改变假药犯罪的适用现状，笔者依然将该解释作为阐述本文观点的例证。2022年3月"两高"发布的新的《药品解释》对旧的解释第11条第2款作出了修改。新《药品解释》第18条规定，根据民间传统配方私自加工药品或者销售上述药品，数量不大，且未造成他人伤害后果或者延误诊治的，或者不以营利为目的实施带有自救、互助性质的生产、进口、销售药品的行为，不应当认定为犯罪。可见，新的解释仍未完全放弃数量型释法的立场。如果现实中出现行为人根据民间传统配方私自加工药品且药品具有良好疗效、数量较大的情形，根据新的解释规定，仍然会被认定为犯罪。
② 陈兴良：《刑法教义学的逻辑方法：形式逻辑与实体逻辑》，《政法论坛》2017年第5期，第121页。
③ 类似的还有刘大蔚走私仿真枪案。刘大蔚网购仿真枪中有20支被鉴定为枪支，按照走私武器罪的规定以及相关司法解释已符合情节特别严重，只能处无期徒刑。
④ 参见高铭暄，马克昌主编：《刑法学》，北京：北京大学出版社，高等教育出版社，2014年，第349页。

的情形。在公众的常识性认知中，枪支应当是具有一定的杀伤力的，[①] 涉枪案件中，会不时出现类似于刘大蔚"请用我买的枪枪毙我，如果能打死我，我就承认我有罪！如果打不死我，就放我回家！"的论辩。[②] 这均是围绕枪支的人身危害性而言的。赵春华案一、二审法院均认为赵春华违反国家枪支管理制度，非法持有枪支且情节严重（5支以上），[③] 充分显示了对制度（或秩序）型法益的偏执以及对数量型释法的依赖。可见，如果不触及涉仿真枪行为的危害本质便难以从根本上解决此类案件的合情理性或处罚实质合理性问题，数量型释法也就成为无的放矢、无根之木。

（三）将数量简单等同于情节而无视其他的能够影响情节轻重的核心要素

在数量型释法中将情节转化为数量最为常见，问题是，情节衡量标准具有多元性而数量具有绝对性，上文已述，在多数情况下，通过数字化列举可以表明情节轻重程度，尤其是涉及经济利益、财产、人身等犯罪类型中，[④] 但是在有些类型中却并非如此。单一性的数量如何能够体现综合性的情节，这是司法解释制定者以及具体司法操作者不得不思考的问题。例如，非法行医罪要求情节严重的才构成犯罪，"最高法"《关于审理非法行医刑事案件具体应用法律若干

---

① 参见刘艳红：《"司法无良知"抑或"刑法无底线"？——以"摆摊打气球案"入刑为视角的分析》，《东南大学学报》（哲学社会科学版）2017年第1期，第78页。

② 宋奇波，汪家欣：《男子购仿真枪获刑自认很冤：没想到被认定真枪》，http://news.163.com/16/0824/03/BV7362LE00011229.html，最后访问日期：2020年2月12日。

③ 并且二审中辩护人主张应以《枪支管理法》中的"足以致人伤亡或者丧失知觉"作为枪支认定标准，法院认为，该规定并未包含可供执行的、具体的量化标准，需要由有权机关作出进一步规定。公安部作为枪支管理主管部门有权制定相关规定，本案鉴定所依据的《公安机关涉案枪支弹药性能鉴定工作规定》《枪支致伤力的法庭科学鉴定判据》均合法有效，应当适用。这一则显示了刑事司法对行政认定绝对依附性立场，二则表明司法者对具体化数量标准的情有独钟。

④ 即便如此，也不宜将数额视为绝对的唯一决定性因素，例如，在侵财犯罪中，数额直接反映着情节严重程度，但也不是绝对的，对于达到这一数额标准的侵财行为，完全可能因其他情节而符合"但书"的描述。对于抢劫、盗窃、诈骗家庭成员或者近亲属财物且获得谅解的行为，一般不以犯罪论处便是适例。"最高法"《关于审理未成年人刑事案件具体应用法律若干问题的解释》第9条，更是在达到"数额较大"标准基础上规定了"情节显著轻微危害不大"的情形。崔志伟：《"但书"出罪的学理争议、实证分析与教义学解构》，《中国刑事法杂志》2018年第2期，第8页。

问题的解释》第2条将"非法行医被卫生行政部门行政处罚2次以后，再次非法行医的"认定为情节严重。但是，且不说行政不法评价与刑事不法评价的侧重点有异，这种行为次数因素仅仅是表明行为人的再犯可能性或人身危险性，系有责性阶层需要着重关注的，并不能说明客观上的违法性程度，行为所造成的社会危害或法益侵害不可能因之前的相关行为次数而增减。基于特殊预防的考虑，确实应当在情节评价中考量行为次数因素，但两者显然不是对等关系，除了考虑这种预防性因素还应考量行为客观上的危害大小。理论上认为非法行医罪的客体是国家对医务工作的管理秩序和就诊人的生命、健康权利，[①]显然后者是更加应当值得关注的，因为，该罪名的规范目的实际上是"保护一般国民的人身安全不受那些没有知识和技术的庸医滥诊滥疗的威胁"，[②]即同假药类犯罪一样是以人身健康安全作为认定的出发点和落脚点。仅仅考虑行为次数而不实际考量对他人的人身危害有无及大小，可谓是在情节认定上舍本逐末。如在王坤非法行医案中，被告人在某医学院毕业后，经过数次从医资格考试，不尽人意而名落孙山。后到北京，为谋生擅自开办私人诊所。由于是科班毕业，应对小病没有问题。某日，某病人前来求诊，经过问诊，王坤未诊断出原因，嘱咐病人赶紧去医院，不要耽搁，暂时给病人打一针葡萄糖，以增加其体力。最终，病人及家属未到医院就诊，不幸去世。最终王坤以非法行医罪被定罪。[③]对于这一行为，即便行为人先前有接受过几次行政处罚的经历，也不宜径直入罪，因为，行为不具备造成他人身体健康受损的危险，即缺乏最为关键的情节因素。但是，在现实司法操作中，司法者完全会本着"多一事不如少一事"的心态，即便察觉到裁判结果不尽合理，也会秉持着对司法解释的绝对服从姿态。在生产、销售假药罪中也存在着类似问题，《药品解释》第1条规定"2年内曾因危害药品安全违法犯罪活动受过行政处罚或者刑事处罚的"作为入罪标准之一且

---

① 高铭暄，马克昌主编：《刑法学》，北京：北京大学出版社，高等教育出版社，2014年，第573页。

② 于佳佳：《非法行医语境下医疗行为的目的解释》，《兰州学刊》2017年第8期，第118页。

③ 郑天禅：《刑事辩护中的情理与逻辑适用——一起非法行医罪的辩护》，http://blog.sina.com.cn/s/blog_5df39cf50102wlw1.html，最后访问日期：2020年2月12日。

从重处罚。即只要先前存在过2次以上的处罚经历，在当下该行为评价中便可完全不考虑其他情节因素，即便最为关键的对他人的危害性要素也尽可忽略不计。在数量型释法的捆绑之下，"使法官囿于司法解释的强制拘束力，不敢超越司法解释，作出最恰当的裁判"。①

再如，《刑法修正案（十一）》实施之前的骗取贷款罪以"给银行或者其他金融机构造成重大损失或者有其他严重情节的"作为入罪标准，《立案标准（二）》第27条将以欺骗手段取得贷款数额在100万元以上的视为"其他严重情节"，问题是，这种数额标准真的能够真实体现情节轻重吗？从法条的表述可知，"造成重大损失"属于"严重情节"的一种最典型方式，"其他"乃是一种兜底性规定，两者既然处于并列状态，在刑法解释上必然要求其危害程度具有相当性。虽然采取了欺骗手段取得贷款但能够如期归还、未对银行资金形成任何危险的行为，显然与"造成重大损失"不具有相当性。②在评价基点上，"造成重大损失"显然是就银行信贷资金安全而言的，那么根据同类解释原理"其他严重情节"就需与此保持一致。然而，纯粹的数额仅仅说明信贷资金本身的标的而不必然反映这种安全性问题，完全可能存在所贷资金数额不大却危险性大或者相反的情形。譬如，刘某骗取贷款案中，被告人刘某以其下公司购买原材料需要资金为由，在某信用担保公司和反担保人（几家公司）担保下，使用虚假的公司资产负债表、损益表和购销合同等材料，从银行办理了400万元贷款。该贷款到期后，刘某公司亏损，因无力偿还贷款外出躲避，后该贷款由信用担保公司根据合同约定代偿。之后，刘某将公司资产转售，向信用担保公司清偿债务。③本案中，行为人提供了真实有效的担保，即便存在"欺骗"因素，但根据"提供信用担保公司及反担保人担保"这一行为时客观事实以及"信用担保公司根据合同约定代偿"这一事后查明的事实，已然排除了银行资金不可

---

① 参见段卫利：《刑事司法解释强制拘束力的批判与反思——以"掏鸟窝案"的裁判文书为切入点》，载赵秉志主编：《刑法论丛》（第4卷），北京：法律出版社，2017年，第78页。
② 参见吴杰，张梅：《使用虚假材料骗取贷款的行为定性》，《中国检察官》2015年第5期，第43页。
③ 参见张梅，王晓刚，解宝虎：《使用虚假材料骗取银行贷款行为之定性分析》，http://www.jsjc. gov.cn/jcyj/alfx/201707/t20170728_159447.shtml，最后访问日期：2020年2月12日。

追回的危险，即未危及银行信贷资金安全。现实中还会发生一些单纯改变贷款用途却能够如期归还贷款的案件，①此时严格按照所贷资金数额予以定罪便有违该罪名的规范目的。因为，立法者设立本罪的目的应是保护金融机构信贷资金的安全，②即应以这种资金安全作为衡量情节轻重的核心指标。然而，只要达到相关数额或次数一概予以刑事追诉的数量型释法其实是将本罪名拓展为行为犯，③便可名正言顺地将近乎所有存在贷款瑕疵的行为类型一并划入刑事视野，进而形成了对金融机构的过度保护。《刑法修正案（十一）》删除了"或者有其他严重情节的"规定，也就从根本上纠正了该数量型释法可能存在的误差。

相同的问题也体现在了旧的《野生动物解释》当中。同样的数字在不同的行为类型中有着不同的意义，如果系猎捕、杀害野生动物，涉案数量便直接能够体现客观上的法益侵害性，但在非法运输中则并非如此，因为，运输行为本身并不必然对野生动物的生存环境或生存安全形成威胁。尤其是在类似鲍某无证运输猕猴案等案件类型中，所运输的动物虽然系野生保护动物，但由于民间艺术的表演性质，已然对特定的栖息环境失去了依赖，异地运输行为也就不可能对其栖息环境造成现实危害，此时定罪处刑的实质依据何在？非法运输珍贵、濒危野生动物罪既在基本罪状中存在"裸"的行为设置也存在着情节加重规定，明确行为危害的指向既是先定性后定量的犯罪认定逻辑要求也是衡量情节的关键所在，而纯粹的数量因素既不能说明危害性的本质也不能真实说明严重程度。新的《野生动物解释》将数量标准调整为价值标准，对于数量型释法的"聚焦失准"现象固然有所缓和，但可能无法从根本上解决这一问题。因为，涉案动物的价值与运输行为是否具有刑法上的危害性仍然不完全属于同一个层面的问题。

司法解释的合理性并非一种自然存在，其以"是否符合刑法条文的真实含

---

① 参见罗山县人民法院刑事判决书（2015）罗刑初字第1号。
② 参见郎胜主编：《〈中华人民共和国刑法〉理解与适用》，北京：中国民主与法制出版社，2015年，第29页。
③ 参见何荣功：《社会治理"过度刑法化"的法哲学批判》，《中外法学》2015年第2期，第532页。

义，是否有利于实现刑法的任务与目的，是否使刑法条文之间以及刑法与其他法律之间相协调，是否使案件得到妥当处理为标准"。[1]数量型释法所呈现的对刑法文本语义的偏离、对刑法规范目的（定性）这一定量前提的忽视以及导致的个案处罚实质合理性的缺失，均表明这种释法模式存在较大的局囿。非此即彼的数字认定标准固然方便，大大提高了司法操作的效率，但可能会忽视刑事司法内在必备的公正性要求，标准设置过于刚性也会抹杀司法判断的独立性，从而使大量的犯罪认定沦为简单的数字游戏。[2]因此，这一现象值得学理上的高度重视。

四、消解"数量型释法"局囿性的路径

在我国刑法"定性+定量"的基本模式下，数量型释法有其存在的客观必要性，但是对其中的局囿性也需要引起司法解释制定者乃至具体司法操作者的重视，其中最主要的是如何在刚性的数字化规定中揉入一定的灵活性，既尽可能保持统一刑事司法的优势，又照顾到案件判决的实质合理避免用刑机械。作为有权解释，无论是立法解释还是司法解释均应当摆正自身的定位，即在尊重刑法文本的前提下进一步阐明其中的用意、界定相对具体的范围，以起到"上通下达"的功用。反观当下的刑事司法解释，对于指导司法实践确实起到了"下达"的功用，却不时会僭越"上通"的角色，冲破文本语义进行扩大解释，此谓司法造法。在数量型释法的情形，量化的数字要有经得起支撑的依据，尤其要从刑法文本所蕴含的规范目的出发，避免偏离法定的结果来扩展规制的行为范畴。例如上文论及的虚假破产罪、为亲友非法牟利罪以及侵犯商业秘密罪均明确规定了结果要素，这就表明刑法规制的重心在于造成特定危害结果的行为而非符合文本描述的一切行为。制定司法解释时就需要认真考量具体细化的行

---

① 张明楷：《简评近年来的刑事司法解释》，《清华法学》2014年第1期，第26页。
② 参见赵康：《我国风险犯罪认定中的刑事司法解释》，载赵秉志主编：《刑法论丛》（第2卷），北京：法律出版社，2016年，第280页。

为类型是否与这种危害结果存在必然关联，否则就不应将这种行为单独解释为犯罪，哪怕这种行为涉及案件数额再大。除此之外，数量型释法作为一种司法客观现象，欲消解其局囿性可从"面向主体"及"制定主体"两个方向着手，前者是指据以裁判案件的司法者，后者则指制定司法解释的有权主体。

（一）容许具体司法者通过法益（定性）识别作为不予适用司法解释的豁免渠道

"法律适用的任务就是践行立法的真正意志；也就是思想上的服从，而不是字面上的服从。"[1]对于司法解释更应如此。在法的适用中一直存在着一种确定性与灵活性的紧张关系，即如何平衡裁判规范约束力与法官自由裁量的关系问题。受制于上级法院或检察院的监督或领导关系，加上司法解释相较刑法文本确实更加详尽具体，司法者尤其是基层司法者对于最高司法机关制定的司法解释往往是奉为圭臬，"以致司法者常常看不清甚至忘记了刑法典的真实全貌而沦为根据司法解释裁判案件"。[2]在数量型释法模式下这种问题更为突出，面对清晰可见的数量化标准，"循规蹈矩总比另辟新径容易得多"，[3]也就似乎没有必要越过这种具有拘束力的裁判依据来审视刑法文本的本来面貌。在面对效力拘束与个案合理之间，应当鼓励司法者作出符合个案正义的自由裁量，即便越过甚至否定了司法解释也应为其预留一定的豁免空间，而这种空间可以通过借助于符合教义学规则的法益识别及其释法说理实现。

无论是"裸"的行为模式中的定性理解还是情节要素中的影响情节轻重的核心要素认定，其实均关系着如何理解特定罪名的规范目的或法益性质的问题，因为"法益保护范围就是'情节'具体化的客观边界"。[4]上文所论及的生产、销售、提供假药罪，非法持有枪支罪，非法行医罪，骗取贷款罪，非法运输珍

---

[1] 伯恩·魏德士：《法理学》，丁晓春，吴越译，北京：法律出版社，2013年，第385页。
[2] 唐稷尧：《中国当前刑法司法解释公信力刍议》，《政法论丛》2016年第4期，第128页。
[3] 本杰明·N.卡多佐：《法律的成长：法律科学的悖论》，董炯，彭冰译，北京：中国法制出版社，2002年，第36页。
[4] 孙国祥：《骗取贷款罪司法认定的误识与匡正》，《法商研究》2016年第5期，第55页。

贵、濒危野生动物罪等罪名，均涉及一个问题：该罪名的保护法益究竟是药品、枪支、医务、贷款、野生动物保护等管理制度或秩序还是更深层次的法益？如果对此问题厘定不清，设置的数量标准便极有可能南辕北辙，也无法把握影响情节轻重的核心因素。将数额作为区分罪与非罪或者加重法定刑的依据其实是只看到了问题的表象。

在新的《药品管理法》未施行以前，药品并非完全因为不符合治疗的真实效果才被认定为假药，而是未经行政检验或审批。此时，固然侵犯了国家的药品管理制度，但对人身安全却是没有危害甚至是有益的。陆勇案中，检察机关已然意识到："陆勇的行为虽然在一定程度上触及到了国家对药品的管理秩序，但行为对这方面的实际危害程度，相对于白血病群体的生命权和健康权来讲，是难以相提并论的。如果不顾及后者而片面地将陆勇在主观上、客观上都惠及白血病患者的行为认定为犯罪，显然有悖于司法为民的价值观。"① 即认识到将所谓的药品管理秩序视为本罪名的法益是不合理的。但囿于法律的明文规定且没有较好的可供运用的出罪成文根据，便采取了一个取巧的方式，将陆勇的行为解释为代购而非销售。但是这种说理较为牵强。其一，销售的基本含义是"出售"，是一种物、资交换，即便是受他人之托，只要存在这种交换行为便难以否定"销售"的存在。况且，在本案中，陆勇究竟是处于买方的立场还是卖方的立场，无法截然区分，即"帮助销售"与"帮助购买"可能并存。② 其二，如果再出现类似的情形，只是行为人从中赚取了一部分利差，该如何应对呢，对此情形入罪化处理仍难避免情法冲突。退一步讲，即便基于陆勇未收取报酬否定其营利的主观目的性进而否定销售行为，这种出罪模式也仅仅是立足于个案的权宜之计，无法为本罪名的规范适用提供具有普遍参考性的教义学知识。因为，立法者设立生产、销售假药罪的规范目的仅是在于通过规制向他人提供不合格

① 阮占江："检察机关详解陆勇案撤诉缘由"，《法制日报》2015年2月28日，第8版。
② 在本案中，经印度公司与陆勇商谈，由陆勇在中国国内设立银行账户，接收患者的购药款，并定期将购药款转账到印度公司指定的中国国内银行账户。参见湖南省沅江市人民检察院 不起诉决定书沅检公刑不诉〔2015〕1号。单纯就这一事实而言，便难以否定陆勇"帮助销售"的行为性质。

药品的行为达到保护他人人身健康的目的，而不在于抑制行为人的自利动机。可见，该罪名的规范目的或法益性质是一个无可回避的问题。无论从合比例原则的学理审视而言，还是就裁判的公众情理认同来看，药品管理秩序作为行政性管理的一部分应属于前置法负责的维护领域，刑事不法评价不应与此完全等同。

其实，刑法与行政法的立法初衷与期待的实际效果并不相同，刑法总归以保护某种法益为价值导向，而行政法力图确认的是一种管理秩序。"如果某种规定只保护特定的秩序，而不去避免具体的损害，那这些规定在刑法中就没有任何地位"。[1] 涉枪案件也是如此。《枪支管理法》第4条授权公安部门行使的只是枪支的行政管理工作，[2] 即行政法意义上的枪支认定是出于维护枪支管理、加强枪支管控的考虑，并不表明在刑事认定中可以完全照搬行政认定标准。2006年公安部《关于对以气体等为动力发射金属弹丸或者其他物质的仿真枪认定问题的批复》中指出，Ⅰ"利用气瓶、弹簧、电机等形成压缩气体为动力、发射金属弹丸或者其他物质并具有杀伤力的'仿真枪'，具备制式气枪的本质特征，应认定为枪支，并按气枪进行管制处理。对非法制造、买卖、运输、储存、邮寄、持有、携带和走私此类枪支的，应当依照《中华人民共和国枪支管理法》《中华人民共和国刑法》《中华人民共和国治安管理处罚法》的有关规定，追究当事人的法律责任。"Ⅱ"对不具有杀伤力但符合仿真枪认定规定的，应认定为仿真枪；对非法制造、销售此类仿真枪的，应当依照《中华人民共和国枪支管理法》的有关规定，予以处罚。"非常明显，Ⅰ段所规定的列入刑法规制的对象行为要求仿真枪具有"杀伤力"（危害公共安全）的实质危害特征；按照Ⅱ段描述，不具杀伤力但符合（行政）认定标准的仿真枪仅仅是《枪支管理法》的规制对象而完全没有提及刑法。由此可见，前置法对涉枪行为的规制范围并不仅

---

① 乌尔斯·金德霍伊泽尔：《法益保护与规范效力的保障——论刑法的目的》，陈璇译，《中外法学》2015年第2期，第55页。
② 劳东燕：《法条主义与刑法解释中的实质判断——以赵春华持枪案为例的分析》，《华东政法大学学报》2017年第6期，第18页。

限于人身伤害性，而是在此基础上拓宽了自身的规制范围，只要枪口比动能达到某种硬性标准便系违法。非法行医罪与前置性行政规范的衔接关系也应如此。《医疗机构管理条例》第24条规定："任何单位或者个人，未取得《医疗机构执业许可证》，不得开展诊疗活动。"这种行政性规定具有绝对性，即只要无证诊疗就是违法的，强调的是"资格"本身，而笔者认为，刑法作为保障法，在"资格"之外还应考虑"能力"因素，即不具有资格或资格因各种原因被取消者，是否具备相应的实际诊疗能力，是否会对就诊患者造成人身健康方面的现实危险。如果缺乏这种实质危险即最为核心的情节要素，所谓的受过行政处罚的次数在刑事不法评价中就难以占据主导。

理论界已在个罪中对这种秩序型法益进行了十分明确的反思，例如，针对骗取贷款罪的适用乱象，有学者认为："将骗取贷款罪的法益定位于类似'金融管理秩序'这种抽象的表述，就实际效果而言，往往易造成定罪扩大化的后果，因为没有危及信贷安全的所有瑕疵贷款行为，都可以被以保护金融秩序之名纳入该罪规制的范围。"[1]针对鲍某无证运输猕猴案，有人认为，法律规定国家重点保护野生动物运输许可制度，是保护珍贵、濒危野生动物的原栖息地和生存环境的手段，其本身并非值得刑法保护的法益。[2]复如，"两高"《关于办理非法生产、销售烟草专卖品等刑事案件具体应用法律若干问题的解释》第3条将非法经营罪的情节严重转化为具体的经营数额及受过行政处罚的次数，有学者主张即便非法经营烟草行为侵犯了行政性市场管理秩序这一公法益，也需要进一步判断这种法益能否还原为个人法益，否则便仅是行政违法而不可能是刑事犯罪。[3]也正是基于这种"秩序"与"具体权益"的二分，德国将本处于刑法典中的大量行政犯挪至违反秩序法当中，实现了秩序罚和犯罪罚区分制。"违反行政机关依法制定的禁止性规定，尤其是在经济领域，经济管理机关有权根据法律制定

---

① 孙国祥：《骗取贷款罪司法认定的误识与匡正》，《法商研究》2016年第5期，第55页。
② 冯锦华：《犯罪的本质是法益侵害——河南新野耍猴艺人无证运输猕猴案判决后的思考》，《森林公安》2017年第1期，第29页。
③ 参见张明楷：《避免将行政违法认定为刑事犯罪：理念、方法与路径》，《中国法学》2017年第4期，第46—47页。

行政规定。违反这种规定中的禁止性条款的，常常构成违反秩序行为。"①这种违反秩序法以罚款为主，只保护特定的秩序而不去避免具体的损害，也不把刑罚作为制裁手段。②

当然，有的时候数量型释法是在刑法文本的语义范围内进行的，也就不能将问题悉数推卸给司法解释。例如，虚开增值税专用发票在文义上属于一种行为犯，虚开税款数额较大或有其他严重情节的作为加重法定刑的依据，最高法《关于虚开增值税专用发票定罪量刑标准有关问题的通知》将入罪标准、数额较大及数额巨大分别界定为5万元以上、50万元以上及250万元以上。即便如此，也不表明严格按照司法解释作出的判决就是完全合理的。现实中行为人完全可能基于虚增业绩、展示实力、赚取外快等其他目的和动机，根本没有觊觎国家税收，也未向税务机关进行虚假申报而是如实缴纳国家税款。③此时，如果严格按照法条文义和国家税收征管秩序的法益理解，势必会将所有触犯相关前置性行政规范却对国家税收收入没有任何危险或实害的行为一并纳入刑事规制，进

---

① 王世洲：《罪与非罪之间的理论与实践——关于德国违反秩序法的几点考察》，《比较法研究》2000年第2期，第188—189页。

② 乌尔斯·金德霍伊泽尔：《法益保护与规范效力的保障——论刑法的目的》，陈璇译，《中外法学》2015年第2期，第555页。

③ 例如，乙公司为了实现并掩饰向甲公司高息拆借100万元资金的目的，由甲公司法定代表人丁决策，制造了甲、乙、丙三公司循环收购粮食的假象，由乙公司向甲公司销售粮食，甲公司再向丙公司销售，实际上仅仅存在乙向丙公司销售的事实，甲公司以付货款的名义向乙公司提供款项（即高息借款的本金），在该过程中，乙公司向甲公司、甲公司向丙公司均开具了增值税专用发票，税款均及时缴纳，无偷、骗税行为。最终公安机关以涉嫌虚开增值税专用发票罪将丁刑事拘留。参见汤涛：《不以偷骗税为目的的虚开增值税专用发票行为能否定罪》，《检察日报》2009年7月8日，第3版。复如李某虚开增值税专用发票案，何某甲基于解决其所控制的某公司超能生产煤炭对外销售问题，伙同李某甲、李某乙被告人虚构交易，并由李某甲、李某乙向其出具38份增值税专用发票，何某甲根据虚开的增值税专用发票进行了进项申报抵扣，李某甲、李某乙根据销售煤炭数量如实向国家上缴了销项增值税。一、二审法院均认为，原审被告人李某甲、李某乙等人主观上没有偷逃国家税款目的，客观上也没有造成国家税款流失，不具有危害国家税收征管的严重社会危害性，不应构成虚开增值税专用发票罪。参见四川省宜宾市中级人民法院刑事裁定书（2016）川15刑终113号。现实中还存在的一种类型是，由于公司或企业的特殊性质（如废品收购加工），在购入时售方可能不具备开具发票资格或能力，因而无法取得进项发票，但如果缺乏这一进项抵扣，相应税款就由该公司承担。此时，公司可能会按照其购入材料时的实际支出让他人代开相应额度的增值税专用发票，进而用以抵扣税款。对该行为整体来看，明显不具有骗取国家税款的目的，而是避免不必要的损失，结果上也未造成国家税款流失。

而使刑法与前置法的边界完全模糊，也不符合刑事处罚必要性的原则。正因此，有学者主张："如果虚开行为仅仅破坏了增值税专用发票管理秩序，但并未实际危及国家正常的税收活动，只能属于一般的行政违法行为。"[①]

法益侵害原则作为刑事违法性的实质根据在刑法教义学知识体系中占据着重要的地位，而这种实质判断又以识别罪名法益性质为前提，这也是刑事司法解释进行数量型释法的前提所在。如果缺乏此定性判断或者定性判断失之偏颇（完全附随于行政规范层面的行政管理秩序），也就难以在此之上进行罪量判断。并且，"对秩序的侵害程度不可计量"，[②]在"秩序"这种抽象的概念之上建立可量化的标准便难以实现，所谓的定量判断就成了纯粹的数字计算。因此，具体司法者不宜完全受制于司法解释的数量化规定以及刑法分则"形式分类"标准，[③]而是引入后果主义逆向审视思维，预判对于刑法规范目的或法益性质的理解是否符合公众的情理认同。如果某一行为仅侵犯了某种行政管理秩序却没有威胁到他人（包括个体和不特定集体）赖以生存的利益甚至对这种利益实现具有正价值，就需要考虑突破这种数字限制而寻求可予出罪的法理和文本依据。鲍某无证运输猕猴案的二审判决便为我们提供了很好的启示，如果一行为仅侵犯了行政性管理制度或秩序而未对这种秩序的目的实现（与人相关利益的保护[④]）形成实际妨碍，那么完全可以评价为"危害不大"；上文已述，数量仅是体现"情节"的一个方面而非核心要素，加上对行为僭越社会相当的行为负价值以及对

---

① 汤涛：《不以偷骗税为目的的虚开增值税专用发票行为能否定罪》，《检察日报》2009年7月8日，第3版。

② 魏昌东：《行刑鸿沟：实然、根据与坚守——兼及我国行政犯理论争议问题及其解决路径》，《中国刑事法杂志》2018年第5期，第14页。

③ 从体系定位来看，立法以直接侵犯的客体为标准对罪名进行了分类，但这种侵犯客体并不等同于法益，这种客体是行为直接侵犯的对象，而法益才是法规范真正意在保护的东西。这种形式化的分类标准主要在于表明法典设置的章法、确定犯罪的所属领域以及确认与前置法的衔接关系，有助于认识犯罪的表面特征，但这种秩序型客体尚不能直接上升为刑法保护的法益，进而发挥指导构成要件解释的方法论机能。

④ 野生动物生存环境并非与人无关的利益，"环境保护——即保障水、土地和空气的洁净——涉及的是对人类生活基础的长期维护"。乌尔斯·金德霍伊泽尔：《法益保护与规范效力的保障——论刑法的目的》，陈璇译，《中外法学》2015年第2期，第554页。相较之下，单纯的运输管理制度则偏重于一种行政利益。

他人利益敌对或漠视程度的整体评价，完全有归入"情节显著轻微"的空间。只是，为何情节显著轻微、为何危害不大，则需要结合具体案件事实以及特定罪名的法益性质进行进一步的说理，而非笼统以"但书"代替。

总之，"普通司法者由于直面具体案件与社会生活，相比那些高居于上的少数解释者而言在所形成的解释结论的公众认同性、价值合理性上可能更具有优势"。①因此，不应忽视个别解释在法律适用中的重要性。作为大前提的刑法规范与具体案件事实对接时显然不是一个简单的"量体裁衣"过程，法官也不可能是吐出判决的自动机器，而是充满着价值判断，再精细化的司法解释也无可否认这点。具体司法者面对个别案件，更能认知事实的多样性以及既有裁判规则的局限性，"随着不断出现的众多新事务或新事件，迫切需要追寻令人确信不疑的公正，这要求我们涂抹规则、修正规则、限制规则，甚至删去规则，尽管它们墨迹未干"。②只要在既有规范的文本框架内能够以符合教义学规则的刑法理论对案件裁判进行充分的说理，且判决结论能够获得公众的情理认同，那么，越过甚至否定司法解释的数量化规定也是合理的，应当积极为司法者营造这样的责任豁免空间，激发其能动性，而非做司法解释的被捆绑者。

（二）解释制定者适时在司法解释中增加概括性的基于危害考量的出罪规定

司法解释不可在刑法文本语义范围外扩张定罪，但可在不违背基本语义的前提下概括性规定出罪情形，该出罪情形往往需结合行为的法益侵害性质。例如，旧的《药品解释》11条第2款针对人身健康危险性的缺失而规定了假药系"少量"范围内可不予定罪，但是，正是这种数量化限定使得其教义学价值有所折扣。该解释的言外之意是，一旦超出"少量"标准，这种人体健康权益便不再起决定作用，回归到以药品管理制度决定犯罪与否的局面，也就是说，"少

---

① 唐稷尧：《中国当前刑法司法解释公信力刍议》，《政法论丛》2016年第4期，第133页。
② 本杰明·N.卡多佐：《法律的成长：法律科学的悖论》，董炯，彭冰译，北京：中国法制出版社，2002年，第39页。

量"之内采取的是"人身"标准,"少量"之上采取的则是"制度"标准,在犯罪的认定上,衡量标准不具有统一性和一贯性。问题是,在药品系未经审批的"救命药"的情况下,岂不是惠及人数越多、涉及数量越大,越能体现行为的正价值吗?如果说,罔顾患者的生命和健康权益而将未经审批生产、销售"假药"的行为认定为犯罪不符合司法为民的价值观,这种结论会因数量的变大而改变吗?新《药品管理法》扭转了这种不合理局面,但在笔者看来,完全可以不通过修法而是修正刑事司法解释的方式达到这一目的。一方面,通过修正前置法来转变刑法的适用局面,这其实是一种根深蒂固的违法一元及刑法绝对依附前置法的立场,对于现实中不断涌现的具体案件中的入罪认定欠合理现象,不可能事事求诸修正前置法。基于刑法自身的立场及规范性质,在司法论层面进行刑事不法的相对独立性评价才是解决问题的关键。另一方面,新《药品管理法》对于代购境外新药的行为依然保留了行政处罚规定,实际上仍是在"行刑"两法层面上贯彻不同的"假药"处罚标准,前置法的修订调整的其实不是自身的处罚范围,而是刑法的处罚范围,既然如此,就不如将假药认定标准权限交付给刑事立法者甚至司法者。司法解释完全可以取消"少量"的限制以达至同样的效果,这其实并不违反刑法的基本语义。其一,该规定中的"是指"二字,其实是为刑法上的假药认定指定了最大的参照范围,其意在使定罪处刑有前置法上的依据,但并非强调所有未经行政审批、检验的药品均是犯罪意义上的"假药",就此而言,旧《药品管理法》上的"假药"只是本罪中的"假药"的必要而非充分条件。其二,即便认为这种出罪设置难以取得该罪名条文的认可,刑法总则依然有"但书"设置,这种总则性出罪规定正是为了解决纷繁复杂的个案中处罚实质合理性与法定性的协调的问题,如果司法者能够破除"数量迷信",完全可以将生产、销售救命药的行为解释为"情节显著轻微危害不大"。

个案是检验对刑法规范既有理解是否合理的最佳途径,当富有争议的个案不断累积,便说明这种既有理解应当修正,最高司法机关也就可以适时地在司法解释中回应这种呼求。诸如非法持有枪支罪、虚开增值税专用发票罪、骗取贷款罪、非法经营罪等罪名的解释皆可如此,在做量化规定的同时,也需围绕社会危害或法益侵害性设置出罪规定，这种出罪规定便不应再受到数量因素的限制。

随着刘大蔚、赵春华等一系列涉枪案件的发生，刚性的司法判决不断挑战着国民认同，也使人们产生了对司法甚至立法公正的质疑，最高司法机关便通过制定司法解释适时回应民众关切。"两高"《关于涉以压缩气体为动力的枪支、气枪铅弹刑事案件定罪量刑问题的批复》便明确交代了其出台背景，即："涉枪案件呈现出多样性、复杂性的特点……在决定是否追究刑事责任以及裁量刑罚时唯枪支数量论，恐会背离一般公众的认知，也违背罪责刑相适应原则的要求。司法实践中，个别案件的处理引发社会各界广泛关注，法律效果和社会效果不佳。"由此规定，"对于非法制造、买卖、运输、邮寄、储存、持有、私藏、走私以压缩气体为动力且枪口比动能较低的枪支的行为，在决定是否追究刑事责任以及如何裁量刑罚时，不仅应当考虑涉案枪支的数量，而且应当充分考虑涉案枪支的外观、材质、发射物、购买场所和渠道、价格、用途、致伤力大小、是否易于通过改制提升致伤力，以及行为人的主观认知、动机目的、一贯表现、违法所得、是否规避调查等情节，综合评估社会危害性，坚持主客观相统一，确保罪责刑相适应"。该批复还特别说明，"如对'枪口比动能较低'的具体数值作出规定，恐会导致对具体案件的处理陷入'一刀切'的困境，不符合《批复》所确立的综合考量精神"。① 由此可见，司法解释制定者已然意识到数量型释法存在的局限性，从而主张综合认定的方式方法，而其中必然应以对公众安全的危险性为考虑核心。该司法解释所体现的立场无疑值得肯定，也值得在其他相关罪名的释法中所借鉴。在面临个罪适用"合法却不合情"的状况时，其实并非真正合法，而是对刑法规范缺乏深入解读所致，此时无需叫嚣修正立法或者前置法，只要解释制定者从公众认可角度不断揣摩立法者设置此罪名的应然目的，并对争议个案不断总结从而增设可供出罪的教义学依据，便能实现法律效果与社会效果的统一。

---

① 王吉全：《最高人民法院、最高人民检察院关于涉以压缩气体为动力的枪支、气枪铅弹刑事案件定罪量刑问题的批复"的理解与适用》，http://legal.people.com.cn/n1/2018/0328/c42510-29894348.html，最后访问日期：2020年2月12日。

五、结语

刑事司法解释在司法实践中的重要地位已毋庸置疑，瑕不掩瑜，这种数量型释法的局囿并不能从根本上否定司法解释存在的合理性，本文只是意在为继后司法解释的完善提供一种学理思考。有学者认为"以例代释"是司法解释的最终命运，[①]但是，刑事判例也不可能为司法者提供可直接运用的、无需附加价值判断的裁判规则。例如，最高法第97号指导案例就王力军案提供了一种裁判指引："判断违反行政管理有关规定的经营行为是否构成非法经营罪，应当考虑该经营行为是否属于严重扰乱市场秩序。对于虽然违反行政管理有关规定，但尚未严重扰乱市场秩序的经营行为，不应当认定为非法经营罪。"由此肯定了"严重扰乱市场秩序"相较"违反行政管理有关规定"的相对独立性，应当如何理解这种"严重"程度，还是会涉及数量型解释是否恰当的问题。显然，对此进行数量化解读也不合适，否则便意味着如果王力军涉案数额巨大或波及地域较广便应入罪；从法院的无罪改判立场上来看，显然是基于行为人未对市场参与主体的合法权益造成侵犯的考虑，就此而言，并未改变先定性后方可定量的逻辑规律。尤其是涉及"行刑"衔接的违反管理秩序型罪名（主要分布于分则第三、六章），对于罪名法益性质的理解至关重要，欲实现罪名适用的形式合理性与实质合理性的融合，破除"数量迷信"是关键。

① 参见张文，牛克乾：《中国规范性刑法解释的实然与应然》，载陈金钊，谢晖主编：《法律方法》（第9卷），济南：山东人民出版社，2009年，第167页。

中小学教师校内申诉制度研究

——以上海市为例

韩思阳①

申诉制度是一种系统内解决纠纷的制度，相比于系统外解决纠纷的复议、诉讼、仲裁等制度，它一般具有低成本、高效等优点。教育领域是适用申诉制度较多的领域，主要包括学生申诉与教师申诉。教师申诉依学校性质可以分为高校教师申诉与中小学教师申诉（幼儿园可参照中小学），而根据申诉机关的不同又可以分为教师校内申诉与教师校外申诉。本文以上海市中小学教师校内申诉制度为研究对象，试图在现有制度基础上建构一套低成本、高效、中立性强、利用率高的中小学教师校内申诉制度。

本文在内容上分为以下四个部分，首先对相关制度进行对比分析，以明确中小学教师校内申诉制度的基本原理与参照对象；其次对相关法律规范进行全面梳理，为建立中小学教师校内申诉制度确立法律依据与划定制度空间；再次，以上海市徐汇区中小学教师校内申诉制度为例，分析制度现状与存在问题；最后，结合我国大陆、台湾地区以及美国教师申诉制度的经验，就如何设计中小学教师校内申诉制度提出具体建议。

---

① 韩思阳，法学博士，上海师范大学哲学与法政学院副教授。

一、基本原理与参照对象

中小学教师校内申诉制度是中小学教师认为学校的具体措施侵害其合法权益，向学校申诉机关提出申诉并由学校申诉机关依据相关规定做出决定的制度。该制度与高校学生校内申诉制度、高校教师校内申诉制度、校外申诉制度存在联系与区别，通过该制度与相关制度的对比分析，我们可以得出确立该制度的原理基础以及从相关制度中可以借鉴之处。

（一）中小学教师校内申诉制度与高校学生校内申诉制度

《普通高等学校学生管理规定》第59条至第62条为高校学生校内申诉制度确立了基本框架，在此基础上，很多高校都建立起自己的学生校内申诉制度。与高校学生校内申诉制度相比，中小学教师校内申诉制度在原理上与其有相似之处，在具体制度上又有所不同。高校学生校内申诉制度在原理上以特别权力关系理论为依据。特别权力关系理论起源于德国，最早用来解释德国封建时代末期领主与家臣之间的关系，后拓展适用于行政机关与公务员、军队与军人、监狱与犯人、高校与教师学生等之间的关系。该理论认为，上述关系的特殊性质要求排除法律保留与司法救济原则的适用，而弱势一方出于自愿与强势一方形成上述关系为这种排除提供了正当性。特别权力关系理论实际上是在公权力领域划出一片法外之地，因此其自诞生之日起就广受诟病。随着法治理念的不断拓展，总的趋势是特别权力关系理论的范围越来越受到限缩，从早期"基础关系与管理关系"的二元划分，到"重要性理论"的逐渐推广，很多原属特别权力关系领域的事项已纳入到法治轨道，这在高等教育领域体现得尤其明显。在"重要性理论"的指引下，当高校作出开除、退学等严重影响学生基本权利的决定时，应当具有法律依据并接受司法审查。在我国，自"田永诉北京科技大学案"以来，学术界与实务界已基本形成共识，即高校可作为授权行政主体成为行政诉讼的被告，这意味着特别权力关系理论在我国高等教育领域也已经被打破。

值得注意的是，特别权力关系理论也许已经过时，甚至可能被完全弃用，但这不意味着原先被笼罩在特别权力关系阴霾下的领域可以完全接受法治阳光的照耀，换句话说，即使在公权力领域，法律也不是无远弗届的，有很多问题单靠法律是无法解决的。以高等教育为例，有关学术自由、教学自由的问题一般只能通过高校自治予以解决，法律对此是无能为力的。这也就意味着高校内部很多纠纷不能通过司法途径解决，而只能通过高校内部纠纷解决机制处理，高校学生校内申诉机制就是其中一种。

中小学校与教师之间法律关系较为复杂，传统意义上的特别权力关系理论往往不涉及该领域，但一般认为，中小学校教师也享有一定的学术自由与教学自由，因此中小学校与教师之间也存在某些法律所不能涉及的领域，而这正是中小学教师校内申诉制度存在的基础。由此可见，中小学教师校内申诉制度最有价值的地方，是解决那些无法纳入司法途径的中小学教师校内纠纷，尽管该制度并不排除解决那些可以纳入司法途径的纠纷。①

当然，原理上的相通并不代表具体制度上的一致，学生与教师身份上的不同决定了两种制度在很多方面存在区别。以申诉范围为例，高校学生校内申诉制度的申诉范围主要集中于高校对学生作出的各种处分，比如《上海交通大学学生校内申诉管理规定》第5条规定："学生对学校作出的涉及本人权益的下列处理决定不服，须在收到处理决定之日起五个工作日内向学校提出申诉。（1）对学生本人作出的警告、严重警告、记过、留校察看、开除学籍等纪律处分；（2）学校对学生取消入学资格、退学处理的决定；（3）法律、法规规定可以提出申诉的其它处理决定。"与此不同的是，中小学教师校内申诉制度的申诉范围包括了学校对教师所可能作出的各种可能侵害其合法权益的措施，既有学校对教师的处分，也有学校就教师年度考核、职称评定、薪酬待遇等方面作出的决定。

---

① 有学者主张应将申诉制度纳入行政复议或行政诉讼，从教育申诉制度的特点来看，这种主张很可能抹杀申诉制度的特有优势。有关主张请参见尹晓敏：《我国教师申诉制度研究》，《清华大学教育研究》2005年第1期。

（二）中小学教师校内申诉制度与高校教师校内申诉制度

高校与教师的法律关系一如高校与学生的法律关系，在原理上并无二致，只是在具体制度上有所不同。由此可以推论出，中小学教师校内申诉制度与高校教师校内申诉制度在原理上也是类似的，都是基于学术自由与教学自由，只不过前者学术自由部分少一些，而教学自由部分多一些，后者则是两者并重。不过以上区别在具体制度上的体现并不明显。

（三）中小学教师校内申诉制度与校外申诉制度

教育领域的校外申诉制度是指教师或学生对学校或行政机关侵犯其合法权益的决定向主管行政机关或上一级行政机关提出申诉的制度。校外申诉制度其实可以分为两部分，即申诉对象是学校的校外申诉制度与申诉对象是行政机关的校外申诉制度。就前者而言，由于特别权力关系或自治关系的存在，申诉机关往往不能作出实质性决定，而如果申诉机关作出了实质性决定，则意味着特别权力关系或自治关系不复存在，申诉决定有可能成为具体行政行为，从而进一步成为行政复议或行政诉讼的对象。就后者而言，教师学生与行政机关之间一般是外部行政法律关系，因此不存在行政复议与行政诉讼的障碍，教师学生如果提起申诉，那通常意味着复议诉讼等救济手段已被穷尽。不管是何种校外申诉制度，都属复议诉讼之外的非正式救济途径，在基本原理上，与中小学教师校内申诉制度区别不大。

由以上比较可见，中小学教师校内申诉制度是镶嵌在整个教育申诉制度中的一部分，与教育申诉制度的其他部分并无本质区别，这也就意味着，设计中小学教师校内申诉制度可以也应当借鉴其他教育申诉制度。

二、法律依据与制度空间

在具体设计中小学教师校内申诉制度之前，有必要对该制度的法律依据与制度空间进行整理。如前所述，特别权力关系或自治关系并不适用法律保留与司法救济原则，因此该领域并不要求制定专门的法律规范。但现代社会的所有领域都要求遵循法律优先原则，即任何行为与规范都不能与法律相冲突，特别权力关系或自治关系领域也不例外，因此中小学教师校内申诉制度不管是作为校内规范存在还是作为法律规范存在，都必须不与现行法律规范产生冲突。整理现行与中小学教师校内申诉制度有关的法律规范，既可以明确制度设计的法律依据，又可以为制度设计划出清晰的制度空间。

1993年的《教师法》第39条规定："教师对学校或者其他教育机构侵犯其合法权益的，或者对学校或者其他教育机构作出的处理不服的，可以向教育行政部门提出申诉，教育行政部门应当在接到申诉的三十日内，作出处理。教师认为当地人民政府有关行政部门侵犯其根据本法规定享有的权利的，可以向同级人民政府或者上一级人民政府有关部门提出申诉，同级人民政府或者上一级人民政府有关部门应当作出处理。"该条文确立了我国的教师申诉制度的基本框架，但这一制度框架仅包括教师校外申诉制度，而不包括教师校内申诉制度。

1995年8月28日的《国家教委办公厅关于印发〈关于开展加强教育执法及监督试点工作的意见〉的通知》（规范性文件）（以下简称"《通知》"）明确提出建立教师校内申诉制度："校内申诉制度，是教师、学生、职员因对学校或者其他教育机构的有关职能机构或人员作出的有关处理决定不服，或认为其有关具体行为侵犯了自身的合法权益，申请学校或者其他教育机构依照规定程序进行审查处理的制度。建立校内申诉制度，可依托校内有关部门，如学生管理部门、教师管理部门。学校申诉工作程序包括申请审查、受理，直接听取争议双方的意见和理由，进行必要的调查工作，在此基础上依多数意见形成处理意见书，经学校管理机构批准后，正式作出申诉处理决定。"

1995年10月6日的《国家教委关于〈中华人民共和国教师法〉若干问题的实施意见》（部门规章）主要对教师校外申诉制度作了规定，其内容主要有：申诉的管辖、申诉的提出与受理、申诉决定种类、申诉决定作出的期限、申诉的送达以及申诉的后续程序等。

2003年7月17日《教育部关于加强依法治校工作的若干意见》(规范性文件)(以下简称"《意见》")再一次明确提出建立教师校内申诉制度："建立校内教师申诉渠道，依法公正、公平解决教师与学校的争议，维护教师合法权益。"但相比于前述《通知》,《意见》并没有做更细化的规定。

2012年11月12日《教育部关于印发〈全面推进依法治校实施纲要〉的通知》(以下简称"《纲要》")提出："学校要设立教师申诉或者调解委员会，就教师因职责权利、职务评聘、年度考核、待遇及奖惩等，与学校及有关职能部门之间发生的纠纷，或者对学校管理制度、规范性文件提出的意见，及时进行调处，做出申诉结论或者调解意见。教师申诉或者调解委员会应当有广泛的代表性和权威性，成员应当经教职工代表大会认可。"《纲要》将教师校内申诉与校内调解制度规定在一起，将学校职能部门列入被申诉人，将学校抽象行为列入申诉范围，这些都是创新之处。

2012年9月1日的《事业单位工作人员处分暂行规定》(部门规章)规定了事业单位工作人员对处分决定的复核和申诉制度，其中的复核机关是原处分决定单位，因此类似于内部申诉制度。2014年7月1日的《事业单位工作人员申诉规定》(部门规章)对事业单位的申诉制度做了系统规定，明确了事业单位工作人员可就事业单位的人事处理行为提起复核和申诉，同样的，其中的复核也类似于内部申诉。由于公办中小学大部分属于事业单位，因此在教师校内申诉问题上，上述两部门规章也适用。需要注意的是，两部门规章规定的复核并不能完全等同于申诉，因为两部门规章所规定的复核机关是原决定机关，而申诉机关往往是单独成立的具有一定中立性的机关，因此两部门规章对复核制度的规定虽然详尽，但并不能完全作为中小学教师校内申诉制度的依据，而更多的是参照。

综合以上法律依据，我们认为，就中小学教师校内申诉制度而言，现有的法律依据主要是上述《通知》《意见》和《纲要》。《意见》的规定过于笼统，主要明确了制度目的。相比之下，《通知》和《纲要》的内容要丰富得多，从中我们至少可以解读出如下制度空间：①申诉人包括了教师和职员；②被申诉人包括了学校、教育机构和学校职能部门；③申诉范围是处理决定、侵权行为或学校的抽象行为；④应成立专门的申诉机关即申诉委员会，且其成员应当经教职工代表大会认可；⑤申诉处理程序包括申请、受理、审查和决定；⑥申诉采用职权主义，申诉机关应进行必要的事实调查；⑦申诉决定应当经学校管理机构批准。上述法律依据和制度空间意味着，中小学教师校内申诉制度只能在上述规定的基础上细化，而不能违反上述规定。

当然，由于基本原理相通，前述《教师法》等其他法律规范所规定的教师校外申诉制度可以作为中小学教师校内申诉制度的参照。

三、制度现状与存在问题

在厘清制度空间后，本文拟以上海为样本对现有中小学教师校内申诉制度进行整理并分析其存在的问题。选择上海作为样本一方面是因为研究的便利，另一方面是由上海教育发展的现状所决定。上海市已完成基本实现教育现代化的主要任务，目前正朝着率先实现教育现代化的目标迈进，因此相关的制度实践具有很强的前瞻性。有关中小学教师校内申诉，上海市现有制度主要是两类：一类是上海市教委和各区教育局制定的法律规范；一类是上海市各中小学所制定的校内规范。由于调研范围所限，各区教育局以及各中小学我们仅以徐汇区为例。事实上，我们在调研过程中发现，徐汇区的情况基本代表了上海市的整体状况。

（一）上海市教委和各区教育局制定的法律规范

2015年3月18日《上海市教育委员会关于2015年深入推进本市中小学校依法治校相关工作的通知》（以下简称"《上海通知》"）提出："各区县教育行政部门和中小学校要建立健全教师申诉或调解机构，处理涉及教师的有关纠纷。教师对学校处理不服向区县教育行政主管部门提出教师申诉的，区县教育行政部门要依法进行审查，并在30日内进行处理。"其中仅提出要在上海建立中小学教师校内申诉机构，但没有具体规定。根据《上海通知》的要求，上海各区纷纷制定了相应的配套规定。比如徐汇区教育局2015年5月5日《关于深入推进依法治校相关工作的通知》（以下简称"《徐汇通知》"）中指出："各中小学（含幼儿园）要建立健全教师申诉机构，建议由学校工会主席、党组织纪检委员、教师代表和学校法律顾问等5—7人组成'教师申诉委员会'，主要受理教师认为学校侵犯其合法权益提出的申诉。教师申诉委员会人员组成及相关制度须经学校教代会审议通过。"相比《上海通知》，《徐汇通知》的内容更为具体，特别是明确了教师申诉委员会相关制度，但总体上仍不够详尽。

（二）上海市各中小学制定的校内规范

上海市各中小学层面，我们仍以徐汇区为例。我们搜集了徐汇区各中小学（包括幼儿园）所制定的校内规范约40件。综合来看，这些校内规范规定了以下内容并存在以下问题。

1. 制定依据

制定依据方面，大多数校内规范都开宗明义列举了制定依据，比如《世界小学教师申诉制度》第1条规定："按照《上海市教育委员会关于2015年深入推进本市中小学校依法治校相关工作的通知》（沪教委法〔2015〕年12号）精神和徐汇区教育局的相关要求，依据《中华人民共和国教育法》《中华人民共和国教师法》、《国家教育委员会关于〈中华人民共和国教师法〉若干问题的实施意见》等有关法律、法规，为保障教师依法行使申诉的权利，维护教师合法权益，保障、监督学校及各个处室、年级依法行使职权，结合我校实际，特制定本制度。"其他校内规范列举的制定依据还有《义务教育法》《劳动法》以及本校章程等。

制定依据划定了制度空间，必须严谨规范。有些制定依据，比如前述的《通知》《纲要》，属于中小学教师校内申诉制度的直接法律依据，而大部分校内规范都没有涉及；有些制定依据，比如《义务教育法》《劳动法》等，与中小学教师校内申诉制度并无太大关系，无需列入。

2. 申诉人

在申诉人范围方面，有的学校没有就此作出规定。就此作出规定的学校中，有的学校规定得较为模糊，比如《紫竹园中学教师申诉制度》第2条规定："本办法所称教师，是指上海市紫竹园中学全体教职员工。"所谓"全体教职员工"具体何指并不明确。有的学校规定必须是在编或正式教职员工，比如康宁科技实验小学、汾阳中学等。有的学校对申诉人范围作了细致界定，比如《紫阳中学教师申诉制度》第2条规定："本制度所称教师，是指我校具有教师资格、专门从事教育教学工作的在编在岗人员。法律、法规另有规定的除外。"

如前所述，以《通知》《意见》《纲要》为代表的上位法已明确，申诉人包括了教师和职员，即采用广义的教师概念。部分校内规范对申诉人范围或者界定得不够明确，或者限定过窄。

3. 被申诉人

被申诉人范围方面，绝大多数校内规范没有就此作出规定，实际上是默认只能以学校为被申诉人。少数学校规定了被申诉人范围，将被申诉人范围扩展到除学校以外的校内职能部门以及个人。比如《长桥中学教职工申诉制度》第2条规定："校内教职工申诉的被申诉人主要是学校所设的教导处、政教处、总务处、人事处等职能机构或个人。"类似的还有上海市南洋中学。

中小学教师校内纠纷多种多样，既有教师与学校之间的纠纷，也有教师与校内职能部门以及个人之间的纠纷，部分校内规范对被申诉人范围限定过窄。

4. 申诉范围

申诉范围方面，大部分校内规范都将申诉对象界定为学校处理决定和侵权行为两个方面。有的学校还从反面列举了不属于申诉范围的事项，比如《园南中学教师申诉制度》第5条规定："下列情况，学校不受理教师申诉：（一）法律法规所明确规定的教师的职责和义务，以及学校经由教代会审议通过的规章制度和文件。（二）与学校管理无关的事项。（三）认为上级主管部门或其他行政机关侵犯其合法权益的。（四）认为没有隶属关系的学校或其他教育机构侵犯其合法权益的。（五）侵犯其合法权益的不是学校行为，而是其他教师、学生、社会人员等。（六）已经向上级教育行政主管部门提出申诉，在申诉处理期内或已由申诉受理部门做出处理的。"类似的还有上海市田林第二中学等。

将申诉范围划分为学校处理决定和侵权行为两部分，这与上位法的规定是一致的。需要注意的是应将哪些事项排除出申诉范围。以上海市汾阳中学为例，其校内规范将"当地人民政府有关部门"侵害教师合法权益的行为也纳入了申诉范围，而这明显是超越校内申诉职权范围的事项。另外，上位法明确将学校抽象行为列入申诉范围，部分校内规范却将其排除，这是错误的。

5. 申诉机关

申诉机关方面，大部分校内规范都有专门的申诉机关条款，内容主要涉及组成人员、人数以及负责人等。比如《华东理工大学教职工申诉制度》规定："学校申诉委员会由党政领导、工会主席、教职工代表等组成，成员为7—9人，校长担任委员会主任。"有的学校规定了申诉机关成员的产生方式，有规定选举产生的，比如《上海师大附中附属龙华中学教师申诉制度》第5条规定："教师申诉委员会的主任、副主任、委员由全体教师集体选举产生。"也有规定由校长会议任命的，比如向阳育才小学。有的学校对申诉机关规定得比较详尽，比如《汇师小学教职员工申诉处理办法》第5条："申诉委员会由学校工会主席、党组织纪检委员、教职员工代表等人员组成，人数为5人，其中学校工会主席、党组织纪检委员各1人，教职员工代表3人，候补成员3人，学校法律顾问担任申诉处理工作的顾问（申诉委员会成员及候补成员名单附后）。申诉委员会成员中的教职员工代表经推荐选举产生，由学校五个年级组及后勤组各推荐1位候选人参加选举，6位候选人经学校教职员工大会投票选举，得票前3位的教职员工代表作为申诉委员会成员，剩余3位教职员工代表作为申诉委员会候补成员。"

申诉机关是整个申诉制度最重要的内容，核心是如何确保其中立性。为达到这一目标，我们必须从细节着手，对申诉机关相关制度进行精心设计。部分校内规范在这方面显然有所欠缺，有很多问题没有涉及，比如申诉机关是常设还是非常设、申诉机关与其他校内机关的关系、成员的代表性、每类成员的比例、成员的任期等等，汇师小学的规定比较详尽，但也主要是针对成员的选举问题而已。另外，上位法明确规定申诉机关成员应经过教职工代表大会认可，部分校内规范或者对此没有涉及，或者其规定与此相悖。

6. 回避制度

回避制度方面，有的校内规范规定了回避制度，典型如《汇师小学教职员工申诉处理办法》第10条规定："申诉委员会成员有下列情形之一的，应当自行回避，申诉人和申诉委员会也有权要求其回避：（一）是申诉人的近亲属的；（二）与申诉事项有利害关系的；（三）与申诉人、被申诉职能部门的负责人有其他关系，可能影响申诉公正处理的；回避决定应当在回避申请提出之日起3个工作日由申诉委员会作出，并及时通知提出回避的申请人。"

如何确保申诉决定的中立性？申诉机关的组成和设置是核心，而回避制度则是重要的辅助制度。以上回避制度明显是从诉讼制度中借鉴过来的，这本无可厚非，但考虑到中小学校内申诉制度中立性差、利用率低的现实，似乎有必要在现有回避制度基础上进行创新，以进一步增强中小学教师利用校内申诉制度的信心。

7. 申诉决定

申诉决定方面，有的学校规定了针对不同情形所做出的决定的种类，典型比如《平江路小学教师申诉制度》将申诉决定分为"（1）维持原处理决定；（2）变更原处理决定；（3）撤销原处理决定；（4）责令被申诉人重新做出处理决定；（5）被申诉人依法负有履行义务的，责令其限期履行。"有的学校规定了"少数服从多数"的决定规则，比如上海市田林第四小学。很多学校规定了作出决定前的调解制度，比如上海市吴中路小学、上海市东三小学、上海市康宁科技实验小学等。

部分校内规范有关申诉决定的规定无疑也是对诉讼制度，特别是对行政诉讼制度的模仿，但欠缺体现中小学教师校内申诉制度特殊性的内容。另外，有的校内规范超越了校内申诉的职权范围，涉嫌行使司法权。比如《东安三村小学教师申诉规定》在申诉决定部分规定："对申诉人造成财产、人身损害的，根据民事法律的有关条款做出处理。"

8. 申诉决定效力

申诉决定效力方面，大部分校内规范没有就申诉决定的效力作出规定，有的学校如上海市东三小学、上海市东二小学、上海师大附中附属龙华中学、上海市教育科学研究院实验小学等规定申诉决定与学校行政办公会议的决定具有同等效力。在申诉决定生效时间方面，有的学校规定申诉人在一定期限内没有提起再申诉的，申诉决定生效，典型如《上海师大附中附属龙华中学教师申诉制度》第16条。

申诉决定的效力应当予以明确，否则会降低整个制度的实际价值，但申诉决定是否可以与学校行政办公会议决定等同，还需进一步讨论。上位法规定申诉决定应当经学校管理机构批准，但这意味着两者效力级别是不同的，而简单等同的结果很可能会给校内决策程序带来混乱。申诉决定是即时生效还是过一定期限生效，取决于我们将申诉决定定位为准行政行为还是准司法行为，如果定位没有明确就贸然作出制度安排，实践中的龃龉几乎是必然的。

除了以上几点之外，现有校内规范还涉及其他非核心内容，比如申诉处理程序、事实调查、申诉期限等等，由于篇幅所限，此处不赘。当然，现有校内规范欠缺的内容还有很多，本文将在下一节具体阐述。

四、经验借鉴与制度建构

关于中小学教师校内申诉，上海市现有的制度虽有很多不足和欠缺，但毕竟为接下来更完善的制度设计打下了基础。目前教育部的《教师申诉办法》（征求意见稿）及《关于〈教师申诉办法〉的说明》已经发布，虽尚未生效，但可作参考。国内城市中，就教师申诉专门进行地方性立法的有北京市和苏州市，《北京市教师申诉办法》与《苏州市教师申诉办法》虽然在内容上比较简略，且主要是校外申诉制度，但同前述其他校外申诉制度一样，可资借鉴。另外，台湾地区、美国的教师申诉制度比较发达，本文也将其列为重要学习对象。总体来看，未来的中小学教师校内申诉制度应当包括以下内容。

（一）制度模式

从现有资料来看，目前各地中小学教师申诉机制采用的是平行立法模式，即由学校自行制定校内申诉规范，由教育行政部门制定校外申诉规定。除了平行立法模式，还可能采用统一立法模式与折中立法模式。统一立法模式就是由教育行政部门制定统一的校内和校外申诉规范，台湾地区即采用此种模式；折中立法模式是由教育行政部门制定详细的校外申诉规范，同时就校内申诉制度规定大致框架，具体内容留给各学校自行规定，《普通高等学校学生管理规定》在学生申诉问题上采用的就是此种模式。

我们采用的是统一立法模式，即省级教育主管部门制定统一的中小学教师校内申诉规定，同时各中小学校可根据自身情况将其转化为内部规定。

规范名称暂定为《中小学教师校内申诉办法》（以下简称"《办法》"），规范性质为行政规范性文件。

（二）制定依据与制定目的

《办法》首先应当列出制定依据，出于严谨规范的考虑，应当只列直接相关的依据。如前所述，这些依据包括《通知》《意见》《纲要》《上海通知》等，如果《办法》出台前《教师申诉办法》公布生效，则还应将《教师申诉办法》列入。

制定目的至少是三点：①促进中小学校治理法治化；②公正、高效解决中小学教师校内纠纷；③维护中小学教师合法权益。

（三）适用范围

从前述特别权力关系与自治关系的原理角度，《办法》的适用范围应当是上海市公办中小学，公办幼儿园参照适用。对于私立中小学与幼儿园而言，教师与学校的关系更接近于民事法律关系，本应直接适用民法和劳动法。但出于增加化解纠纷渠道的考虑，私立中小学与幼儿园也应当参照适用《办法》，这种安排也是与《教师申诉办法》（征求意见稿）以及台湾地区的做法是一致的。

（四）申诉人

《教师申诉办法》（征求意见稿）对申诉人范围作了限定，其第2条规定："具备教师资格，由依法设立的实施学历教育的各级各类学校、幼儿园及其他教育机构（以下统称学校）聘任，从事教育教学工作的教师，向教育行政部门提出申诉及申诉的处理，适用本办法。"《关于〈教师申诉办法〉的说明》也指出："与学校建立劳动关系的教职员工、工勤人员，适用劳动争议仲裁或者调解。"这种做法与原有法律规范存在冲突，同时也不符合校内纠纷尽量校内解决的宗旨。我们认为，申诉人范围应当尽可能放宽，具体做法一是在前面申诉人条款部分规定，即直接明确申诉人包括教师及其他校内职工；二是在后面参照条款部分规定，即规定其他校内职工参照适用本办法，比如《苏州市教师申诉办法》第21条。我们认为应当采用第二种做法。

从实践经验来看，目前一般没有将部门、院系或教师团体纳入申诉人范围的，[①] 但理论上这种情况是可能存在的，《办法》应当对此有所涉及。

申诉人还有一个资格要件就是应当属于自身权益受到侵害或影响的，出于降低制度运行成本的考虑，公益性申诉应当不被允许。

（五）被申诉人

同样出于校内纠纷尽量校内解决的宗旨，被申诉人范围也应当扩大。现有制度默认将学校作为唯一被申诉人，这一方面把大量纠纷排除在外，另一方面不利于纠纷的公正解决。就后者而言，有学者就指出："很多侵权行为或处理决

---

① 参见程刚，俞建伟：《高校内部教师申诉制度的研究与设计》，《教育研究》2009年第5期。

定是某些内部组织以学校的名义作出的，如果只是将被申诉人笼统地定为学校，不仅不利于责任追究，而且要求学校对自己的行为或决定作出审查与评判，就会陷入'运动员兼裁判员'的角色困境中。所以，在一般情况下，应该将被申诉人确定为学校的相关内部组织，包括有关部门、院系或基层组织，这样可以明确责任主体。"①因此应当明确将学校部门甚至其他教师纳入被申诉人范围。

（六）申诉范围

仍是出于校内纠纷尽量校内解决的考虑，申诉范围也应尽量扩大，但部分确实不适合由校内申诉制度解决的事项应当排除。基于此，申诉范围条款应当是正面列举加反面排除的结构，正面列举应当尽量简单、抽象、包容性强，反面排除应当尽量详尽、具体、明确。就正面列举而言，现有制度大都采用"处分决定＋侵权行为"的两分法，另外再辅之以兜底条款，而《教师申诉办法》（征求意见稿）第4条采用的是"《教师法》权利＋考核评聘＋处分决定＋人事聘用"的四分法，这种四分法一是逻辑上不周延，二是列举的多反而涵盖的少。考虑到《教师申诉办法》（征求意见稿）针对的主要是校外申诉，这点可以理解。但《办法》针对的是校内申诉，应当将尽可能多的纠纷纳入到申诉范围，因此我们认为正面列举应采用"处分决定＋侵权行为＋兜底条款"的条款设计，其中的"兜底条款"主要是把不作为等情形涵盖进去。

反面排除应当尽量详尽、具体、明确，同时不能设定兜底条款，以避免该条款被申诉机关滥用。排除事项应当包括：

（1）职权外事项。比如教师认为上级主管部门或其他行政机关侵犯其合法权益的。

（2）非学校行为。非学校行为不是指非学校作出的行为，而是指非学校性质的行为。比如《吴中路小学教师申诉制度》的反面排除条款中就包括"校内或校外人员因非学校教学、管理等事务的个人行为侵犯教职员工合法权益的"。

---

① 程刚，俞建伟：《高校内部教师申诉制度的研究与设计》，《教育研究》2009年第5期。

如前所述，申诉人与被申诉人的范围应当拓宽，但同时应当用申诉范围进行必要限制，即申诉机关只处理申诉人与被申诉人之间有关教学、管理的纠纷，其他的民事、刑事纠纷不包含在内。

（3）重复处理行为。如果纠纷已经由申诉机关处理过，已经或正在通过复议、诉讼、仲裁途径处理，则不应再提起申诉，否则申诉制度将蜕变成信访制度，与法治化方向背道而驰。

（4）内部行为。学校或学校有关部门的内部讨论、决策、管理等行为，不直接影响教师合法权益，因此不能作为申诉对象。

（5）没有申诉实益的行为。这是借鉴台湾地区的做法，即提起申诉时，若处分决定或侵权行为已不存在，则申诉无实益。①

关于学校抽象行为，上位法已明确将其纳入申诉范围，因此不能将其列入排除条款。但学校章程、校规校纪等往往是由教职工代表大会或学校行政办公会议通过的，申诉机关对其进行审查应当慎重，即使发现问题，一般也不能直接作出决定，而只能提出建议。

（七）申诉机关

申诉机关部分应当规定成员的组成、任期、产生方式等。台湾地区的《教师申诉评议委员会组织及评议准则》第5条规定："各级主管机关申评会置委员十五人至二十一人，均为无给职，任期二年，由机关首长遴聘教师、教育学者、该地区教师组织或分会代表、主管机关代表、社会公正人士担任，其中未兼行政职务之教师不得少于委员总额三分之二；任一性别委员应占委员总数三分之一以上。申评会委员因故出缺时，继任委员之任期至原任期届满之日止。"从上海市各中小学的实际出发，我们认为申诉机关成员以七人至九人为宜，兼职，任期两年，学校可根据其工作量提供一定补助，学校可以提名成员及负责人，但不能决定是否任命。成员及负责人的任命应当由教职工代表大会通过，成员

---

① 台湾地区《教师申诉评议委员会组织及评议准则》第20条规定："申诉有下列各款情形之一者，应为不受理之评议决定：……四、原措施已不存在或依申诉已无补救实益。"

中未兼校内行政职务的老师不得少于成员总数的二分之一，任一性别成员应占成员总数的三分之一以上。

（八）回避制度

为提高申诉机关的中立性和申诉决定的权威性，我们应当精心设计回避制度。除了借鉴诉讼制度中的回避制度，我们还可以借鉴美国教师申诉回避制度中的"匿名强制挑战"制度。该制度是指，当申诉处理可能存在不公正时，申诉中的任何一方都被允许有一次机会匿名强制要求申诉机关纠纷处理小组当中的任何成员回避，此次处理工作，被要求回避的人员必须被另外的人替换，替换人员是通过抓阄的方式从申诉机关的其他成员当中选出。①考虑到中小学的实际，申诉机关一般是全员参与申诉过程的，因此可以考虑允许申诉中的任何一方匿名强制要求申诉机关中的某一成员回避，回避可以没有任何理由，回避的成员也无需替换。

（九）申诉决定

申诉决定制度包括决定规则和决定种类。决定规则方面，应规定申诉机关采用委员会制，成员可投赞成或反对票，赞成票达到多数即可作出决定。出于简化流程考虑，不允许投弃权票。如果参与投票的成员为偶数，且出现平票，则由申诉机关负责人决定最终结果。

决定种类方面，可参考行政诉讼制度并结合中小学教师校内申诉特点进行设计，主要有以下几种：

（1）驳回。如果申诉受理后发现申诉人不具备申诉资格，或申诉理由不成立，或被申诉人行为事实清楚、适用依据正确、程序合规、内容适当且属于被申诉人职权范围的，则驳回申诉。

（2）撤销。如果被申诉人行为存在事实不清、适用依据错误、违反程序、

---

① 参见张少华：《美国高校教师申诉机制探索——密歇根大学迪尔伯恩分校个案研究》，《比较教育研究》2007年第2期。

超越或滥用职权等情形，则撤销该行为。

（3）变更。如果被申诉人行为明显不合理，则可直接变更。

（4）限期履行。如果被申诉人逾期没有履行职责，则责令其限期履行。

（5）采取补救措施。如果撤销、变更、限期履行都无实际意义，则可责令被申诉人采取补救措施。

当然，在作出最终决定前，申诉机关应当组织申诉双方当事人进行调解，若调解不成则作出申诉决定。

（十）申诉决定效力

为避免纠纷久拖不决，申诉决定应比照行政行为，无需经过法定期限即生效。但申诉决定生效前应经过校长行政办公会议确认，如果校长行政办公会议不予确认，则必须向全校教师公开说明理由。

营利法人显示非营利性的现实及其困境的破解

——以营利性民办学校为例

环建芬[①]

一、问题的提出

我国《民法典》将法人分为营利法人、非营利法人、特别法人[②]三种类型。法人类型与法人性质相关，目前基于立法对法人类型进行了明确划分，所以不同类型法人的性质可以清楚呈现，如归类为营利法人的主体具有明显的营利性特征。依据《民法典》中法人分类，营利法人与非营利法人属于两类并存的法人，营利法人从事营利性行为；非营利法人从事非营利性行为。但是现实中的情形是：归类为营利法人的主体，会从事非营利性行为；归类为非营利法人的主体，会从事营利性行为。前者，如营利性民办学校，因为这类营利法人具有一定程度的利他性，"利他性在所有非营利组织中都有所体现"[③]；后者，如归类为非营利法人的行业协会[④]，包括一些"非营利大学中的营利产业"也在不断增加。这"说明用来区别各种类型和各种质量的'营利性'和'非营利性'术语已经变得越来

---

① 环建芬，上海师范大学哲学与法政学院法律系副教授，硕士研究生导师，长期从事民商法教学和科研。
② 因本文讨论营利法人之非营利性问题，为聚焦内容，故下文中提及《民法典》法人分类仅围绕营利法人与非营利法人内容，不再涉及特别法人。
③④ 参见张新宝，汪榆淼：《论"为其他非营利目的"成立的法人》，《法学评论》2018年第4期。

越没有意义"。[①]因此，被归类为某一类型的法人并不是仅从事该类型一种性质的行为。为聚焦内容，本文仅讨论营利法人显示非营利性的现实问题。

由于营利法人从事一些非营利性的现实，故一些营利法人的行为并不都是在营利法人规则的范围内，而是需要适用非营利法人的规则。目前立法对此类问题关注不多，学界对此研究不充分，实务操作中便出现一些问题：要么仅关注其营利性的现实，然后一律依照营利法人规则去硬性套用，如营利性民办学校名称问题、税收问题等；要么关注营利性的现实，可是又不能不兼顾其非营利性，所以有点左右为难，如对法人归类产生怀疑；要么关注非营利法人的管理要求，索性按照这类法人的需要去操作，此时似乎也不在乎是否符合营利法人的要求，如营利性民办学校法人治理结构问题。事实上，基于现有的立法分类，营利法人与非营利法人分别呈现各自特点，且各自所包含规则各不相同，法人所享受的权利和承担的义务均有差异。为此，笔者认为，有必要就营利法人显示非营利性现实问题予以考量，关注其困境并尽量寻找对策予以破解。由于营利法人中显示非营利性现实的法人有多个，包括教育、医疗、文艺、体育等行业均有，本文仅关注教育行业，且认为营利性民办学校属于较典型的形态，故以此类学校的法人为例进行讨论。

二、非营利的界定

讨论营利法人显示非营利性的现实问题，明确非营利的界定是前提。关于非营利的界定，一般理解为非营利性行为等同非商事行为或非经营性行为，非商事主体不能从事任何经营活动；[②]另外，《民法典》第87条第1款规定："为公益目的或者其他非营利目的成立，不向出资人、设立人或者会员分配所取得利润

[①] ［美］理查德・鲁克：《高等教育公司：营利性大学的崛起》，北京：北京大学出版社，2015年，第143页。
[②] "商事行为是商主体以营利为目的，旨在设立、变更或消灭商事法律关系的经营性行为。"故商事行为的特征如下：商事行为是"以营利为目的的行为""经营性行为""商主体所为的行为"。参见赵旭东：《商法学》，北京：高等教育出版社，2015年，第17页。

的法人，为非营利法人。"根据《民法典》对非营利法人所下定义，未"取得利润"并未将利润"分配给股东等出资人"的法人，便属于对非营利的界定。但若营利法人从事非营利性行为，如何界定？对此，早在1896年《日本民法典》起草时，有关公益性和非营利性的问题已经产生，即一个可以分配利润的法人如果从事公益事业，它是否属于非营利法人？这个问题曾经在日本民法学界争论不休。日本民法学家星野英一表示：铁路公司声称它们经营铁路是公益事业，应该被视为公益法人；可它们又要分配利润，显然又不属于非营利法人的行列。[①]以下就此展开讨论。

（一）非营利的一般认定

何谓非营利？这是一个比较难界定的概念，各国立法有两种路径：一是采用"功能主义方法"，即采用限定非营利法人从事的活动领域，如美国一些州的法律和1998年的日本《特定非营利活动促进法》通过列举的方式限定非营利法人的活动范围；二是采用"经济关系方法"，即不具体罗列非营利法人的活动领域，而是通过界定法人与其成员之间的经济关系来确立非营利目的。如美国明尼苏达州法律规定非营利法人的宗旨只要是从事合法活动均可，具体宗旨可以由法人章程作出具体说明。有学者[②]比较倾向于第二种路径，认为第一种路径"无法穷尽非营利法人的活动领域，也无法预期新出现的活动领域"；且"一概禁止非营利法人从事营利活动是不切实际和不合理的"。[③]本文赞同此观点，既然无法穷尽非营利法人活动范围，就不应该禁止非法人从事适当的营利活动。

关于非营利的界定，《德国民法典》"依据是否以经济性的经营活动为目的"区分经济性社团和非经济性社团[④]。这种传统的非营利理论认为，追求营利目的

---

① 参见税兵：《民办学校"合理回报"之争的私法破解》，《法律科学》2008年第5期。
② 参见金锦萍：《论非营利法人从事商事活动的现实及其特殊规则》，《法律科学》2007年第5期。
③ 金锦萍：《论非营利法人从事商事活动的现实及其特殊规则》，《法律科学》2007年第5期。
④ 《德国民法典》第22条规定："以经济上之营业为目的之社团"，为经济性社团；该法第21条规定"非以经济上之营业为目的之社团"，为非经济性社团。参见台湾大学法律学院、台大法学基金会编译：《德国民法典》，北京：北京大学出版社，2017年，第15页。

是经济性活动的重要标志。如果一个社团组织开展的经营活动是以将收益分配给社员为目的，就具有了营利性，可以认定为经济性社团；反之，开展因经营性活动而取得收益保留在社团，即不以营利为目的或主要目的，就是非营利性社团。①近几十年以来，德国产生了新的学说和判例，认为经济性营利活动本身不是目的而是手段，区分营利与非营利，主要考察法人是否在外部市场上或内部有计划长期的和有报酬的提供产品或劳务，以及所提供的经济服务是否占主要地位。如果经营活动在依法人宗旨进行的全部活动中仅占次要的地位，是对法人宗旨的实现扮演辅助角色的，则该法人依然属于非营利性。②

另外，关于"非营利"的认定，国外的一些学者强调禁止利润分配的限制性条件。美国经济学家韦斯布罗德教授指出，非营利这一术语有许多含义，而他所强调的是对组织分配利润的限制，非营利组织这种组织形式的本质是该组织不能将利润向任何与其有关系的人进行分配。③耶鲁大学法学院教授汉斯曼在其1980年关于非营利组织的经典论文中，将禁止利润分配界定为非营利组织区别于营利性组织的本质特征。④美国约翰霍普金斯大学教授萨拉蒙总结了非营利组织的五大特征，其中不进行利润分配是非常重要的一个特征。⑤除了学界观点，国外的司法判例和立法对此也有态度。如美国联邦最高法院在一个判决中提到："非营利实体与营利法人的区别在于，非营利实体不能向任何控制它的

---

① 参见公维娜：《关于我国社会组织非营利性的几点看法——以德国非营利性理论为鉴》，《社团管理研究》2011年第1期。

② 参见公维娜：《关于我国社会组织非营利性的几点看法——以德国非营利性理论为鉴》，《社团管理研究》2011年第1期。

③ Weisbrod, Burdon A. *The Nonprofit Economy*. Cambridge & London: Harvard University Press, 1988, p.1.转引自魏建国：《"非营利"内涵的立法界定及其对民办教育发展的意义——从〈慈善法〉出台到〈民办教育促进法〉修改》，《华中师范大学学报》（人文社会科学版），2017年第1期。

④ Hansmann, Henry. "The Role of Nonprofit Enterpeise." Yale Law Journal 89, no.5（1080）: 835, 899.转引自魏建国：《"非营利"内涵的立法界定及其对民办教育发展的意义——从〈慈善法〉出台到〈民办教育促进法〉修改》，《华中师范大学学报》（人文社会科学版），2017年第1期。

⑤ Salamon, Lester M., Helmut K. Anheier. "Toward a Common Definition." In Salamon, Lester M., Hemut K. Anheier, eds. *Definition the Nonprofit sector*: *A Cross-National Analysis*. Manchester & New York: Manchester University Press, 1997, p.29, p.50.转引自魏建国：：《"非营利"内涵的立法界定及其对民办教育发展的意义——从〈慈善法〉出台到〈民办教育促进法〉修改》，《华中师范大学学报》（人文社会科学版），2017年第1期。

自然人，包括成员、管理人员、董事或托管人分配净收益。"[1]美国《国内收入法典》规定，享有免税优惠的必须是慈善组织，这些组织不能分配利润，应以公益为目的。另外，通过考察日本、德国、法国、葡萄牙等国家的立法发现：非营利的法律含义是不向团体成员分配利润。[2]可见，国外的立法、司法判例和学界观点对非营利的界定是"禁止将其赚得的任何利润分配给其他组织和个人"[3]。

不分配利润反映了法人与其成员之间的经济关系，该经济关系与非营利法人的财产权构造相关。当关注法人的财产权构造，若是营利法人，以有限责任公司为例，对外公司享有独立的法人财产权，但公司作为人的集合体，其财产来自股东的出资行为，出资人通过转让出资财产权获得股权。因此，营利法人是双向性的财产权构造：外部层面，作为法技术拟制物的法人享有完全的独立财产权；内部层面，投资人作为股东享有股权。若是非营利法人，其法人财产来自无偿捐赠，捐赠人不能通过转让财产所有权来换取股权。因此，非营利法人是一种单向性的财产权构造：法人对外享有法人财产权，但在法人内部任何投资人均不可能享有股权。[4]据此，用"股权缺失"来概括非营利法人的财产权构造特征，这一特征反映了法人与其成员之间的经济关系，即不分配利润。因为没有"股东"这样的角色，也就没有股权存在，所以就不存在向法人组织要求"利润分配"的主体。

另外，对于非营利的认定，有学者还提出，除了不得分配利润外，法人还不得将非营利性行为获得资产以任何形式转变为私人财产。"当组织解散、终止时，其剩余财产不能效仿企业在股东之间进行分配，而只能转交给其他与其宗旨目的相同或相近的公共部门（政府或其他非营利法人）。"[5]本文认为，这一内容实质上是不分配利润的规则的延伸。因为一旦分配利润，利润便成为私人可

---

① Hansmann, Henry. "The Role of Nonprofit Enterpeise." *Yale Law Journal* 89, no.5（1080）: 835, 899. 转引自魏建国：《"非营利"内涵的立法界定及其对民办教育发展的意义——从〈慈善法〉出台到〈民办教育促进法〉修改》，《华中师范大学学报》（人文社会科学版），2017年第1期。
② 参见税兵：《民办学校"合理回报"之争的私法破解》，《法律科学》2008年第5期。
③ 魏建国：《教育公益性、非营利性教育与营利性教育》，《教育经济评论》2016年第2期。
④ 参见税兵：《非营利法人解释》，《法学研究》2007年第5期。
⑤ 金锦萍：《非营利组织营利性收入税收政策比较研究》，《社会保障评论》2019年第4期。

以自由支配的财产；同理，将通过非营利性行为获得资产转变为私人财产，便不一定会用于非营利性行为，所以这一点需要强调。

（二）非营利与公益的区别

明确了非营利的概念，还需要厘清非营利与公益的区别。2004年我国《基金会管理条例》第2条规定："本条例所称基金会，是指利用自然人、法人或者其他组织捐赠的财产，以从事公益事业为目的，按照本条例的规定成立的非营利性法人。"由此明确基金会是以从事公益事业为目的的"非营利法人"。这里出现了"公益"与"非营利"两个词，两者是否等同？有学者认为，"以利益的归属方为标准，可以将非营利目的划分为公益、互益与自益。公益性法人的利益主要是非经济福利，其归属于第三方，体现高度利他性。互益性法人的利益归属于成员自身，其利益属性可以包括经济利益，其类型包括经济类公共交易平台与非公益性社会团体。自益性法人的利益归属于法人自身，主要是指宗教活动场所。互益性法人与宗教活动场所法人原则上都不得从事经营活动。互益性法人终止时出资人只能有限分配剩余财产。"[1]可见，非营利与公益之间，非营利包含公益。公益属于非营利的一个下位概念，公益性为非营利性的其中类型之一。即从事非营利行为不一定从事公益行为，从事公益行为一定属于非营利行为。

综上，根据非营利概念的分析可知，首先，认定法人归类关键的标志是对法人的成员是否分配利润，只要不向法人成员分配利润，该法人便是非营利法人。其次，当某一法人[2]从事非营利性行为时，不论其归类为营利法人还是非营利法人，不影响其非营利性行为的性质。即非营利法人从事的行为属于非营利性行为，营利法人也可以从事非营利性行为，但是营利法人从事非营利性行为不影响其营利法人的归类。

---

[1] 张新宝，汪榆森：《论"为其他非营利目的"成立的法人》，《法学评论》2018年第4期。
[2] 非法人组织也如此，因为本文讨论法人组织，故此处仅提及法人组织。

三、营利法人显示非营利性的现实——以营利性民办学校为例

上文已经明确，营利法人可以从事非营利行为。目前，根据《民法典》第76条规定："营利法人包括有限责任公司、股份有限公司和其他企业法人等。"即营利法人类型包括了公司法人和其他企业法人。就营利法人从事非营利性行为而言，不少从事营利性行为的法人，他们在从事营利性行为之外，还从事经营范围外的一些非营利性行为，主要为公益行为；另有一些营利法人的活动范围属于非营利性行为，如营利性民办学校，由于学校属于教育机构，所以即便归类为营利法人，其从事非营利性行为的现实却无法回避。本文主要讨论后者情形，即作为营利法人从事日常行为时所显示的非营利性的现实，具体表现为：

（一）法人设立目的：营利性+非营利性（公益性）

任何法人，都有其设立目的。一般而言，法人设立目的与法人性质及其归类有一定联系。一般而言，具有营利目的法人为营利法人；具有非营利目的法人为非营利法人。但是一个法人的设立目的有可能并不是惟一的，它可以包括法人设立者的最初目的、法人设立的最终目的；还可以包括法人设立者希望达到的经济目的、社会目的。如法人设立者的经济目的——追逐利润并获得利润分配；如法人设立者的社会目的——从事一定公益事业，无偿帮助他人。由于目前营利法人从事非营利性行为、非营利法人从事营利性行为的现象并非个别现象，所以依据法人设立目的判断其法人性质和归类时，发现某个法人存有多个设立目的，那么，最终目的应该成为考量一个法人性质及其归类的重要因素。因为法人设立的最终目的才是法人组织建立的根本宗旨，围绕这个根本宗旨，法人会开展一系列的活动以维持其日常运行。

当某一个法人已经被明确归类，但是却又从事该类型范围以外的行为，即出现营利法人从事非营利性行为时，这时候如何判断其法人归类及其行为性

质？如根据《民办教育促进法》规定，"营利性民办学校的举办者可以取得办学收益"，即该类学校明确归类为营利法人。但是营利性民办学校，它与其他一切办学机构一样，其办学目的非常明确——从事教育活动，教育活动的公益性定位无可置疑，相关法律也有明确规定。例如《中华人民共和国教育法》（以下简称《教育法》）第1条规定："为了发展教育事业，提高全民族的素质，促进社会主义物质文明和精神文明建设……"《民办教育促进法》第1条规定："为实施科教兴国战略，促进民办教育事业的健康发展，维护民办学校和受教育者的合法权益……""民办教育事业属于公益性事业，是社会主义教育事业的组成部分"。① 《营利性民办学校监督管理实施细则》第21条规定："营利性民办学校应当以培养人才为中心，遵循教育规律，不断提高教育教学质量，增强受教育者的社会责任感、创新精神、实践能力。"2017年1月国务院发布的《国务院关于鼓励社会力量兴办教育促进民办教育健康发展的若干意见》规定："一、总体要求（二）基本原则……分类管理，公益导向。……坚持教育的公益属性，无论是非营利性民办学校还是营利性民办学校都要始终把社会效益放在首位。"从上述立法中可以发现，即便是营利性民办学校，其法人设立的目的基于其"培养人才"的宗旨，即便是实施了分类管理，归属于营利法人，但是"公益导向""教育的公益属性""社会效益"是其始终坚持的原则，强调"发展教育事业""提高全民族的素质""实施科教兴国战略"宗旨等。可见，其法人设立的最终目的是具有明显的公益性，由此产生的问题是，营利法人设立的最终目的是从事非营利性行为，且这个非营利性行为是该法人从事日常活动的基本内容。

（二）法人设立原则：非营利性（许可主义）+营利性（准则主义）

关于法人设立原则，"是指实证法律制度对于法人之成立所采取的立场"。② 不同的立场采取不同的设立原则，一般而言包括特许主义、任意主义、许可主

---

① 《民办教育促进法》第3条。

② 朱庆育：《民法总论》，北京：北京大学出版社，2016年，第435页。

义、准则主义、强制设立主义。就私法人而言，主要为任意主义、许可主义、准则主义。任意主义是指"只要具备法人的规范要求，法人即告成立，法律必须承认其主体地位"。[①]该原则属于国家对法人设立不加任何干涉，完全由当事人处断。欧洲中世纪，因商事公司兴起，多国便采用任意主义。但是这种设立原则妨碍交易安全，所以近代以来，除瑞士法非营利社团、德国法无权利能力社团领域适用外，已不多见。许可主义是指"申请成立法人时，除符合法律所列举的一般条件外，尚须获得主管官署的许可"。[②]采纳许可主义原则，一般为"公益社团及财团之设立，此两种法人的设立，均应得主管机关之许可"。[③]准则主义是指"法人成立条件作出列举,符合条件即得设立"[④]。与准则主义相随的一般为法人的登记制度，其与许可主义不同的是，是否给予登记并非取决于主管机关的裁量，只要符合充分的法定条件，行政机关必须予以登记。一般准则主义为营利社团，如公司符合公司法所规定的条件，即可登记。[⑤]由此可见，许可主义适用非营利法人的设立，准则主义适用营利法人的设立。

许可主义和准则主义是当今世界许多国家或地区立法常用的法人设立原则。其中，有的单独采用准则主义。如瑞士《民法典》第52条规定："以人的集合为基础而成立的人合团体，以及为特别目的而设立的且具有独立地位的机构，在商事登记簿中办理登记后，取得法律人格。"[⑥]有的对于财团采纳许可主义，对于其他法人采纳准则主义。如德国《民法典》第21条规定："非以经济上之营业为目的之社团，经登记于管辖之简易法院之社团登记簿，取得权利能力。"[⑦]此条社团之主要目的的，"系非经济性，亦即并非市场上从事有计划、具有供给性之有偿活动，至于社员是否享有经济上利益，社团之附随目的是否有经济性，在所不

---

① 朱庆育：《民法总论》，北京：北京大学出版社，2016年，第435页。
② 朱庆育：《民法总论》，北京：北京大学出版社，2016年，第436页。
③ 王泽鉴：《民法总则》，北京：北京大学出版社，2009年，第127页。
④ 朱庆育：《民法总论》，北京：北京大学出版社，2016年，第436页。
⑤ 参见我国台湾地区有关公司规定。
⑥ 戴永胜译：《瑞士民法典》，北京：中国政法大学出版社，2016年，第25页。
⑦ 台湾大学法律学院，台大法学基金会编译：《德国民法典》，北京：北京大学出版社，2016年，第15页。

问。"①第22条规定："以经济上之营业为目的之社团，除联邦法律有特别规定外，其权利能力因联邦之授与而取得。"②第80条规定："财团权利能力之成立，除具备捐助行为外，应经财团所在地之邦主管机关之许可。"③有的对公益社团、财团，均采用许可主义④；对于非公益、非营利之中间社团及营利社团，采取准则主义。如我国台湾地区有关民法典的规定⑤。

在我国，一般营利法人的设立采用准则主义。《中华人共和国公司登记管理条例》（以下简称"《公司登记管理条例》"）第3条规定："公司经公司登记机关依法登记，领取《企业法人营业执照》，方取得企业法人资格。"即一般营利法人直接去公司登记机关依法登记且取得《企业法人营业执照》后便取得企业法人资格，此为准则主义。但营利法人设立不完全为准则主义，也有例外。《公司法》第6条规定："法律、行政法规规定设立公司必须报经批准的，应当在公司登记前依法办理批准手续。"相比而言，观察营利性民办学校，《民办教育促进法》第18条规定："审批机关对批准正式设立的民办学校发给办学许可证。"《民办学校分类登记实施细则》第3条规定："经批准正式设立的民办学校，由审批机关发给办学许可证后，依法依规分类到登记管理机关办理登记证或者营业执照。"第9条规定："正式批准设立的营利性民办学校，依据法律法规规定的管辖权限到工商行政管理部门办理登记。"《营利性民办学校监督管理实施细则》第14条规定："……经审批正式设立的营利性民办学校应当依法到工商行政管理部门登记。"可见，营利性民办学校的登记是在取得办学许可证后再去公司登记机关进行登记，此为许可主义。同理，一旦被收回办学许可证，学校将终止办

---

① 台湾大学法律学院、台大法学基金会编译：《德国民法典》，北京：北京大学出版社，2016年，第15页。

② 同上书，第16页。

③ 同上书，第54页。

④ 我国台湾地区有关民法典的规定第46条："以公益为目的之社团，于登记前，应得主管机关之许可。"第59条："财团于登记前，应得主管机关之许可。"

⑤ 我国台湾地区有关民法典的规定第45条："以营利为目的之社团，其取得法人资格，依特别法之规定。"第48条："社团设立时，应登记之事项如左：……社团之登记，由董事向其主事务所所在地之主管机关行之，并应附章程备案。"

学。①即取得办学许可证是民办学校包括营利性民办学校有条件申请营业执照登记的前提，营利性民办学校民事主体资格的取得条件比一般营利法人主体资格取得条件更高，它采纳的是"许可主义+准则主义"原则而非单一的准则主义原则。之所以对营利性民办学校采用该原则，是因为"其业务之盛衰，关系公众之利害"②。故作为营利法人，取得法人资格必须采用准则主义原则；作为学校类型的法人，其办学宗旨具有公益性，社会责任重大，故需要采用许可主义原则。而按照上述法人设立原则的一般观点，营利法人设立依照准则主义，即登记机关核准登记即取得法人资格；非营利法人设立依许可主义，即需要有行政机关许可，才能取得法人资格。虽然营利性民办学校归属于营利法人，但是其法人资格的取得采纳的是许可主义和准则主义混合原则而非单一的准则主义原则，由此说明了作为营利性民办学校这类法人并非单纯的营利性，而是涵盖一定程度的非营利性。

（三）法人治理结构：公司法人治理结构不完整，兼有非营利法人治理结构

法人治理结构是法人最重要的组织架构，通过建立相应的组织体制和管理机构，使法人具有决策能力、管理能力，行使权利和承担义务，因此法人治理结构是法人制度的核心。法人治理结构通常是以公司治理结构为典型形态，公司治理结构"是指由股东、董事会、监事会和经理层组成的一种组织结构。完善的公司治理结构是指股东、董事会、监事会、经理层各自权力、责任和利益明确，并在相互之间形成一定的制衡关系"。③

讨论法人治理结构，首先需要明确一个问题，即营利性民办学校作为营利法人，它是属于《民法典》第76条第二款中的"公司法人"还是"其他企业法

---

① 《民办教育促进法》第56条规定："民办学校有下列情形之一的，应当终止：……；（二）被吊销办学许可证的；……。"
② 史尚宽：《民法总论》，北京：中国政法大学出版社，2000年，第188页。
③ 郑云瑞：《公司法学》，北京：北京大学出版社，2016年，第341页。

人"？对此，本文关注到以下相关法律规定。一是办学结余，《民办教育促进法》第19条规定："营利性民办学校的举办者可以取得办学收益，学校的办学结余依照公司法等有关法律、行政法规的规定处理。"二是债务清偿，《民办教育法促进法》第59条规定："对民办学校的财产按照下列顺序清偿：……营利性民办学校清偿上述债务后的剩余财产，依照公司法的有关规定处理。"三是名称登记，2017年国家工商总局、教育部发布的《关于营利性民办学校名称登记管理有关工作的通知》（即"工商企注字〔2017〕156号"）第1条规定："民办学校应当按照《中华人民共和国公司法》《中华人民共和国民办教育促进法》有关规定，登记为有限责任公司或者股份有限公司，其名称应当符合公司登记管理和教育相关法律法规的规定。"从上述三个方面内容得知，营利性民办学校都是按照公司法人类型的规则处理相关问题，即营利性民办学校是作为营利法人中公司法人归类。

既然营利性民办学校作为公司法人类，那么，其法人治理结构应该按照我国《公司法》规定设置，即营利性大学法人治理结构应该以公司法人治理模式为依据。我国《公司法》第二章第二节规定了有限责任公司的组织机构、第三节规定了股份有限公司的组织机构。有限责任公司的法人治理结构包括股东会、董事会、经理和监事；股份有限公司的法人治理结构包括股东大会、董事会、经理和监事。《民办教育促进法》及其实施条例分别对民办学校的法人治理结构进行规定，其第20条规定："民办学校应当设立学校理事会、董事会或者其他形式的决策机构并建立相应的监督机制。"第21条规定："学校理事会或者董事会由举办者或者其代表、校长、教职工代表等人员组成。"《民办教育促进法实施条例》"第三章民办学校的组织与活动"规定了法人治理结构为理事会、董事会、监督机构和校长。从法人治理结构方面观察，对照《公司法》，《民办教育促进法》及其实施条例有几个特点。

第一，没有股东会或股东大会的组织架构。现有的《民办教育促进法》及其实施条例中，对于股东会或股东大会均未提及。由此，作为营利法人中的公司法人，营利性民办学校法人治理机构与一般公司法人相比，股东会或股东大会的组织架构缺失，这种缺失导致其治理结构不完整，营利法人的特点显示不充分。

第二，设有理事会。《公司法》第36条规定："股东会是公司的权力机构。"第98条："股东大会是公司的权力机构。"《民法典》第三章第二节"营利法人"第81条规定，"营利法人应当设执行机构。……执行机构为董事会或者执行董事，……"；第三章第三节"非营利法人"部分，在第89条、第91条、第93条分别规定事业单位法人、社会团体法人、捐助法人应当设立理事会，且明确事业单位法人、捐助法人的理事会为"决策机构"，社会团体法人的理事会为"执行机构"。显然根据《公司法》和《民法典》规定，营利法人的权力机构为股东会或股东大会，执行机构为董事会；非营利法人的决策机构或执行机构为理事会。

《民办教育促进法》及其实施条例没有对理事会的功能进行直接解释，但是第20条明确了其属于决策机构，第21条明确了理事会与董事会两者并列，可以选择其一作为决策机构。即现有《民办教育促进法》提及了理事会这一机构，按照上述法律规定，理事会应该属于非营利法人的法人治理结构而不是营利法人的法人治理结构。现在将理事会放入民办学校法人治理结构中，显然是按照非营利法人治理结构设计其组织架构。

四、营利法人显示非营利性的现实引发的困境——以营利性民办学校为例

目前，一些营利法人如营利性民办学校显示非营利性的现实，这些现实既反映了我国立法对营利性民办学校这类法人组织的高度重视，但是其中一些现实也给现有的营利法人制度带来问题，甚至运行上的困境，包括法律认定上的不明确、实践中带来一些尴尬，甚至机械套用营利性法人的规则用于非营利性状态，如名称问题、税收问题；注重非营利性特点，而忽视营利法人的治理结构等。如何解决营利法人显示非营利性的现实引发的困境，使这类法人的特性更加符合其制度的需要，这是本文关注的问题。

（一）法人归类的困惑

基于目前我国《民法典》的营利法人与非营利法人分类，一些营利法人归类很明确，但是由于面临非营利性现实，由此产生归属上的疑惑。如营利性民办学校，就名称而言，应作为营利法人归类；就内容而言，具有营利性特征，如"举办者可以取得办学收益，学校的办学结余依照公司法等有关法律、行政法规的规定处理"。①但是，从上文看，营利性民办学校法人设立目的、社会责任、法人设立原则、法人治理结构、师生权益保障方面显示了非营利性的现实。所以，营利性民办学校法人兼有营利性与非营利性的特点。由此带来的困境是，因为归属于营利法人，便不能享受与非营利性民办学校的税收、扶持②等各类优惠政策；若归类为非营利法人，其营利性特征依然存在。那么，营利性民办学校法人究竟如何准确归类，这是一个难以回避的问题。

（二）法人治理结构不完整

目前营利性民办学校将其作为营利法人中公司法人归类，既然是公司法人，那么其治理结构应该依照该类要求设置。但是从上文内容看，作为营利性民办学校法人与一般公司法人的法人治理结构并不完全相同。具体表现在：

第一，对股东的权益缺乏必要的关注。在《民办教育促进法》《民办教育促进法实施条例》中，多次出现"举办者"③和"实际控制人"④两类主体，极少提及"股东"一词，仅在《民办教育促进法实施条例》第12条提及了"举办者为法人

---

① 《民办教育促进法》第19条第3款规定。
② 《民办教育促进法》第46条："县级以上各级人民政府可以采取购买服务、助学贷款、奖助学金和出租、转让闲置的国有资产等措施对民办学校予以扶持；对非营利性民办学校还可以采取政府补贴、基金奖励、捐资激励等扶持措施。"关于扶持政策仅针对非营利性学校，营利性学校不享受上述扶持政策。
③ 如《民办教育促进法实施条例》第19条"民办学校的章程应当规定下列主要事项"中仅出现"举办者"而没有"股东"一说。
④ 如《民办教育促进法实施条例》第13条："同时举办或者实际控制多所民办学校的，举办者或者实际控制人……"

的，其控股股东和实际控制人……"；《公司法》及其司法解释有"发起人"和"股东"一说。那么，举办者、实际控制人、控股股东、发起人、股东，这几者有何联系或各自进行界定？

首先，关于发起人、股东二者的联系。"在公司设立阶段不存在股东，只存在发起人，发起人在公司成立后才可能获得股东身份。"[1] 即发起人在公司成立后即成为股东。其次，关于举办者、发起人、股东三者的联系。按照字面理解，举办者可以视作发起人。《民办教育促进法》第19条明确"举办者可以取得办学收益"，由此推定举办者在营利性民办学校成立后可以取得股东身份。其三，关于实际控制人的界定。《公司法》第216条第三项规定："实际控制人，是指虽不是公司的股东，但通过投资关系、协议或者其他安排，能够实际支配公司行为的人。"可见，实际控制人为对公司行为具有实际支配作用的人。其四，关于控股股东的界定。《公司法》第216条第二项规定："控股股东，是指其出资额占有限责任公司资本总额百分之五十以上或者其持有的股份占股份有限公司股本总额百分之五十以上的股东；出资额或者持有股份的比例虽然不足百分之五十，但依其出资额或者持有的股份所享有的表决权已足以对股东会、股东大会的决议产生重大影响的股东。"可见，控股股东是占公司股份百分之五十以上或其表决权对股东会、股东大会的决议产生重大影响的股东。其五，关于股东的概念，《公司法》虽然没有明确规定，但是在第三条第二款明确："有限责任公司的股东以其认缴的出资额为限对公司承担责任；股份有限公司的股东以其认购的股份为限对公司承担责任。"第四条又规定："公司股东依法享有资产收益、参与重大决策和选择管理者等权利。"可见，所谓股东是指以其出资额或认购的股份为限对公司承担责任，同时依法享有公司资产收益、参与重大决策和选择管理者等权利的主体。从上述的内容看，实际控制人不是股东，但是"能够实际支配公司行为的人"；举办者、控股股东、股东均为股东，既然都是股东，但是由于表述上的不一致，带来的问题是，这三个主体是否属于同一个主体？如果属于

---

[1] 李建伟：《公司法学》，北京：中国人民大学出版社，2022年，第223页。

同一个主体，立法上为什么会出现三个表述？如果不是同一个主体，他们各自的权利义务是哪些？例如，营利性民办学校成立之初，有人投资入股，但是份额达不到实际控制人程度，此投资人属于什么身份？小股东还是举办者？举办者与小股东有何区别？再如，如果某营利性民办学校发展到一定程度需要上市，这时有投资人进入，他们又是什么身份？若投资额大，是否便是控股股东？若投资额小，是否便是小股东？此时如果仅仅按照《公司法》明确归类为股东身份，那么《民办教育促进法》等相关法律法规是否对他们就没有约束力而仅仅是一个投资人地位？问题是，作为一部规范民办教育的最重要的法律，居然对投资人的地位没有规定，由此是否存在对其权益不够重视、法律上对其保护之不足？这一点，就办学结余的处理便反映出来。《民办教育促进法》第19条规定："营利性民办学校的举办者可以取得办学收益，学校的办学结余依照公司法等有关法律、行政法规的规定处理。"这里仅指举办者"可以取得办学收益"，未指股东。那么当营利性民办学校获得收益后，举办者可以取得办学收益，那么控股股东或者小股东可否获得办学收益？实际控制人对此有何权利？这是个值得关注的问题。

营利法人一个重要特征是投资人可以获得利润分配，非营利法人投资人不能获得利润分配。即"对于营利性的组织，清算后的剩余财产应由股东按投资比例分配。而对于非营利性组织，则完全不同。在非营利性组织的组织架构中，没有股东这样的角色。"[1]之所以在非营利法人中不需要股东类型的角色，是因为其剩余财产不需要分配给股东。那么，事实上，营利性民办学校的全部投资人能否直接分配利润？还是仅有作为举办者的投资人可以分配利润，其他投资人暂且不论？由此反映了目前我国立法关于营利性民办学校在法人治理结构方面规定不完整，这种不完整主要表现在股权的缺失，"股权缺失意味着股东缺位，股东缺位意味着股东利益消失，股东利益消失意味着自然人之间的法律关系静

---

① 魏建国：《"非营利"内涵的立法界定及其对民办教育发展的意义——从〈慈善法〉出台到〈民办教育促进法〉修改》，《华中师范大学学报》（人文社会科学版）2017年第1期。

止化"。①另外，股东权益的缺失，导致法人内部权利结构失衡，此时虽然为营利法人，但是此时的法人显然只有权利没有义务，而股东在出资财产的所有权转移给营利法人后，有部分股东在法人内部无法享受相关的财产请求权。②

第二，理事会不属于公司法人治理机构的组织机构。上文已经明确，民办学校的决策机构是"理事会或董事会"，我国《公司法》明确，董事会是公司的决策机构，但没有理事会一说。即公司法人不存在理事会这一机构，理事会属于非营利性法人的机构，既然如此，理事会在营利法人中不属于其组织机构之一。既然理事会不属于营利法人的组织机构，放在营利性民办学校中显得多余。另外，理事会与董事会有何区别？若没有区别，为什么立法要提两种情形？究竟什么情形下成立理事会？什么情形下成立董事会？还是民办学校可否随意选择两者之一？这一点目前立法没有明确，实践中操作也必然带来疑惑，甚至导致随意选择两者之一，若是这样，法律规定两种机构便没有意义。

由此，从法人治理结构方面发现，作为营利法人的营利性民办学校与一般营利法人存在差异，这种差异是营利性民办学校基于非营利性的现实所引发的，同时也是由于对非营利性问题缺乏关注而产生的问题。

（三）税收政策③不明确

在美国，"作为收支来源和开支形式，非营利性大学和营利性大学财政方面最基本的差别不是营利能力或营利动机，而是纳税问题"。④"非营利性机构要最大限度地得到税收补贴，而营利性机构却要最小限度地纳税。"⑤我国民办学校的情况也如此，税收政策是民办学校特别是营利性民办学校非常关注的问题。

《民办教育促进法》第47条规定："民办学校享受国家规定的税收优惠政策；

---

① 税兵：《非营利法人解释》，《法学研究》2007年第5期。
② 税兵：《非营利法人解释》，《法学研究》2007年第5期。
③ 本文关注的是作为营利性民办学校在运行过程中所享受的税收优惠政策。
④⑤ 理查德·鲁克：《高等教育公司：营利性大学的崛起》，北京：北京大学出版社，2015年，第11页。

其中，非营利性民办学校享受与公办学校同等的税收优惠政策。"该规定提供了几点信息：一是民办学校可以享受国家规定的税收优惠政策，这里的民办学校包括营利性民办学校和非营利性民办学校；二是非营利性民办学校享受与公办学校同等的税收优惠政策，营利性民办学校并不属于享受此类税收优惠政策的范围。本文关注的是"民办学校享受国家规定的税收优惠政策"的具体内容是什么？按照第47条规定，凡是民办学校，包括营利性与非营利性均可以"享受国家规定的税收优惠政策"，只不过"非营利性民办学校享受与公办学校同等的税收优惠政策"。那么这里所指的"税收优惠政策"包括两个部分：一是所有民办学校包括营利性民办学校和非营利性民办学校均可享受的"国家规定的税收优惠政策"；二是仅仅指非营利性民办学校所享受的优惠政策，该优惠政策指"与公办学校同等的税收优惠政策"，即营利性民办学校可以享受的税收优惠政策指民办学校一般的优惠政策，仅此而已。即公办学校和民办学校包括营利性民办学校只要从事学历教育可以免征增值税，符合一定条件的可以免征房产税、城镇土地使用税、印花税、耕地占用税、进口关税和进口环节增值税。但会有如下问题。

第一，作为营利性民办学校主体单独的和具体的税收优惠政策尚未体现。上述的免征税收项目，是学校类主体所共同享受的税收优惠政策，包括公办学校、民办学校。民办学校包括营利性民办学校在内的学校；同时作为公办学校和非营利性民办学校还有另外优惠政策可以享受。当作为营利性民办学校不能享受与公办学校这部分的税收优惠政策，那么，其适用的税收政策是否与公司法人一样？税率是否与一般公司法人的有差异？

第二，营利性民办学校的行为并不全是营利性行为，对于其实施的非营利性行为如何收税？《关于教育税收政策的通知》第四条涉及关税方面规定"对教育部承认学历的大专以上全日制高等院校以及财政部会同国务院有关部门批准的其他学校，不以营利为目的，……免征进口关税和进口环节增值税、消费税"。根据此项规定，无论是营利性民办学校还是非营利性民办学校，只要属于此类学校"不以营利为目的"，均可"免征进口关税和进口环节增值税、消费税"。上文已述，营利性民办学校的行为不全是营利性行为，而是营利性与非营利性兼有。对于营利性民办学校实施的非营利性行为究竟如何收税？是依然按照公司法人税收政策收税还是单独出台税收政策？前者是按照营利性主体收税，后者是否应该按照非营利性主体收税？

（四）学校名称的不统一

多年来，学校一直作为非营利性法人归类，所以学校名称的表述均为"某学校"。但是当出现营利性民办学校类型后，其归类为公司法人，所以在名称上均按照公司法人类型确定，即"某学校某公司"。由此，与学校类的法人名称出现不一致的现象。

《公司登记管理条例》第11条规定："公司只能使用一个名称。经公司登记机关核准登记的公司名称受法律保护。"《民办教育促进法实施条例》第20条规定："民办学校只能使用一个名称。"2021年8月，笔者搜寻了在上海、浙江、福建、广东、天津、江苏、山东、辽宁、河南、山西、四川11个省、直辖市的共计30家已经转设的营利性民办学校所登记的名称，包括高校、高中、幼儿园三种类型，由此发现两个问题。

第一，同一个学校使用不同名称。如上述营利性学校的名称会有两个的情况，即官网上是"某学院"或"某高中"或"某幼儿园"；而各地市场监督管理局网站上"国家企业信息信用公示系统"中显示的名称"某学院有限公司/有限责任公司""某高中有限公司"或"某幼儿园有限公司"。显然，实践中出现同一个法人主体具有两个名称的情形。为什么官网上的名称是一个名字、工商登记是另外一个名字？《民办教育促进法实施条例》第20条规定："营利性民办学校可以在学校牌匾、成绩单、毕业证书、结业证书、学位证书及相关证明、招生广告和简章上使用经审批机关批准的法人简称。"2017年国家工商总局、教育部颁布的《关于营利性民办学校名称登记管理有关工作的通知》第8条规定："实施学历教育的民办学校和幼儿园可以在申请设立时向审批机关申请使用学校简称，并由审批机关在办学许可证或者批准筹设文件中予以注明。简称仅可省略学校的公司组织形式，并限用于学校牌匾、成绩单、学位证书、学历证书、招生广告和简章。在招生广告和简章中使用办学简称的，应当在显著位置标明学校营利性属性，并在学校介绍中标注学校全称。"此规定明确，营利性民办学校可以适用简称，所谓简称即"可省略学校的公司组织形式"，简称范围"限用于学校牌匾、成绩单、学位证书、学历证书、招生广告和简章"，没有说简称可以适用于学校官网介绍。另外学校官网属于学校对外界的全面介绍，在学校介绍中应"标注学校全称"。另外，若在学位证书上用简称，那么学位证所盖章的章究竟用简称还是全程。按照《中华人民共和国印章管理规定》第13条规定："需要刻制印章的单位，只能申请刻制一枚单位法定名称章。"一般而言，"单位法定名称章"应该是全称，那么证书上的简称与印章上的全称如何统一？

为什么许多营利性民办学校愿意使用简称且相关规定也允许使用简称？主要原因是，社会上对学校成为"公司"未必能接受①，故考虑有个过渡期。而事实上，这种过渡期的做法与现有法律规定发生冲突。另外，上述法律规定中明确营利性民办学校可以用简称，但是公司法相关法律中并没有允许公司适用简称的规定。既然将营利性民办学校归类为公司法人，却不完全遵循公司法人的设置要求，这究竟是我国《民法典》法人类型内容的不充分还是将营利性民办学校法人归类为公司法人存在欠妥？

第二，这些学校绝大部分的名称为"某学院有限公司""某高中有限公司"或"某幼儿园有限公司"，只有个别高校为"某学院有限责任公司"。根据《公司法》第8条规定："依照本法设立的有限责任公司，必须在公司名称中标明有限责任公司或者有限公司字样。"虽然，《公司法》表明可以有"有限责任公司"和"有限公司"两种表述，但是2017年工商总局、教育部发布的《关于营利性民办学校名称登记管理有关工作的通知》规定："一、民办学校应当按照《中华

---

① 课题调研中，笔者就营利性民办学校名称问题了解到：一些民办学校认为，转设后营利性民办学校名称的调整，会影响到学校的招生，而目前民办学校的收入主要来源于学费。所以，当社会上对营利性民办学校缺乏一定认识的情形下，学校名称调整后，报考人数会受影响，由此学校的收入也会减少。

人民共和国公司法》《中华人民共和国民办教育促进法》有关规定，登记为有限责任公司或者股份有限公司，其名称应当符合公司登记管理和教育相关法律法规的规定。"该规定已经明确营利性民办学校应该适用有限责任公司而非有限公司，按照特别法优于普通法的规则，营利性民办学校名称中所显示的组织形式均应为"有限责任公司"而非"有限公司"；若允许"有限责任公司"和"有限公司"两种表述存在，则《关于营利性民办学校名称登记管理有关工作的通知》中的表述应作调整。

五、营利法人显示非营利性现实困境的破解——以营利性民办学校为视角

综上，对营利法人显示非营利性的现实在立法和实践中出现的困境，本文提出相应破解的建议。具体如下。

（一）规定营利法人归类的特殊类型

目前营利法人与非营利法人分类，我国立法上采用二元论，且从立法规定上看，两者不交叉，可是客观上交叉现象已非个例。显然，二元论的分类法较单一。从上文发现，二元论比较单一。营利法人，一般理论认为属于商事主体。所谓商事主体是"特定商行为的主体"，其"存在与其实施的经营性活动密切相联"[1]，是指从事生产、流通、科技等活动，以获取盈利和增加积累、创造社会财富为目的的赢利性社团[2]。但从学理上看，营利性民办学校与一般商事主体概念并不完全契合。因为营利性民办学校属于具备一定营利法人特征、但又具有非营利性特点的法人，即可以认为属于介于两类法人中间类型。那么，该类型的法人可否作为中间法人？事实上，此中间类型的法人与学界所说的中间法人并不相同，学界所提的中间法人是指"既非以公益，又非以营利为目的者"的中

---

① 范键：《商法》，北京：高等教育出版社，北京大学出版社，2000年，第22页。

② 彭万林：《民法学》，北京：中国政法大学出版社，2007年，第79页。

间社团，且"惟不必得主管机关之许可"。[①]那么，针对"既为公益，又属营利之团体"，究竟归属于哪种类型？说法不一，"①有认为系营利法人者；②有认为系公益法人者；③有认为既非纯然之营利法人，亦非纯然之公益法人，乃属一种中间性之法人者。"[②]对此，一些学者表达了观点。如郑玉波教授主张第一种观点，即归属于营利法人。[③]史尚宽教授认为："其以公益为目的，同时以营利为目的之法人，非公益法人，乃为营利法人。"[④]在日本，营利法人分为实施商行为的组织即商事公司、实施商行为以外的营利行为的组织即民事公司，前者适用商法公司的规定（《日本商法典》第53条），后者规定设立的条件及其他所有事项也全部遵从商法商事公司的规定（《日本民法典》第35条）。结果，民事公司完全遵从商法的规定，失去了区别两者的必要。[⑤]即营利法人均遵循商法商事公司的规定。可见，一些学者和国外立法对于具备一定营利法人特征、又具有公益性特性的法人依然将其归属于营利法人进行规范。

基于上述立法和学理的观点，具备一定营利法人特征、又具有公益性特性的法人的归属定位，即类似于营利性民办学校法人归属困惑，可以有两种方案考虑：一是法人类型除现有特别法人外，可规定三种类型，营利法人、非营利法人、营利与公益兼顾类型法人；二是将营利法人中需要从事非营利性行为的法人作为营利法人的特殊类型。本文以为，就目前而言，第二种方案较易被接受。原因是，目前学界和立法对营利与非营利兼顾类型法人类型缺乏必要的论证和规定，加上我国《民法典》已经规定了特别法人类型，若再增设营利与非营利兼顾类型法人类型，会导致四种法人类型，且不说类型过多，关键是兼顾类型法人与营利法人和非营利法人性质上有重叠、与特别法人无重叠，从分类的角度，逻辑上不够严谨；另外，加上《民法典》实施不久，对法人类型认识刚刚稳定，应尽量在原有立法基础上观察相关问题。对此，将营利法人中一部

① 王泽鉴：《民法总则》，北京：北京大学出版社，2009年，第127页。
② 郑玉波：《民法总则》，北京：中国政法大学出版社，2003年，第167—168页。
③ 参见郑玉波：《民法总则》，北京：中国政法大学出版社，2003年，第168页。
④ 史尚宽：《民法总论》，北京：中国政法大学出版社，2000年，第143页。
⑤ 参见我妻荣：《新订民法总则》，于敏译，北京：中国法制出版社，2008年，第127—128页。

分从事非营利行为的法人作为营利法人的特殊类型处理，既解决了目前的困境，也对现有立法成果影响不大。即营利法人是一个种概念，一般营利法人和特殊类型的营利法人属于下位并列的属概念。

这种特殊类型的营利法人的特征是，具备了营利法人的共同特征，即"以取得利润并分配给股东等出资人为目的成立的法人"[①]；同时具有自身特点，即在其活动范围具有一定的非营利性特质，如营利性民办学校从事教书育人活动，体现人才培养的宗旨。该法人设立目的是一般营利法人无法企及的，故不能将其视作为纯粹的营利法人。因为具有非营利性，所以相关制度和政策设计应该与一般营利法人有所区别，对于这类法人制度应从主体的特点加以规范，而不是与一般营利法人完全同等看待。即这类法人可以进行利润分配，但是其设立目的、活动宗旨等具有明显的非营利性。例如有营利法人虽然也从事公益事业，但是仍然视为营利法人；反之，非营利法人尽管也募捐、公演戏剧或者开展览会收取费用，只要其没有将其所得利益分配给其成员，仍旧为非营利法人。[②]所以，某法人从事非营利性行为不一定为非营利性法人，但是只有进行利润分配，才属于营利法人。这里可以以我国《教育法》的修改过程为例。《教育法》草案当年在审议时，原来的表述是"教育事业不得营利"，后来修改为"不得以营利为目的"，两者存在明显区别：前者明确教育事业不可以营利，即所有教育机构都是从事非营利性行为；后者表明，基于教育事业的目的不得营利，但是并没有排斥从事一些营利行为，即进行利润分配。

（二）完善法人治理结构

目前我国《民法典》和《公司法》对法人治理结构规定得非常明确，但是营利法人类型中的一些法人所涉及的法律法规却与这两个法律规定不一致，导致同一类型的法人其治理结构不一致。如营利性民办学校法人治理结构便是如此，主要问题是对股东权利的关注不够、理事会机构的职能不明确以及该机构

[①] 王利明主编：《民法》，北京：中国人民大学出版社，2022年，第82页。

[②] 参见金锦萍：《论非营利法人从事商事活动的现实及其特殊规则》，《法律科学》2007年第5期。

与一般公司法人治理结构不匹配。为此，需要对这些问题进行破解，具体如下：

第一，立法明确股东和股东会（股东大会）的地位。依据《民办教育促进法》及其《民办教育促进法实施条例》等相关规定，营利性民办学校法人治理结构中包括举办者、实际控制人和控股股东。《民办教育促进法》第19条"民办学校的章程应当规定主要事项"中专门提及了"举办者的权利和义务"，但对其他股东的权利义务没有提及。

本文认为，依据我国《公司法》规定，股东是法人治理机构中重要的主体。《民办学校促进法》及其实施条例仅仅规定举办者、实际控制人和控股股东的权利，未将所有股东的权利予以展现，这是不妥当的。现有《公司法》对股东的权利和义务规定不少，营利性民办学校既然归类为营利法人中的公司法人，那么对于公司法人治理机构的规则应该进行充分体现，否则难以符合这类法人治理结构的规范。在现有民办教育相关立法中，应该对所有股东包括其他股东的权利和义务有所提及，或者对于股东在民办教育中的法律地位有所涉及，作为投资者的权利必须给予保障，这对于鼓励更多社会力量资金投向营利性民办学校具有积极作用。当然，目前的民办教育法规之所以对股东权利提及较少，有人认为，主要是避免"资本的逐利性，影响办学宗旨"的现象出现。本文认为，既然允许营利性民办学校存在，追求利润、获取经济回报的问题肯定存在，只是如何规范的问题。

另外，股东的法律地位明确后，股东会或股东大会的法律地位便需要明确。既然属于公司法人，按照《公司法》规定，营利性民办学校的股东会或者股东大会应该属于决策机构。如此规定，才与《公司法》契合，符合公司法人治理结构的规则。如果回避股东会或者股东大会为决策机构，则难以作为一个完整的法人治理结构呈现。

第二，设立董事会而非理事会。目前，民办教育相关立法对于理事会的职能、成立条件没有专门提及，只是在《民办教育促进法实施条例》第19条"民办学校的章程应当规定下列主要事项：……（五）理事会、董事会或者其他形式决策机构和监督机构的产生方法、人员构成、任期、议事规则等；……"，至于立法中如何界定理事会的职能、成立条件没有专门规定。

由此，在法人治理结构中，涉及理事会的职能及与董事会的区别问题。对于董事会的职能，《公司法》规定了非常明确，但是理事会没有此规定。何谓理事会？2014年7月16日教育部发布的《普通高等学校理事会规程（试行）》第二条规定："本规程所称理事会，系指国家举办的普通高等学校（以下简称：高等学校）根据面向社会依法自主办学的需要，设立的由办学相关方面代表参加，支持学校发展的咨询、协商、审议与监督机构，是高等学校实现科学决策、民主监督、社会参与的重要组织形式和制度平台。"该规程虽然适用于高等教育，但是其就理事会的职能作了明确规定，即"咨询、协商、审议与监督"，按照法人治理结构的作用看，高等学校的理事会既是一个决策机构（审议），又是一个监督机构（监督）。另外，笔者关注了其他国家的立法例，如韩国《私立学校法》中对学校法人理事会的职能规定，理事会有"审议和议决机能"（第16条第1项）、"业务委任机能"（第19条第3项）、"法人业务监督机能"（第19条第4项）。[1]可见韩国立法中对理事会的职能与我国法律的规定一致，均有决策和监督职能，但是并未提及执行职能，这一点与法人治理结构的设置不一致，因为后者决策机构与执行机构是严格区分；另外，从中也显示学校法人理事会与一般董事会的区别，董事会"是指根据法律和公司章程规定由公司全体董事所组成的公司业务执行机构"。[2]

综上，就营利性民办学校而言，《民办教育促进法》将"理事会、董事会或者其他形式决策机构"并列为决策机构，但是理事会的职能与董事会职能明显有差异：理事会是法律上对一个团体负有监管责任的一群人，在营利组织中，理事会通常称为董事会，其对股东和利益相关方负责；董事会是公司的常设权力机关，向股东大会负责，是公司的领导管理和决策机构。何况营利性民办学校属于营利法人中的公司法人，所以应该按照公司法人的治理结构确立每个具体组织机构，即不设理事会，仅有董事会作为执行机构。

---

[1] 张雷生：《关于韩国高水平私立大学法人理事会的研究》，载湛中乐主编：《民办教育法治理论与实践》，北京：中国法制出版社，2016年，第131页。
[2] 郑云瑞：《公司法学》，北京：北京大学出版社，2016年，第379页。

（三）给予营利性民办学校一定税收优惠政策

上文已述，营利性民办学校毕竟属于特殊类型的营利法人，税收上是否与一般营利法人应该有所区别？否则如何"落实税费优惠等激励政策"，鼓励社会力量办学，鼓励营利性民办学校的发展？既然规定了"民办学校享受国家规定的税收优惠政策"，人们所关注的不仅是上述营利性民办学校与公办学校、非营利性学校一样免征的税收项目，更希望看见营利性民办学校主体自身所享受的优惠政策。从目前看，一般营利法人除了股东投资外，主要通过日常经营活动获得资金；而营利性民办学校经费除了股东投资外，主要通过捐资[①]、筹资[②]、收取学费[③]等形式获得。实践中，非营利性民办学校可以获得一定的扶持[④]；而营利性民办学校财产取得，捐资和筹资未必是常态化形式，主要依靠学费维持运行，这个途径比较单一，即一所学校招生数量必须达到一定规模，学费才可能保证正常运行。这对于学校压力非常大，若能在税收上有优惠政策支持，则对于缓解学校经费的压力、维持正常运行具有积极意义。

目前，虽然立法上没有明确作为营利法人的营利性民办学校可以享受与一般营利法人有区别的税收政策，但是相关立法已经明确营利性民办学校可以享受一定税收优惠政策的内容。营利性民办学校虽然属于营利法人，但是毕竟与一般从事纯粹经营活动的营利法人有区别，在税收政策上不能将其与后者完全等同。其理由为：一是教育是社会"公共产品"，与一般的营利法人不一样，其宗旨具有明显的公益性，其提供的教育服务并非完全市场化的商品，主管部门严格监督其价格，其收益水平受办学质量和社会需求的制约以及主管部门政策调控的影响；二是营利性民办学校的办学特性决定与一般商业投资行为存在差异，举办营利性

---

① 参见《民办教育促进法》第6条。
② 参见《民办教育促进法实施细则》第10条规定："举办者可以依法募集资金举办营利性民办学校……"
③ 参见《民办教育促进法》第38条。
④ 《民办教育促进法》第44条："对非营利性民办学校还可以采取政府补贴、基金奖励、捐资激励等扶持措施。"

民办学校并非完全以收益为导向；三是提倡营利性民办学校税收优惠，可以鼓励更多的社会资金投向教育，由此也可以缓解政府投入教育的资金压力；四是营利性民办学校的融资渠道较狭窄，相关法律规定对其融资途径和用途进行限制①。基于上述理由，给予营利性民办学校一定的税收优惠政策具有一定合理性。对此，美国在这方面有一定的经验可以借鉴。美国有多个州政府会对营利性学校提供直接税收减免，"美国50个州中，包括堪萨斯、科罗拉多、伊利诺伊等在内的21个州对所有营利性学校的动产和不动产财产免除财产税，一些州对于营利性私立学校售卖的餐食、教科书、通勤校车等相关的行为和收入免除税负"。另外，"美国以众多变通方式对私立学校给予资金支持"。包括通过对私立学校学费抵税、教育储蓄账户或教育券等项目来进行资助，"其中学费抵税项目是近二十年来向就读私立学校的学生提供更多资助的项目，被称为'新型教育券'"。②

目前，对于营利性民办学校享受税收优惠政策有相关的立法依据，包括前述《民办教育促进法》以及《国务院关于鼓励社会力量兴办教育促进民办教育健康发展的若干意见》（国发〔2016〕81号）第六条规定："各级人民政府可根据经济社会发展需要和公共服务需求，通过政府购买服务及税收优惠等方式对营利性民办学校给予支持。"现今，有关税收政策，除了增值税、土地税等已经享受的优惠政策外，主要是企业所得税。因为营利性民办学校属于营利法人中的公司法人，其所得税为企业所得税，这方面没有任何减免政策，而是一律按照公司法人的类型征税，这是不合理的。如何合理确定营利性民办学校税收优惠政策？本文认为，首先，企业所得税免税③，这不合理。因为毕竟属于分配利润的营利法人，与非营利性民办学校有差别。其次，基于前述的理由，可以实

---

① 如《民办教育促进法实施条例》第10条规定："举办者可以依法募集资金举办营利性民办学校，所募集资金应当主要用于办学，不得擅自改变用途，并按规定履行信息披露义务。民办学校及其举办者不得以赞助费等名目向学生、学生家长收取或者变相收取与入学关联的费用。"

② 参见吴华：《营利性民办学校应该享受税收优惠》，https://www.sohu.com/a/247377800_379440，最后访问日期：2022年2月16日。

③《国务院关于办公厅关于印发文化体制改革中经营性文化事业单位转制为企业和进一步支持企业文化发展两个规定的通知》（国办发〔2014〕15号）文件第二十条规定："经营性文化事业单位转制为企业后，免征企业所得税。"

施相关的税收优惠政策，该政策既不能与一般营利法人完全等同，也不能与非营利法人一样享受公办学校的税收政策，而是应该有其独有的税收优惠政策，即在企业所得税税收项目方面的税率可以低于一般的营利法人。目前根据我国《企业所得税法》第四条规定，税率为20%—25%，建议营利性民办学校的企业所得税的税率设置为15%。这样，既符合《民办教育促进法》"民办学校享受国家规定的税收优惠政策"规定，又区别于非营利性民办学校的税收优惠政策；同时，一定程度的税收优惠，便于提高已经转设的营利性民办学校办学积极性，对尚未转设为营利性民办学校的民办学校又具有政策鼓励作用。

（四）营利性民办学校的官网刊登的名称与登记名称须一致

根据上述现有法律规定，一个法人主体只能适用一个名称，且名称的功能是为了识别此法人与彼法人。虽然从惯例上有个适应过程，但是既然已经登记了，且官网是正式场合，就应该用完整的统一的名称，即工商登记名称与官网名称应该一致，而没有必要设立过渡期。同时，本文建议，针对实践中的这一问题，相关民办教育法律法规应该就此加以明确，即"营利性民办学校的名称只有一个，且以企业登记机关登记的名称为准。除了用于学校牌匾、成绩单、学位证书、学历证书、招生广告和简章适用简称外，营利性民办学校对外名称均用全称"。这样既明确了营利性民办学校全称和简称使用的场合，同时有利于突出营利性民办学校作为营利法人的特质。另外，关于营利性民办学校的组织形式，前述《关于营利性民办学校名称登记管理有关工作的通知》已经有了明确规定，故建议工商登记以该规定为准，即应登记为"某学院有限责任公司"或"某高中有限责任公司"或"某幼儿园有限责任公司"，这样与有关营利性民办学校名称规定即特别法的规定相一致。

综上所述，一些营利法人显示其非营利性状况已是一个不争的事实，应该不以简单的营利法人归属定性其行为性质，由此出现一些立法和实践中的困境。本文以营利性民办学校为例提出了一些想法，期望破解我国目前一些营利法人显示其非营利性现实引发的困境。

原告资格判定中"保护规范说"和"实际影响说"的混用与厘清

——兼评东联电线厂案再审判决[①]

李泠烨[②]

摘 要

在东联电线厂案再审判决中,最高人民法院重申了刘广明案"保护规范说"的原理,但并未就产品质量法规范如何成为确定原告资格的规范充分说理。裁判认为被诉处罚已确认了产品质量处罚的要件事实,起诉人由此将可能受到产品质量行政处罚这一行政法上的不利影响。这强调了被诉处罚和产品质量行政处罚间事实上可能的因果关系,是"实际影响说"的体现。法院还指出了被诉机关线索移交的义务,并肯定了被诉处罚对于后一行政处罚的确认效力,客观上可补充因果关系的论证,但确认效力的实定法基础,以及给予预防性救济的必要性仍待证明。东联电线厂再审判决在论证中混用了两种理论,反映了多次作为最高法院裁判原理的"保护规范说"的理论深度尚不足以应

① 本文受到浦江人才计划"城乡规划的司法审查机制研究"(18PJC092)的资助。笔者曾就本文初稿在行政法案例专业委员会2020年年会上做了报告,并在与会讨论中获得了许多启发。本文两位外审专家对文章的修改提出了十分有针对性的批评、意见和建议,凌维慈、王军和黄宇骁等同仁也提出了许多宝贵的意见,在此一并致谢。
② 李泠烨,上海师范大学哲学与法政学院副教授。

对疑难案件，也说明了"实际影响说"的影响力不可忽视。理论界和实务界应就我国原告资格具体疑难案件进行讨论，重视两种理论在应用中各自的发展，承认两者存在相互作用的可能，并回应来自对方角度的解释。

关键词：原告资格；保护规范说；实际影响说；东联电线厂案再审判决

刘广明诉张家港市人民政府行政复议案的再审裁定，[①] 被认为是首个明确引入保护规范理论的最高人民法院裁判，[②] 成为行政法学界研究的热点。[③] 作为"中国行政法学史上关于行政诉讼原告资格判断标准绕不过去的一个判例"，该裁判被认为标志着原告资格问题判断方法上的重大转向，具有替代"直接联系论"和"实际影响论"的意义。[④]

在中国裁判文书网检索刘广明案再审裁定的案号，可以发现相当多的裁判直接提及该裁定，其中既有当事人直接引用该案作为各自主张的支撑，也有法院引述该案进行说理论证的。据不完全统计，这样的后案已有70件。[⑤] 该案的主审法官在其后原告资格判定的案件中也再次使用保护规范理论进行论证。[⑥] 韶关市浈江区东联精工电线厂诉广东省住房和城乡建设厅城乡建设行政管理再审行

---

① 最高人民法院行政判决书，（2017）最高法行申169号。
② 参见章剑生：《行政诉讼原告资格中"利害关系"的判断结构》，《中国法学》2019年第4期；王天华：《主观公权利的观念与保护规范理论的构造》，《政法论坛》2020年第1期。
③ 参见赵宏：《原告资格从"不利影响"到"主观公权利"的转向与影响——刘广明诉张家港市人民政府行政复议案评析》，《交大法学》2019年第2期；杨建顺：《适用"保护规范理论"应当慎重》，《检察日报》2019年4月24日，第7版；见上注②，章剑生文；李洪雷：《行政法释义学的不当示范——论刘广明案判决对保护规范理论的运用》，中国法学会行政法学研究会行政法案例专业委员会2019年学术年会报告；见上注②，王天华文；成协中：《保护规范理论适用批判论》，《中外法学》2020年第1期；王天华：《有理由排斥保护规范理论吗？》，《行政法学研究》2020年第2期；陈无风：《我国行政诉讼中"保护规范理论"的渐变和修正》，《浙江学刊》2020年第6期；何天文：《保护规范理论的引入抑或误用——刘广明诉张家港市人民政府行政复议案再检讨》，《交大法学》2020年第4期。
④ 见章剑生：《行政诉讼原告资格中"利害关系"的判断结构》，《中国法学》2019年第4期。
⑤ 该统计截至2021年5月24日。
⑥ 最高人民法院行政判决书，（2019）最高法行申293号。

政判决书①（以下简称"东联电线厂案再审判决"）是由刘广明案再审裁定的主审法官之外其他法官执笔的最高人民法院的裁判，本文选择其为分析对象，试图进一步观察最高人民法院在原告资格问题上的立场。

一、基本案情及争点

2015年3月31日，广东省住房和城乡建设厅（以下简称"广东住建厅"）对浈江建筑公司（以下简称"浈江公司"）建设的"百旺花园"住宅小区进行建筑材料抽检。《现场检查笔录》显示，在施工现场抽检电线等建筑材料，包括科彩牌2.5平方毫米的铜芯聚乙烯绝缘电线。根据浈江公司提供的购买产品的销售清单显示，东联电线厂向浈江公司销售科彩牌2.5平方毫米电线37扎，价值4 255元。《电线电缆检验报告》显示抽检的电线导体直流电阻不符合GB/T 5023.3—2008的标准要求，其余项目符合该标准的要求。

广东住建厅对此立案后调查得知科彩牌电线是东联电线厂生产的，经营者为杨炎辉。之后，广东住建厅向浈江公司做出《行政处罚意见告知书》及《行政处罚听证告知书》，且告知浈江公司享有陈述和申辩的权利以及要求举行听证的权利。浈江公司在规定期限内未提出陈述和申辩，亦未提出听证要求。最终，广东住建厅做出粤建执罚〔2015〕10号《行政处罚决定书》（以下简称《10号行政处罚》），认定浈江公司违反了《建设工程质量管理条例》第29条的规定，依据该条例第64条，对浈江公司处以工程合同价款57 728 639.91元的2%，即1 154 572.80元的罚款。

2016年8月1日，浈江公司以因购买使用东联电线厂生产的伪劣电线遭受建筑行政处罚为由，提起民事诉讼，请求东联电线厂赔偿1 154 572.80元。在接到民事诉讼的相关通知后，2016年8月21日，东联电线厂提起行政诉讼，请求撤销广东住建厅做出的《10号行政处罚》。后该案民事诉讼因须以行政诉讼审理结

① 最高人民法院行政判决书，（2019）最高法行再107号。

果为依据的理由被裁定中止。

本案有诸多争点，其中之一是：建筑工程材料的生产者能否针对因使用其生产的建筑工程材料不合格进而被科处的建设工程质量行政处罚提起撤销处罚决定的行政诉讼。

二、东联电线厂案的各级裁判的不同思路

本案一审法院肯定了起诉人具有原告资格，而二审法院否认了原告资格，再审裁判则在结论上肯定了一审法院，并给出了相当篇幅的说理。在此争点上，三级法院的裁判在结论和理由存在着较大的差异。

（一）一审裁判思路

本案一审裁判确认了东联电线厂的原告资格，判决认为：

> 住建厅虽是对产品使用者作出行政处罚决定，但该处罚决定认定案涉产品不合格，必然对该产品的生产者产生影响。故东联电线厂与被诉行政处罚决定存在利害关系，具有提起本案诉讼的原告主体资格。[①]

一审法院的说理十分简洁，基本的逻辑就是被诉行政处罚中认定的产品不合格的事实，对产品生产者不可避免地产生影响。由此决定了东联电线厂与被诉行政处罚之间的利害关系，也由此决定了其具有原告主体资格。

当然，一审法院认为必然产生的影响具体究竟指什么？确认了产品不合格的事实是如何产生影响的？这些在一审裁判文书中也并没有进一步展开。

但值得注意的是，法院在确认完原告资格后旋即指出："实际上，第三人在缴纳罚款后，已立即提起民事诉讼向原告追偿上述罚款。"[②]这一表述似乎在印

证，之前法院所推断的"必然"影响。如果说民事诉讼的提起就必然产生的影响的话，那么这种影响其实并不是特定的、明确的权利义务的产生、变更或者消灭层面意义上的影响。而是说处罚确认起诉人的生产不合格产品的违法事实本身会产生的一般法律意义上的影响，即违法行为在法律上一般会被给予否定性的评价，设置不利的法律后果。一审法院指向的可能是违法行为在一般法律意义上的不利后果。

（二）二审裁判思路

在二审裁判理由中，首先被强调的是行政诉讼法上的"利害关系"是指行政行为可能对当事人的合法权益产生"行政法律意义上的直接的客观的实质的影响"。[①]之所以在"影响"之前加上了"行政法律意义上的""直接的""客观的""实质的"等限定，主要是针对一审认定产生一般法律意义上的不利结果的影响，特别是包括导致民事诉讼提起等影响，而提出的不同思路。

二审裁判提出了判定行政法上的直接的客观的实质的影响的标准，即当法律、法规要求行政机关在做出具体行政行为时，负有考量和保护起诉人相关合法权益的义务，或者法律、法规赋予了起诉人行政实体法上的相关权利，那么该起诉人的相关权益就可能因为行政机关未履行上述义务而受到不利影响或不法侵害，因而具备行政诉讼原告主体资格。

判断的核心就是找寻实定法上的根据，然后法院结合该处罚所直接依据的《建设工程质量管理条例》第64条所在的《建设工程质量管理条例》总则中第一条第三款从立法目的以及处罚所直接依据的《建设工程质量管理条例》第64条进行了分析，认为建设行政主管部门实施建设工程质量监管职责总的考虑主体是"建设单位、勘察单位、设计单位、施工单位、监理单位等工程责任主体"。就具体的处罚行为指向的对象是"施工单位，即该不合格建筑材料的使用单位，并不涉及该建筑材料的生产、销售、运输等其他环节，亦不会处罚相应的生产

---

① 广东省高级人民法院行政裁定书，（2017）粤行终1486号。

单位、销售单位等主体"。此外，"该条例也没有规定建设行政主管部门在对施工单位进行处罚时负有一并考量和保护相关建筑材料的生产单位、销售单位等相关民事权益的义务以及负有告知并听取他们陈述、申辩的义务"。①

二审法院还针对一审中提及的民事诉讼中的民事责任会否构成行政法上的利害关系进行了论证，指出浈江公司所承担的行政责任不等同于东联电线厂在民事诉讼中应承担的民事责任，两者之间是不同性质的法律关系。就此而论，《10号行政处罚》并无设定当事人的民事权利义务之权能。

二审法院否定民事责任构成行政法上利害关系的论证，强调了行政法律关系和民事法律关系的区别，并且也提出了这种区别并不能做绝对化的理解，如果行政行为能够直接设定当事人民事权利义务，那么也能够成立行政法上的利害关系。

（三）再审裁判思路

最高人民法院在裁判伊始，首先指出《行政诉讼法》第25条"利害关系"既"不能过分扩大理解，认为所有直接或者间接受行政行为影响的公民、法人或者其他组织都有利害关系，也不能过分限制理解，将'可能性'扩展到必须要有充分证据证实被诉行政行为影响其实体权利"。②

之后，最高人民法院在本案的裁判中提出了"利害关系"判断标准，就是"当事人是否具有法律保护的权益"，具体而言，则是要以"行政机关作出行政行为时所依据的行政实体法是否要求行政机关考虑和保护原告诉请保护的权利或法律上的利益"。③法院在标准中还突出了"原告诉请"这个概念，特别指出在适用标准时要综合考虑案件情况以及当事人的诉讼请求来予以确定。

本案中，法院的综合考虑可以理解为对最高人民法院案件审判指导的"附和"："行政实体法应当作为一个体系进行整体考察，即不能仅仅考察某一个法

---

① 广东省高级人民法院行政裁定书，（2017）粤行终1486号。
② 最高人民法院行政判决书，（2019）最高法行再107号。
③ 最高人民法院行政判决书，（2019）最高法行再107号。

律条文或者某一个法律法规，而应当参照整个行政实体法律规范体系、该行政实体法的立法宗旨和目的、作出被诉行政行为的目的和性质，来进行综合考量，从有利于保护公民、法人或者其他组织的合法权益的角度出发，对'利害关系'作出判断，以提高行政争议解决效率、降低当事人维权成本。"[1]

随后，最高人民法院就《产品质量法》进行了分析。最高人民法院认为，虽然本案建设工程不受《产品质量法》调整，但案涉电线属于该法所调整的范畴。最高人民法院进一步结合《产品质量法》的第4条和第49条，以及被诉处罚决定认定科彩牌电线不合格，加之案件审理中已经认定的被告做出行政行为的证据证明该不合格电线系东联精工电线厂生产，推导出生产者可能会因此承担《产品质量法》所规定的行政处罚。

此后，最高人民法院进一步指出二审法院法律适用上的错误，即忽视了《产品质量法》，忽视了建设工程监管和产品质量监管竞合的情况，因而，也就忽视了该行为同时对建设材料的生产单位可能产生的包括行政法意义上的不利影响。

三、再审裁判的第一重逻辑——作为指引性原理的保护规范说

（一）对刘广明案再审裁定提出保护规范理论的重申和进一步解释

东联电线厂再审判决虽然并没有如有的裁判直接引用刘广明案，[2]但如果仔细比对两案再审裁判的说理部分，可以发现东联电线厂再审判决几乎"一字不漏"地重申了刘广明案所提出的保护规范理论，并对保护规范理论的理解做了进一步说明。

刘广明案提出"'有利害关系的公民、法人或者其他组织'，不能扩大理解

---

[1] 最高人民法院行政判决书，（2019）最高法行再107号。
[2] 如北京市东城区人民政府、北京联立房地产开发有限责任公司再审审查与审判监督行政裁定书，最高人民法院行政裁定书，（2019）最高法行申293号。

为所有直接或者间接受行政行为影响的公民、法人或者其他组织；……只有主观公权利，即公法领域权利和利益，受到行政行为影响，存在受到损害的可能性的当事人，才与行政行为具有法律上利害关系"。① 东联电线厂再审判决在关于利害关系说理的最初讨论就提出对"'利害关系'既不能过分扩大理解，认为所有直接或者间接受行政行为影响的公民、法人或者其他组织都有利害关系，也不能过分限制理解，将'可能性'扩展到必须要有充分证据证实被诉行政行为影响其实体权利"。② 从两篇裁判的行文措辞看，两者都认为应该避免将事实上的关联泛化为利害关系，但同时也强调应避免做出过窄的解释，此即对刘广明案再审裁定的引述和进一步阐释论述。

在刘广明案最高人民法院的再审裁定中，法院指出了具有"利害关系"是指"将当事人是否具有法律保护的权益，作为判断当事人是否具有原告主体资格的重要标准"。"保护规范理论或者说保护规范标准，将法律规范保护权益与请求权基础相结合，以行政机关作出行政行为时所依据的行政实体法和所适用的行政实体法律规范体系，是否要求行政机关考虑、尊重和保护原告诉请保护的权利或法律上的利益，作为判断是否存在公法上利害关系的重要标准。"③ 东联电线厂再审判决几乎复述了以上标准和理论的核心内容。针对刘广明案再审裁定针对"所适用的行政实体法律规范体系"，东联电线厂再审判决还提请"需要特别注意"，"应当参照整个行政实体法律规范体系、该行政实体法的立法宗旨和目的、作出被诉行政行为的目的和性质，来进行综合考量，从有利于保护公民、法人或者其他组织的合法权益的角度出发，对'利害关系'作出判断，以提高行政争议解决效率、降低当事人维权成本"。④

刘广明案主审法官认为保护规范理论的价值在于，始终以坚持"规范性"

① 最高人民法院行政裁定书，（2017）最高法行申169号。
② 最高人民法院行政判决书，（2019）最高法行再107号。
③ 最高人民法院行政裁定书，（2017）最高法行申169号。
④ 最高人民法院行政判决书，（2019）最高法行再107号。

作为权利判定的基准，强调借助实定法查明权利连接点。^①这一观点在东联电线厂案再审判决中实质得到了重申。可以说，东联电线厂案再审判决在裁判说理中追随了刘广明案提出的保护规范理论立场，并对该理论具体适用做了进一步阐述，例如在体系解释行政实体法律规范体系时，进一步要求从有利于保护公民、法人或者其他组织的合法权益的角度出发。

（二）体系性解释思路的强调

在东联电线厂案中，一审法院关于原告资格只给出了非常简短的说理，并不讨论原告资格成立与相关实体法规范所保护权益之间的联系，而是在讨论行为对于起诉人的实际影响，可以认为是一种"实际影响说"。^②然而，影响如何产生以及具体影响的内容，在该"实际影响说"中也并没有清晰的展现。广东省高院在二审中刻意区别于"实际影响说"，其审理逻辑更趋近于刘广明案再审裁定强调的"保护规范说"。

从形式上看，两个审次的审判逻辑都可以归入"保护规范论"的类别中，但却在原告资格的判定上得出了截然不同的结论。由此可见，即便是在同样的保护规范理论指引下，具体案件适用时仍可能呈现出不同的解释。

具体而论，东联电线厂二审裁定在具体判断行政实体法上需要考虑的利益或者行政法上需要保护的权利时，是从行政行为所直接依据的根据规范出发。虽然上诉人和被上诉人都提到了产品质量责任，法院在判决中没有予以回应，显然其并不认为需要考虑产品质量责任相关的法律规范。

刘广明案再审裁定指出不能"只见树木不见森林"，"适用一个法条，就是在运用整部法典"。另一方面，无论是刘广明案的再审裁定，还是东联电线厂的再审判决，在依据法条判断是否具有利害关系存有歧义时，可参酌整个行政实

---

① 参见耿宝建：《主观公权利与原告主体资格——保护规范理论的中国式表述与运用》，《行政法学研究》2020年第2期。
② "实际影响论"和"保护规范论"的区别。参见章剑生：《行政诉讼原告资格中"利害关系"的判断结构》，《中国法学》2019年第4期。

086

体法律规范体系、行政实体法的立法宗旨以及对被诉行政行为的目的、内容和性质进行判断。这种参酌非但不限于条文，也不限于法典，而是进入到整个实体法律规范体系。打破了法规范做形式化的理解，强调法律体系的整体观，体现的是体系解释的思维。[1]

刘广明案再审裁定主审法官在后来发表的一篇论文中，对行政行为所依据的法律规范的正确理解做了进一步补充说明。他指出，不能简单将其理解为行政法律文书所援引的法律规范，还应当包括通过体系解释方法虽未直接援引但同样约束和调整行政行为的法律规范。[2]也就是说对于"依据"和"适用"的判断不是以法律文书援引的条款形式性的判断，而是从做出行政行为的法律适用上做实质性的判断；同时，这个判断不仅仅是依从行政的判断，法院也具有一定的自由裁量权。"约束和调整"行政行为的法律规范虽然没有进一步展开，但至少在解释上，不仅可以包括根据规范，也可以包括规制规范等。那么在再审判决中，这种体系性解释是如何展开的？

（三）规范与被诉行为间关系说理义务的未完成

与东联电线厂案二审裁定和刘广明案再审裁定相比，东联电线厂再审判决就规范与行政行为的关联问题，有进一步的变化。最高人民法院不再仅仅关注被诉处罚行为本身的根据规范，还考虑了监管竞合领域的产品质量法律规范，客观上扩大了规范的搜索范围。但产品质量监管领域的法律规范是如何进入到判断法律保护的权益这个框架的核心中？监管竞合的客观法律现象如何产生建设工程质量监管机关的义务？

本案中，产品质量监管领域的法律规范既不与行政机关做出的建设工程质量行政处罚这一行政行为直接关联，也不与被诉行政行为合法性审查相关联。

---

[1] 当然，在刘广明案再审裁定中，在具体判断中，法院实际在判定时也只是考虑了根据规范。参见王贵松：《风险规制行政诉讼的原告资格》，《环球法律评论》2020年第6期。

[2] 参见耿宝建：《主观公权利与原告主体资格——保护规范理论的中国式表述与运用》，《行政法学研究》2020年第2期。

再审判决不论是在本案的事实认定中，还是实体法、程序法审查都未涉及《产品质量法》。比如起诉人提出没有保障其听取意见等权利，而在再审裁判程序是否合法的审查中，最高人民法院并没有认为基于产品质量责任监管规范应当给予起诉人在被诉行政行为中听取意见的权利。

该规范既非行政行为的根据规范，也非行政行为的规制规范，究竟是和行政行为之间存在怎样的联系？ 在德国法上，在司法实践中发展形成所谓的"考虑诚命"规则（或可称照顾诚命、考虑要求，Das Gebot der Rücksichtnahme/Rücksichtnahmegebot）。① 该规则最早应用于规划法上的邻人诉讼中。② "考虑诚命"规则并不是由建设法规范明确规定的，而是司法裁判在对特定建设法规范的解释中解读出来的，认为在规划许可行为依据的规范中"嵌入"有行政机关的考虑义务，即在规划许可的审查中行政机关有考虑相关邻人值得尊重的利益，并免予其遭受不可预测的侵扰的义务。③ 即使肯定了相关的规范包含有考虑诚命，要判断相关邻人是否受到了不可预测的侵扰仍然是个案化的判断，是相对动态的过程。④ 这种解释方法使得邻人基于事实上的关系进入了保护规范理论的框架，弥合了事实与规范之间的鸿沟。⑤

"考虑诚命"规则实际上将客观法上的考虑转换成了主观的请求权，其是对行政行为依据的法律规范的法解释生成的。而本案中，最高人民法院认为产品质量处罚的规范要求考虑起诉人的利益，事实上，产品质量行政处罚机关当然要考虑起诉人，因为其是行政行为相对人，产品质量行政处罚机关设定了被处罚人的义务，行政处罚的被处罚人作为行政行为的相对人当然具有起诉资格。这点在我国行政诉讼法既有理论中本无疑义。但是，这个考虑起诉人利益的义务是产品质量处罚机关所有的，而建设工程质量处罚机关能否基于其适用规范

---

① 见赵宏：《原告资格从"不利影响"到"主观公权利"的转向与影响——刘广明诉张家港市人民政府行政复议案评估》，《交大法学》2019年第2期。

② BVerwGE 52, 122.

③ Vgl. Andreas Vosskuhle und Ann Katrin Kaufhold, JuS, 2010, 497.

④ Vgl. Finkelberg/Ortloff/Otto, Öffentliches Baurecht Band II, 7 Aufl. C. H. Beck, S. 222f.

⑤ 参见赵宏：《保护规范理论的误解澄清与本土适用》,《中国法学》2020年第4期。

的解释，被赋予考虑产品质量处罚被处罚人利益的义务呢？并能否基于执行该规范的客观法上的义务，而转化为起诉人对其的主观请求权呢？

为了保证保护规范理论在具体裁判中适用的完整性，法官仅对保护规范理论做原理性说明是不够的，法官还应当负有说理义务，说明考虑产品质量处罚被处罚人义务的由来。① 如果对于该规范如何进到保护规范的体系中不加以解释，或者说，对于建设工程质量处罚机关考虑起诉人权利的义务来自何处不进行解释，而是将存在监管竞合的相关行政法律规范一起作为保护规范的整体来对待，这就相当于赋予了一个一般性的法律执行请求权，要求任何机关在执法中都去全面执行法律，法院也就由此"沦为"针对行政机关的无所不在的监察机关。②

四、东联电线厂案再审判决第二重逻辑——具体推理中的实际影响说

（一）双重逻辑间的跳跃

东联电线厂案实际涉及原告资格、裁量权审查、程序审查等诸多方面，其中，再审判决对于原告资格问题进行了2段、1 200余字的论证。第一段虽未直接提及"保护规范理论"，但是其将"利害关系"的判断与"是否具有法律保护的权益"等同起来，并明确了法律保护的权益的认定标准，这与确定保护规范理论第一案的刘广明案再审裁定中的判断标准相当一致。该论述试图给出原告资格判定的原理性指引。说理第二段则直接引述《产品质量法》，认为基于该法

---

① 事实上，在最高人民法院确定保护规范范围的案件中，也还存在着逻辑并不清晰的其他表述，比如在联立公司案再审裁定 ["联立公司诉北京市东城区政府行政复议案"，最高人民法院行政裁定书，（2019）最高法行申293号。] 中，提出了"不仅仅包括直接约束行为的规范，还包括间接适用、潜在适用于这个行为的行政实体法也需要考虑"，这里何为间接适用的规范，何为潜在适用的规范，如何判断间接的，潜在的规范和行为的关系，参见陈无风：《我国行政诉讼中"保护规范理论"的渐变和修正》，《浙江学刊》2020年第6期。

② Vgl. Schimdt-Assmann，GG Kommentar von Maunz und Duerig，Lieferung：24，C. H. Beck Art 19，Abs. 4，Rn. 122.

起诉人可能会受到产品质量行政处罚，因此有不利影响。正如前文所述，对于产品质量法律规范是如何成为建设工程质量机关的客观法义务法院是缺乏说理的，也就是说保护规范理论标准确定后的小前提的论证似乎是缺失的。

实际上，如果我们将法院关于原告资格分析的两段分别解读，似乎可以找到一个大致合理的解释。那就是最高法院在第一段中重申刘广明案再审裁定中提出的"保护规范理论"，但其实在第二段的分析论证中，其说理已经回归到了"实际影响说"的路径中。

（二）"实际影响论"的具体展开

如果单独从再审判决说理的第二段分析，最高法院的逻辑是①处罚决定认定科彩牌电线不合格+②处罚依据的证据能证明科彩牌电线由东联电线厂生产，而①②作为有证据证明的事实实际已经构成了《产品质量法》第2条、第4条和第49条的处罚要件事实，法院得出了起诉人将可能受到《产品质量法》所规定的行政处罚。而这就被认为对起诉人必然产生了"行政法意义上的不利影响"。

从上述最高法院的思路可以看出，即使产品质量不合格的行政处罚尚未做出，具体的行政法律责任尚不明确，只要一个已经做出的行政处罚确认的违法事实（包括该处罚所依据证据证明的事实）同时也能够构成监管竞合领域中相关规范的要件事实时，即可判定成立了行政法上的"不利影响"。

东联电线厂再审判决第二段关于原告资格的证立核心论证的是：建设工程质量行政处罚是如何构成对起诉人的不利影响的，其核心在于论证建设工程质量行政处罚和产品质量行政处罚之间的关联。建设工程质量行政处罚与产品质量行政处罚之间的关联，即因果关系方，是论述的重点，这恰是"合法权益+因果关系"思路①区别于保护规范理论的地方。法院指出产品质量行政处罚是"可能"的，因为事实上行政处罚并没有做出，而产品质量行政处罚即是对于起诉人的不利影响，因此这里对不利影响的判断是从事实上结果层面进行的，是

---

① 参见沈岿：《行政诉讼原告资格：司法裁量的空间与限度》，《中外法学》2004年第2期。

实际影响事实上是否存在，而不是在法规范的解释层面判断是否有规范上直接法律效果的判断。这也反映了"实际影响说"就原告资格判定从事实认定角度出发的特点，而非"保护规范说"从实定法规范的规范性效果进行法解释的特点。[①]

保护规范理论将实体法上拥有的主观公权利和行政诉权关联起来，因此在论证实体法上主观公权利是该理论的核心。[②]也就是说起诉人的权益不明，[③]需要明确其是否成立为主观公权利。而在本案中，产品质量行政处罚造成起诉人实体法上权利义务的影响并不构成疑问，因此在论证中不是重点，几乎没有展开。

五、两种学说的逻辑重整及冲突平复

（一）两种学说间的影响

"实际影响说"以"行政法意义上的不利影响"的确定来论证利害关系、原告资格，其强调的是个案中行政行为和影响之间事实上的因果关系。而"保护规范理论"确定原告资格基点在于规范确定的保护权利或者考虑利益的义务，进而推导出的起诉人的主观公权利，强调的是规范基础上的主观公权利存在。两者论证的侧重有所不同。这样两种思路在东联电线厂再审判决中都有所显现，彼此间还产生了微妙的影响。

1. 聚焦行政法上的不利影响

本文最初的分析，东联电线厂案一审判决在说理逻辑上更接近于"实际影响论"，法官关注的影响是起诉人已经被提起的民事诉讼。而再审判决虽然在原告资格问题的结论上与一审判决一致，但即使在东联电线厂申请再审的理由第1

[①] 参见章剑生：《行政诉讼原告资格中"利害关系"的判断结构》，《中国法学》2019年第4期；王天华：《主观公权利的观念与保护规范理论的构造》，《政法论坛》2020年第1期。
[②] 参见赵宏：《主观公权利、行政诉权与保护规范理论——基于实体法的思考》，《行政法学研究》2020年第2期。
[③] 参见何天文：《保护规范理论的引入抑或误用——刘广明诉张家港市人民政府行政复议案再检讨》，《交大法学》2020年第4期。

条就指出被诉行为与其民事权利义务紧密相关的情况下，依然在说理中完全没有提及民事诉讼或者民事权利义务的问题。

笔者认为这很可能是受到了其重申的保护规范论的影响。保护规范论强调的是行政行为所依据的规范提出的保护权利或者考虑利益的诫命。所以再审法院选择以《产品质量法》的行政监管规范出发加以论述。而在本案中的处罚行为，无论是建设工程质量监管还是产品质量监管的处罚，法律都无要求考量或保护第三方私法上的利益要求。因此，再审判决并没有支持一审判决和再审申请理由中的民事责任上的影响，而是将对影响的论证聚焦在了"行政法上的不利影响"。

2. 规范搜索范围客观上扩大

在最高人民法院的再审判决中，在判断"法律保护的权益"时，最初表述是"要以行政机关作出行政行为时所依据的行政实体法"，但是随后又表示要"参照整个行政实体法律规范体系"。从规范搜索的结果上看，"整个行政实体法律规范体系"包括了产品质量监管的相关规范，而这些规范已经和处罚行为的依据，以及处罚行为依据的解释和适用没有直接联系，这已经不同于传统的保护规范说，[1] 客观上扩大了保护规范的搜索范围。

（二）"实际影响说"中因果关系的再讨论

关于不利影响的判定，再审判决中有一句耐人寻味的表述，即"该处罚决定认定科彩牌电线不合格，客观上也是对建筑材料的产品质量作出负面评价，必然对该产品的生产者产生不利影响，即生产者可能会因此承担《产品质量法》所规定的行政处罚"。[2] 可能做出的行政处罚等于必然的不利影响，这种逻辑上的不适该如何理解？

这里的解释可能是：只要不利影响在事实上存在可能，那么原告资格就当然成立。如果事实上的可能性——无论是1%或者是99%——都能够构成可能的

---

① 参见哈特穆特·鲍尔：《新旧保护规范论》，王世杰译，《财经法学》2019年第1期。
② 最高人民法院行政判决书，（2019）最高法行再107号。

不利影响的话，那么原告资格的范围会被极度放大。当然，本案的可能性是限定在一定范围内的，无法做如此宽泛的解释。

事实上，最高人民法院对监管竞合中先行处罚机关的移送问题做了说理，法院认为住建厅应当移交证据和线索，也就是说有启动产品质量行政处罚程序的义务。从这个角度理解"可能"的限定，应该是建设工程质量监管行政机关在建设工程质量行政处罚中确认了产品质量处罚的要件事实，由此移交证据和线索给予监管竞合的产品质量监管行政机关，从而启动产品质量行政处罚，这样侵害行政行为的行政程序方才构成不利影响。

对"可能"的另一重限定是建设工程质量行政处罚的确认效力。在原告资格说理的第二段中，法院在谈及产品质量法上的行政处罚时，直接根据建设工程质量行政处罚的确认的事实和证据进行了法律适用的推导，并没有做任何留有余地的、在特定情况下可能为否的表述。最高人民法院认为，在建设工程质量行政处罚中，产品质量行政处罚的要件事实已经确认。这里暗含着法院肯定了建设工程质量处罚行为的"确认效力"。[1] 具言之，建设工程质量行政处罚对于违法事实的确认，其他的国家机关都应当给予尊重，并受其约束。[2] 正是因为建设工程质量的处罚有这样的一种确认效力，那么产品质量的行政处罚，在违法事实层面已经成立，处罚机关只需在法律效果上进行判断。虽然产品质量监督行政机关事实上尚未做出处罚，处罚的具体内容尚不确定，行政机关可以行使效果裁量权，但处罚的制裁性的法律后果已然可以肯定。

当然，如果出现不予行政处罚的情形，[3] 则行政机关亦不会做出相应的产品质量行政处罚。不予行政处罚的事实在建设工程质量行政处罚程序中并不涉及，因此，事实上，如果后续查明相关事实，产品质量行政处罚在未来可能并不会做出。所以这种可能性是以目前确认的事实和证据为基础，不予处罚的事实因

---

① 哈特穆特·毛雷尔：《行政法总论》，高家伟译，北京：法律出版社，2002年，第269页。
② 不仅如此，该案中还有一个细节就是，在质量工程处罚决定中并没有科彩牌电线的生产者是东联电线厂，而是在处罚决定的证据中并一项确认了东联电线厂是不合格产品的生产者。也就是说这种确认效力不仅及于了处罚决定确认的要件事实，还包括处罚决定过程中确认的非要件事实。
③ 对于本案有效的《行政处罚法》（1996）的第25、26和27条规定了不予处罚的情形。

为目前尚未调查过，因此也不确定；而建设工程质量行政处罚依据的违法事实，必须被尊重，那么产品质量行政处罚就会做出，起诉人作为被处罚人会受到不利影响。①

同最高人民法院在此前司法解释中提出的必然实际影响说② 相结合，就是事实上行政处罚确实只是"可能"发生，但在法律上基于确认效力就目前案件事实进行判断，具有"必然"性。

（三）保护规范说延续的尝试与矛盾理清

虽然东联电线厂再审判决并没有在说理中由始至终贯彻"保护规范说"，但通过对本案原告资格说理的整理，并在此基础上适当探寻规范搜索范围扩大的规则，将会为我国保护规范理论的内容的进一步明确提供线索。

正如前述，本案中"实际影响说"的逻辑，实际在于事实上受到可能不利影响的个人也应当在一定程度上被肯定为原告。这其中的理由就在于建设工程质量行政处罚和产品质量行政处罚的某种因果关系。这里有两种因果关系的可能。一种是基于程序上前一行政处罚机关的移送义务，另一种则是基于实体上前一行政处罚对于后一行政处罚的确认效力。

下面就将第一种因果关系推论的思路运用到保护规范理论中。法院认为"建设工程质量监管与产品质量监督存在竞合"，还提出了"建设行政主管部门应当在今后的执法过程中，逐步完善调查处理程序，探索建立与产品质量监督部门的联合执法、信息共享、线索移交等多种方式，充分保障相关利害关系人的合法权益"。③联合执法、信息共享、线索移交等可能并不是明文法定的义务，但最高人民法院确认为被诉行政机关"应当"为之，并且要充分保障相关利害

---

① 相反，如果处罚决定不具有这样的效力，那么也就是说，即使信息共享，线索移交，产品质量监管部门并不受建设工程质量部门事实确认的影响，可以重新进行事实的认定，对法律进行适用，做出自己独立的判断，也就是说，有可能否定违法事实的成立，进而不做出行政处罚。是否会对起诉人造成不利影响完全处于一种不确定的状态。

② 最高人民法院行政审判庭编：《关于执行〈中华人民共和国行政诉讼法〉若干问题的解释释义》，北京：中国城市出版社，2000年，第26—27页。

③ 最高人民法院行政判决书，（2019）最高法行再107号。

关系人的合法权益。这强调的是，行政机关并不是各自为政地进行行政执法，监管重合领域的行政机关间必须通过信息共享等实现相互的协作，协同监管中要通过程序规则的完善保障利害关系人的合法权益。①最高人民法院认为被诉行政机关在建设工程行政处罚过程中应当考虑产品质量行政监管法律规范的适用，由此应当考虑产品质量行政处罚相对人的利益。由于监管重合领域的行政机关在确定哪些信息需要共享，哪些线索需要移交等协作中应依据产品质量监管的法律规范，基于移送义务，建设工程质量行政处罚机关需要适用产品质量监管的法律规范，也因此被约束，该规范也就自然成为保护规范的部分。

而基于实体上前一行政处罚对于后一行政处罚的确认效力，事实上产品质量行政处罚的违法事实已经确认，虽然针对违法行为的惩戒性的新义务并未确定，但确定了产品质量处罚违法事实的建设工程质量行政处罚已经可以由产品质量行政处罚的相对人提起诉讼，实际是提前将尚未做出的产品质量行政处罚的事实确认部分纳入受案范围。在这种情况下，起诉人作为产品质量行政处罚的相对人自然可以成为原告。毕竟，产品质量行政处罚是直接要针对相对人设定其义务的行为，无论是从目的指向性，还是从直接的法律效果上都针对起诉人，基于相对人理论，而无须动用保护规范理论即可以获得原告资格。②

六、本案逻辑重整后的问题和可能影响

（一）行政处罚确认效力的来源

如果以上对于可能性解释的逻辑成立，那么就必须要回答这样一个问题，潜在被肯定的确认效力是从何而来？在法律上并没有这样的明确规定，产品质

---

① 当然，如果坚持保护规范理论关于实定法作为权利联结点的要求，那么这里可能还要进一步论证这移送监管的义务实定法的基础，或许可以基于《行政处罚法》的相关规定进行论证，如《行政处罚法》（2021）第29条和第58条等条款进行解释。因为本案是在新行政处罚法修订前的案件，因此不再展开详细论述。

② 如果基于这个理由，实际存在受案范围和原告资格判定的混淆，参见黄宇骁：《行政诉讼受案范围与原告资格关系之辨》，《政治与法律》2021年第2期。

量监管部门并不必须被建设工程质量监督部门的事实认定所约束。事实上，在传统的行政行为效力理论中，确认效力只有在个别法律的明确规定下才能例外性的存在。[1]

究竟是在何种情况下何种理由下肯定处罚的确认效力，这个问题至关重要，因为这个问题的答案不仅会关乎行政处罚，甚至会关乎行政行为整体的效力问题。问题的不同回答甚至可能会改变我国现有的行政行为效力理论的实质内容。

（二）原告资格确认的预防效果

本案判决针对尚未发生的行政法上权利义务上的变动，仅根据引起权利义务变动的事实（处罚要件事实）得到确认，或者已经启动权利义务变动的行政程序（处罚程序），即允许起诉人获得原告资格。而按照原告资格的通行理论，行政处罚的相对人是具有原告资格的，在处罚做出后本案的起诉人应当是可以提起行政诉讼的。因此，本案所持的"实际影响说"逻辑实质是提前赋予了未来行政处罚的相对人提前启动行政诉讼的可能，即在产品质量行政处罚做出前的阶段，允许起诉人针对建设工程质量处罚进行诉讼，实际上有着一种预防性的效果，即提前防止起诉人在未来受到行政处罚。

事实上，如果产品质量行政处罚对于处罚相对人的权利义务的影响是成立的，那么为什么不通过处罚决定做出后诉请撤销以保护处罚相对人的权益，而要提前给予诉讼的可能？诚然，提前给予诉讼可能具有一定的便宜性，可以"提高行政争议解决效率、降低当事人维权成本"。[2]但这种事实上的不利影响并不是法律所直接确定的后果，是否最终必然做出产品质量行政处罚，还会受制于其他的多种因素，比如是否存在免责的情形等等。如何在整体的诉讼程序上安排救济机制，需要考虑的不仅仅是当事人诉讼的便宜性，还有提前救济的必

---

[1] 见哈特穆特·毛雷尔：《行政法总论》，高家伟译，北京：法律出版社，2002年，第269页。
[2] 最高人民法院行政判决书，（2019）最高法行再107号。

要性，外加诉讼制度的整体效率，等等。[①]本案裁判就提前启动行政诉讼的必要性做更多的说理，显然是有益而有必要的。

另一方面，如果是基于预防性的理由，在产品质量行政处罚尚未做出的情况下要给予起诉人救济的机会，那么还需要解决以下问题——这种预防目的是否通过赋予原告资格即能实现。再审判决中，最高法院在行为合法性审查中并没有认可起诉人在建设工程质量行政处罚中程序上的陈述申辩的权利，而行政程序过程中参与机会恰是有效防止违法侵犯相对人权利的事前机制、预防途径。因此，如果在诉讼程序上肯定起诉人的权利，而在行政程序中予以否定，这种裁判方式是否真能实现预防性效果，显然值得怀疑。

七、结语

东联电线厂再审判决在主张"保护规范说"的原理之下又混用了"实际影响说"，一方面反映了"保护规范说"作为一种不同于以往原告资格判定的新方法逐渐进入到司法审判实践，另一方面也说明了"保护规范说"基本原理的引入尚不足以应对具体案件，如果要使得"保护规范说"成为有力的解决疑难案件的理论，对于该学说的内涵和构成还需要进一步探讨，例如，保护规范的范围，保护规范解释中考虑义务的生成，保护规范的形式等。

本案也说明了"实际影响说"仍然具有相当影响力，事实上，对于不利影响的"常识"[②]判断依然是法官裁判说理的出发点，为了避免过度陷入"主观性标准"的轮准循环，[③]必须建立可以重复讨论的论证结构，这正是本文在逻辑重整中所做的推测和尝试。这需要理论界和实务界就疑难案件进行反复公开地讨

---

① 是否有必要在此时保护起诉人启动行政诉讼程序，参见蔡乐渭：《行政诉讼中的成熟性原则研究》，《西南政法大学学报》2005年第5期。

② 见耿宝建：《主观公权利与原告主体资格——保护规范理论的中国式表述与运用》，《行政法学研究》2020年第2期。

③ 参见章剑生：《行政诉讼原告资格中"利害关系"的判断结构》，《中国法学》2019年第4期；王天华：《主观公权利的观念与保护规范理论的构造》，《政法论坛》2020年第1期。

论方能实现。

笔者在前文就保护规范理论在本案中如何适用进行了推演，推演的过程也反映了"实际影响说"的思路对于"保护规范说"亦能提供有益的提示。这就是说，对于原告资格的判定理论径路并非只此一条，如何对"利害关系"进行解释并非非此即彼的关系。①因此，在"保护规范说"与"实际影响说"学说竞争中，不仅应当注意自身理论构建的自洽，还应当回应来自对方角度的解释理论。②

---

① 在日本法上，"法律上保护的利益说"与"值得保护的利益说"的区别越来越相对化，两者的界限已经不明显了。当然，两者在看待行政诉讼的本质与目的的时候依然不同。区分依然不失理论意义，参见石龙潭：《日本行政诉讼诉的利益》，北京：中国政法大学出版社，2021年，第150—151页。
② 参见朱芒：《行政诉讼中的保护规范说——日本最高法院判例的状况》，《法律适用》2019年第16期。

现代性的困境和一种中国式现代性的思考

罗富尊[①]

摘 要

党的二十大报告中明确提出"中国式现代化"这一重要理论，这一宏大工程的展开和推进自然需要人文社会科学层面的理论研究。现代化在西方社会遭遇多重危机，其哲学层面的表现则是现代性理论的困境；不仅如此，传统马克思主义对现代性乃至现代化的思考，包括20世纪"国外马克思主义"的补充性方案也不无局限。笔者认为，推进"中国式现代化"需要我们在审思西方现代性理论的合理性与困境的同时，结合中国新时代现代化的进程和独特优势，思考一种适合当代中国的现代性。本文尝试对此作一些简单的思考。

关键词：现代化；现代性；中国式现代化；中国式现代性

一、西方现代化的困境与现代性理论的分歧

Modern（现代）一词在西方文化中具有多重含义，既可以指约16世纪（文艺复兴、新航路开辟）之后的西方近代世界，也可以指资产阶级革命之后西方确立了较为完善的政治、经济制度之后的现代西方社会。相比而言，现代化或

---

① 罗富尊，上海师范大学哲学与法政学院哲学系讲师。

西方现代化的内涵较为明确，它一般指19世纪初工业革命以来，西方社会在经济、政治、社会、文明等方面发生的一系列深刻变革。概言之，西方世界的方方面面由传统转变到现代。

现代化渗透到社会的政治、文化、思想各个领域，表现为多层次、多阶段的历史过程。在此过程中，西方世界迅速崛起从而主导了全球，通过其强大的经济、军事力量不仅建立了世界范围内的资本市场，而且将亚非拉世界纳入殖民地和半殖民地的境地；更为重要的是，非西方世界摆脱落后和被殖民处境的唯一选择就是仿效和学习西方现代化。受此影响，进入到20世纪下半叶全世界绝大多数国家和地区均呈现出以工业化、同质化为特征的现代社会面貌。

早在19世纪末期，当现代化在全球如火如荼推进时，它的负面效应就已经很明显地表现出来了。从民族国家层面，它不仅导致资本主义社会阶级矛盾因财富进一步失衡出现的加剧状况，更使得整个人类社会分裂为东方世界和西方世界，并以东方屈辱地依附西方为代价，一部现代化的历史就是殖民地、半殖民地国家的血泪史。从全世界角度，西方现代化进程具有明显的侵凌性特征，它以征服自然、攫取资源为特征；其不可持续的发展模式不仅造成资源的浪费，而且导致了今天全球日益严重的生态危机。不仅如此，20世纪发生的两次世界大战和以灭绝犹太人为代表的"大屠杀"，其根源也可以追溯到西方现代化进程中深藏的工具理性思想。对此，齐格蒙·鲍曼予以了明确指认，他说："现代大屠杀在双重意义上具有独特性。之所以在其他的历史屠杀事件中它是独特的，是因为它是现代的。之所以它较之现代社会的普通性是独特的，是因为它使得一些通常被分离的现代性的普通因素结合了起来。"①

19世纪中期，西方知识分子就已经开始从各个角度反思和批判现代化带来的负面效应，这就是一百多年以来持续至今的形形色色的现代性理论以及后现代性理论。何谓"现代性"（modernity），按照美国学者马泰·卡林内斯库（Matei Calinescu）的考察，这一概念首次出现在17世纪的《牛津英语词典》

---

① 齐格蒙·鲍曼：《现代性与大屠杀》，杨渝东等译，南京：译林出版社，2002年，第126页。

（1672年），但按照今天我们赋予它的含义，它产生广泛影响则来自波德莱尔1859年发表的《现代生活的画家》一文。在那里，波德莱尔写到："现代性是短暂的、易逝的、偶然的，它是艺术的一半，艺术的另一半是永恒和不变的。"[1]在波德莱尔看来，现代性最显著的特征就是某种趋于当下性的趋势，它的碎片性、转瞬即逝性，使得它完全区别于传统社会。

继波德莱尔之后，对现代性的思考从艺术美学领域扩展开来，尤其是哲学、文化和社会学层面的现代性理论更是成为延续百年的显学。在此，我们必须进一步区分"现代化"和"现代性"这两个概念。对比来看，"现代化主要是一个在经济学与社会学层面上谈论的范畴，表明社会从农业文明进入工业文明，表明社会在这一文明变化过程中在生产力、生产方式、经济增长、社会发展与传统农业社会相比的根本变化，以及社会在城市化、信息化、教育普及、知识程度提高等方面的巨大进步"。[2]而"现代性"则主要是一个哲学范畴，是从哲学的高度审视和批判传统社会和现代化进程，反思"现代"的时代意识和文化精神。20世纪西方绝大多数的大思想家都从自己的角度或深或浅地触及对现代性的思考，从而提出不同的现代化路径和方案。这其中，既有相对乐观的派别，比如马克思主义传统的现代性社会理论，曼德尔、吉登斯等人对晚期现代性发展的探索；也有韦伯那样的思想家，通过区分形式合理性和实质合理性对现代官僚体制进行冷峻的分析；更有自尼采开始的影响深远的对现代性进行猛烈批判的传统，比如海德格尔、福柯、利奥塔等人；最后还有试图整合现代性历程中的经验教训，"重建"现代性的哈贝马斯这一路径。

不可否认，正如对资本主义的批判理论曾客观地促使资本主义社会自身通过改革得以发展一样，对西方现代化进程和现代社会进行反思和批判的现代性理论也使西方式现代化通过听取并回应这些声音得到不同程度的改进。但总体而言，西方式现代化已然走入死胡同，它在漫长推进过程中造成的灾难和结出的苦果目前看不到任何根本疗治的可能；我们从不否认西方现代化进程是人类

---

[1] 马泰·卡林内斯库：《现代性的五副面孔》，顾爱彬等译，北京：商务印书馆，2002年，第55页。
[2] 陈嘉明：《现代性与后现代性十五讲》，北京：北京大学出版社，2006年，第37页。

历史上伟大的进步，我们也从未想过通过矫枉过正的方式重返中世纪（传统社会）的"田园牧歌"，两种态度都是非历史的。尽管如此，林林总总的现代性理论，尤其是"左翼"激进的现代性理论虽然批判的锋芒依旧犀利，涉及的领域也越来越广泛和新颖，但最终未能扭转西方现代化日渐艰难的方向；不仅如此，西方现代性理论在其发展和争执过程中，也呈现出理论本身逻辑的矛盾以及理论越来越脱钩于现实社会的困境。

我们以尼采和海德格尔的现代性批判理论为例。尼采猛烈批判西方延续两千多年的形而上学传统，通过宣告"上帝死了"和认定西方已经并将长期处于"虚无主义"社会从而高举反现代的大旗，这深深影响了整个20世纪。在尼采看来，19世纪的现代性问题其实质是自希腊哲学——自苏格拉底之后，尤其是从柏拉图伊始——开启"形而上学"时代后符合逻辑的过程；这种形而上学精神和基督教的伦理存在内在联系，其结果是到了19世纪，一方面是现代社会物质生产的极大发展，另一方面则是超感性权威的坍塌和现代人精神的孱弱，上帝死了之后的现代人变成了小丑和"末人"。在尼采看来，疗治西方文化的方案依赖于一种新的"悲剧的诞生"，需要将他的哲学和瓦格纳的音乐相结合；进而在"重估一切价值"的基础上，通过高扬"权力意志""超人""彻底的虚无主义"，为西方找寻新的更康健的现代性方向。而这种新的现代性，它是回溯——回到前苏格拉底时代——和"超克"（超越和克服现代性的弊病，构架面向未来的"超人"的桥梁）的结合。

在尼采之后，海德格尔对现代性的批判尤为深刻。受尼采影响，海德格尔也激烈批判西方形而上学，他甚至认定尼采作为"最后一个形而上学家"还不够彻底。《存在与时间》通过对"常人""沉沦"的现象学描述，通过对"好奇""闲言""两可"等现代人生活常态的梳理，其目的在于指认：倘若"此在"未能听从良知的呼唤，从而在"决断"中返回到一种"本真状态"，那么作为遮蔽"存在"而专注于"存在者"的现代性将是人类不可摆脱的命运。在《世界图像的时代》这篇文章中，海德格尔进一步总结了西方现代性导致的"世界图像时代"（这种世界图像牢牢掌控了现代世界，进而使得西方现代性道路愈加走向一条不可救渡的死胡同）的五个特征，分别是："科学是现代的根本现象之一。……现代技术本质是与现代形而上学之本质相同一的。……艺术进入美学的视界之内。……人类活动被当作文化来理解和贯彻。……现代的第五个现象是弃神。"① 作为技术悲观论代表的海德格尔，对科学和技术的结合以及它席卷和钳制现代社会所有领域的现象尤其忧心忡忡。他认为，如果现代性任这一趋势蔓延，那么不仅西方世界而且整个人类的前景将极其黯淡。1969年美国登月，宇航员阿姆斯特朗发回一张从月球拍摄的地球的照片，海德格尔看到之后悲叹到"整个人类被连根拔起了"。存在被遮蔽、技术困境、价值虚无、现代人的"无家可归状态"，这是海德格尔对现代社会的诊断；出路依然晦暗不明，除了他最后期许的"只有一个上帝可以救渡我们"。美国学者皮平曾总结说："海德格尔在'在场'和'主体性'的范畴里集中了前现代和现代传统，力图破坏自足的主体性的现代梦想，以很多有洞见的和有想象力的方式，表明了现代技术的和'无思的'存在，在当下命运中的这些自大的后果。"②

概括地说，尼采和海德格尔的现代性批判理论并未能找到一条可行的新出路。就尼采而言，他"称赞一种新奇的独立性，它比现代理想更加现代（因而在想象上是后现代的），称赞一种不依赖于他者，不依赖于一种本真、实质或统一之自我的独立性"。③ 然而尼采的这种期许除了在"超人"（还往往被后人误解）那里有一些呐喊和回响之外，并不能落实于现代西方社会。不仅如此，诚如海德格尔所言，尼采作为"最后一个形而上学家"，其哲学一方面对形而上学和现代性展开猛烈批判，另一方面却又难以败落形而上学的窠臼和西方现代性的陷阱。

海德格尔同样如此。按照大卫·库尔珀的评价："海德格尔之所以没能克服现代性，是因为他仍被束缚于它的原则即形式过程与内容之间的分离之上。不管他的本意是什么，结果仍然是：他要么是将我们桎梏于某种前现代世界中，

① 海德格尔：《林中路》，孙周兴译，北京：商务印书馆，2015年，第83—84页。
② 罗伯特·皮平：《作为哲学问题的现代主义》，阎嘉译，北京：商务印书馆，2007年，第245页。
③ 罗伯特·皮平：《作为哲学问题的现代主义》，阎嘉译，北京：商务印书馆，2007年，第245页。

要么就是重新肯定了现代性的那个反讽性的和间距性的方面。他的确避免了现代性的那个过度操纵性的方面，但这却是以否认我们在历史中的功效为代价的。他认为他已避免了实质性传统与无根的形式主观性之间的二分，但实际上，他只不过是在这两者之间飞快地左摇右摆而已。"①

二、马克思主义传统中的现代性理论和方案

在我们看来，马克思主义不仅完成了西方哲学从近代范式向现代范式的伟大革命性转折，用实践理论、辩证法思想和唯物史观来指导了无产阶级革命，从而成为社会主义国家的指导思想；而且马克思主义作为一种对资本主义社会进行无情批判的理论也成了现代性思想的重要源头。"伯曼已经指出，我们应该给予马克思适当的承认，将他看作'第一个最伟大的现代主义者'，而不是只将他看作现代化理论的一个主要贡献者。"②

简要地说，马克思的现代性批判理论主要体现在以下三个方面。

首先，马克思自始至终都对资本主义社会和资本原则展开了无情的批判，不管资本主义在何种程度上促进了西方现代化进程。马克思从未否认资本主义在人类历史上的进步性，在《共产党宣言》中他曾说："资产阶级在它的不到一百年的阶级统治中所创造的生产力，比过去一切世代创造的全部生产力还要多，还要大。"③但是马克思并没有停留在对资本主义的肯定上，他认为西方现代化的弊病之一，是造成了人与人关系的物化。在资本主义的生产关系中，劳动不是自由自觉的，而是异化劳动，它体现在劳动产品、劳动本身、人的类本质以及人与人的关系四个方面。正因如此，工人"在自己的劳动中不是肯定自己，而是否定自己，不是感到幸福，而是感到不幸，不是自由地发挥自己的体力和

---

① 大卫·库尔珀：《纯粹现代性批判》，臧佩洪译，北京：商务印书馆，2004年，第348页。
② 戴维·弗里斯比：《现代性的碎片》，卢晖临等译，北京：商务印书馆，2013年，第29页。
③ 《马克思恩格斯选集》（第一卷），北京：人民出版社，1995年，第277页。

智力，而是使自己的肉体受折磨、精神遭摧残"。①现代资本主义社会是一个整体，依据马克思的观点，现代社会的结构矛盾只有通过一系列的经济和政治变化才能得以解决，通过无产阶级革命资本主义社会将被以生产资料公有制为基础的共产主义社会所取代。不仅如此，在马克思看来，随着资本主义现代化的推进，它给以中国、印度为代表的东方社会带来了沉重的灾难；这使得无产阶级革命和殖民地半殖民地的民族主义革命的结合成为可能。

其次，马克思创新性地描画了西方现代化对传统社会带来的冲击，这幅图景概而言之，就是"一切坚固的东西都烟消云散了"。马克思写道："生产的不断变革，一切社会状况不停的动荡，永远的不安定和变动，这就是资产阶级时代不同于过去一切时代的地方。一切坚固的僵化的关系以及与之相适应的素被尊崇的观念和见解都被消除了，一切新形成的关系等不到固定下来就陈旧了。——一切等级的和固定的东西都烟消云散了，一切神圣的东西都被亵渎了。"②如前所述，西方现代化的推进带来的是整个社会和世界的碎片化，是现代人的无家可归状态。如果说前现代社会在生产力和交往关系上是落后的，但同时它也是相对稳定的，能给予人一种安定感和归属感。西方现代化所解决不了的问题就是如何在现代化的推进过程中避免这种碎片化的趋势；大多数现代性和后现代性批判理论在其批判之后都试图重新寻找某种抵挡现代社会"烟消云散"带来的文化、精神和心理恓惶状态的可能药方，但基本上他们都失败了。究其根源，在我们看来是因为这一矛盾（现代化进程的一体化与世界和生活的碎片化）是西方现代化进程不可克服的，也是各种西方现代性理论难以解决的。

再次，马克思的现代性思想立足于实践，强调通过无产阶级的斗争推翻现代资本主义社会，进而从根本上扭转西方现代化的进程。一方面，马克思主义哲学的特质强调了实践的重要性，"哲学家们只是用不同的方式解释世界，而问题在于改变世界"。③另一方面，共产党人和无产阶级的结合会随着资本主义的

---

① 《马克思恩格斯选集》（第一卷），北京：人民出版社，1995年，第43页。
② 《马克思恩格斯选集》（第一卷），北京：人民出版社，1995年，第275页。
③ 《马克思恩格斯选集》（第一卷），北京：人民出版社，1995年，第61页。

不同阶段推进不同的斗争，最终推翻资产阶级的统治，建立公有制的社会，"在无产阶级和资产阶级的斗争所经历的各个发展阶段上，共产党人始终代表整个运动的利益"。①在社会主义社会里，西方现代化进程中的优良成果将得以保留，而其消极的负面后果将得以克服。比如，就历史发展进程而言，我们知道"只有在一种特定时间意识，即线性不可逆的、无法阻止地流逝的历史性时间意识的框架中，现代性这个概念才能被构想出来"。②西方现代化进程就是这种线性时间观和所谓"进步历史观"的典型表现。在这样一种视野下，按照马克思的理解，资本主义将永远是"过去支配现在"，并且没有可期的将来；相反，未来的理想社会在逆转了现代化进程的方向后，从质上改变历史的进程，在那里是"现在支配过去"。

作为现代性的思想家，马克思的理论不仅给我们提供了理解和批判西方现代化的锐利思想武器，也指导了一百多年来无产阶级革命斗争和思想领域针对现代资本主义社会的"左翼"分析和批判。但如果仅从现代性理论的角度而言，客观地说，传统马克思主义的现代性理论还存在一些因为时代和历史局限而产生的不足，尽管这完全不影响我们结合现代社会的发展和社会主义现代化建设的实践推进马克思主义的现代性理论研究。就传统马克思主义现代性理论的不足，我们认为主要体现在以下三个方面。

第一，马克思主义的现代性理论主要分析批判的是现代资本主义制度的经济层面。从劳动异化理论到拜物教理论，马克思对现代资本主义社会的分析是深刻的，但是总体而言，马克思的现代主义理论框架中着力强调的仍是生产力和社会的经济结构层面。马克思看到了西方现代化进程中带来的生产力的极大发展和物质财富的增加；相应地，他对未来共产主义社会的展望同样建立在"物质财富极大丰富"的前提中。但20世纪世界的发展（资本主义社会和社会主义社会）给我们提出了一个不可回避的问题：地球的生态和世界的资源是否足以支撑我们在西方现代化模式下生产力的持续发展？答案显然

① 《马克思恩格斯选集》（第一卷），北京：人民出版社，1995年，第285页。
② 马泰·卡林内斯库：《现代性的五副面孔》，顾爱彬等译，北京：商务印书馆，2002年，第18页。

是否定的。囿于时代的限制，马克思当年虽然提出了从根本上变更生产关系的策略，但尚无法预见一种全新的不同于现代资本主义的新的发展模式和增长模式。

第二，资本主义社会的发展具有不平衡性，西方现代化的进程也同样如此。正如美国学者苏贾指出的一样，"如同所有的社会过程一样，现代化的发展在所有的时间和空间都是不平衡的，因而在所有不同的区域性社会形态上留下了颇为不同的历史地理的印记。但是有时，在永远处于积累过程的过去中，它在体系上已成为共时性，同存性地影响了所有处于绝对优势的资本主义社会"。① 马克思主义的现代性理论曾充分地估计了这种不平衡性带来的后果，它不仅使得资本主义社会内部矛盾激化从而产生世界性战争，而且使得社会主义制度在资本主义的薄弱链条获得胜利成为了现实。但即便如此，20世纪的历史表明社会主义在其现代性进程中仍然具有不平衡性；甚至在传统社会主义社会最初的现代化进程中，还不可避免地延续了西方现代化的一些路径。也就是说，传统马克思主义的现代性理论因为时代的局限，并不能提供一种完全替代西方现代化的新的现代化模式和道路。当然，因此苛责马克思和传统社会主义是不公平的。但不可否认的是20世纪现代资本主义不仅没有迅速消亡反而在改革中持续存在；西方现代化进程尽管遭到马克思主义和资本主义内部的各种批判但依然在推进（其负面效应也越来越明显）；社会主义模式下崭新的现代化道路仍旧在曲折中摸索。苏贾指出："各种马克思主义的分析，都有力地表明了资本主义的短暂性及其固有的自我毁灭。但是，这些分析本身并没有解释资本主义之所以继续存在的方式和原因。"② 对此，马克思主义的现代性理论自然需要结合时代和历史的发展对之走出新的解释，并努力寻求一种新的现代化道路。

第三，马克思主义的现代性理论曾精辟地指认现代性社会的流动性和碎片化趋势，自那以后这些趋势在现代社会中表现得日益明显。但是，随着现代科

---

① 爱德华·W.苏贾：《后现代地理学》，王文斌译，北京：商务印书馆，2004年，第42页。
② 爱德华·W.苏贾：《后现代地理学》，王文斌译，北京：商务印书馆，2004年，第158—159页。

技革命（尤其是网络时代的来临），现代社会的人还面临"虚拟化""虚无化"的困境；异化不仅在劳动和生产领域，体现在政治和社会领域，而且更体现在日常生活和意识领域。之所以我们认为西方种种现代性理论有其合理性，就在于它们从不同角度揭示了西方现代化变本加厉地"奴役"现代人这一深刻事实；而这些思想家提出的方案尽管有其局限，但对我们今天思考一种新的现代性理论自有借鉴意义。比如，我们今天更明显地体会到消费对现代人的控制，按照鲍德里亚的论断，其实自20世纪70年代起西方资本主义社会就进入到消费社会，一种物化的逻辑和符号经济的机制使现代人陷入更难摆脱的困境之中，他指出"消费的真相在于它并非一种享受功能，而是一种生产功能——并且因此，它和物质生产一样并非一种个体功能，而是即时且全面的集体功能"[1]。除了消费、网络时代、电子支付、虚拟空间，这些新的现代社会现象都是传统马克思主义现代性理论未曾遭遇的。所以需要一种新的现代性理论对这些新现象做出有效的解释，由此传统的马克思主义现代性理论就需要结合当前时代和社会得以创新性发展。

当然指出传统马克思主义现代性理论因为时代和历史原因所具有的一些不足，并不意味着抛却这一解释模式；事实证明，这一解释模式比之于林林总总的西方现代性理论具有不可比拟的优越性。此外，在20世纪马克思主义发展史上，西方马克主义的很多思想家都曾对现代性理论提出过有益的思考，典型地表现在本雅明对资本主义机械复制艺术的批判、列斐伏尔对西方现代化进程中的空间理论的梳理、法兰克福学派对资本主义的文化工业和工具理性的批判、哈贝马斯对重建现代性的尝试方案等等。这些现代性的思考都具有不同程度的合理性，限于主题和篇幅本文不一一介绍。总之今天我们讲中国式现代化和中国式现代性理论正是要在新的时代结合中国现代化建设的经验，借鉴西方现代性理论的优缺点，尤其是要继承发展马克思主义的现代性理论，为一种全新的中国式现代化提供理论支持。

---

[1] 让·鲍德里亚：《消费社会》，刘成富等译，南京：南京大学出版社，2008年，第60页。

三、中国式现代化框架内的现代性思考

中国式现代化是指中国共产党带领中国人民持续探索而形成的现代化，它自身有一个逐步发展完善的过程。1979年，邓小平在会见日本首相大平正芳时提出："我们要实现的四个现代化，是中国式的四个现代化。我们的四个现代化的概念，不是像你们那样的现代化的概念，而是'小康之家'。"党的十八大根据全面建成小康社会的目标要求，强调加快完善社会主义市场经济体制和加快转变经济发展方式。党的十九大发出了决胜全面建成小康社会的动员令。

中国式现代化具有哪些特征？结合十九届六中全会、二十大报告理论，按照学界概括，中国式现代化既有各国现代化的共同特征，更有基于自己国情的中国特色。中国式现代化与西方现代化有着本质的区别。西方现代化是以资本为中心的现代化、两极分化的现代化、物质主义膨胀的现代化、对外扩张掠夺的现代化。中国式现代化坚持以人民为中心的发展思想，是14亿人口参与、规模巨大的现代化；是不落下一人共同富裕的现代化；是既要物质富足、又要精神富有，物质与精神相协调的现代化；更是人与自然和谐共生、人与人平等相待、国与国和平共处的现代化。不仅如此，中国式现代化还具有鲜明的时代特征，它是新时代中国特色社会主义胜利推进过程中所形成的现代化。中国式现代化既发展自身、又造福世界，是走中国特色社会主义道路、以中国方式建设现代化强大中国，体现了世界发展多样性的新趋势；是中国推动构建人类命运共同体、与世界人民同呼吸共命运的现代化，体现了大国责任与担当。中国式现代化拓展了发展中国家走向现代化的途径，给世界上那些既希望发展又希望保持独立的国家和民族提供了新选择。

需要特别指出的是，我们讲中国式现代化，一方面强调这种现代化是中国特色社会主义现代化，其侧重点是中国国内的现代化建设；尽管我们的现代化具有无可比拟的优越性的，但就这个层面而言它和其他现代化（包括西方现代化和发展中国家的现代化）处于并列位置。更重要的一方面在于，中国式现代化是对此前一切现代化理论的超越，尤其是它克服了西方现代化长期以来解决不了的矛盾，从而将整个人类的现代化推进到一个新的阶段，就这个层面而言它处于相对西方现代化的一个新的质的高点。

任何一种现代化都对应相应的现代性理论，不管这种现代性理论对此现代化是肯定还是批判的态度。如前所述，党的二十大报告明确提出了"中国式现代化"，在接下来中华民族伟大复兴的现代化进程中，一整套的"中国式现代化"将陆续有序地推进。作为理论工作者，我们这里尝试对一种还未完全成型的"中国式现代性理论"进行一些尝试性的思考。

首先，现代社会具有"流动性"和"碎片化"的特征，中国式的现代性思想必须直面现代社会的这一趋势，成为一种带有情感的现代性。我们所需要的现代性，要能抵挡现代社会的"烟消云散"，是要能克服"虚无主义"和"颓废文化"的现代性。在现代西方社会，"高度的技术发展同一种深刻的颓废感显得极其融洽。进步的事实没有被否认，但越来越多的人怀着一种痛苦的失落和异化感来经验进步的后果"。[1]不可否认，这种颓废文化在现今中国也有展现，在我们看来，除了坚持马克思主义指导思想，用新时代中国特色社会主义思想来鼓舞国人之外，中国传统文化的优良资源对于我们克服虚无主义和颓废文化也有重要意义。比如，中国传统文化中的"情本体"思想，它既切合了中国传统社会又沉淀在民族心理中成了"文化基因"。面对现代性和资本的冰冷，这样一种"情本体"在凝聚人心，让中国人在家国情怀中找到"家园感"，从而避免现代人"无家可归状态"的宿命等方面起到重要的作用。

其次，中国式现代性要能正视消费主义和网络时代的兴起带来的冲击，从而弱化和避免西方式现代化造成的物欲横行和人性的失落，它应该是一种合度的现代性。当前随着中国经济的发展，中国在电商、电子支付、5G网络的世界性领先，不可避免地在年轻人中形成了一些过度、提前消费的不良倾向；在一些人的心理也具有"媚俗"的痕迹和畸形的偶像明星崇拜的乱象。我们需要的

① 马泰·卡林内斯库：《现代性的五副面孔》，顾爱彬等译，北京：商务印书馆，2002年，第167页。

现代性，并不排斥反而提倡合理的消费和讯息的传播。在传统中国文化中，适度和中庸就是中国人提倡的人生态度；中国特色社会主义现代化的推进过程本身也是有效处理了发展和稳定的关系。不仅如此，中国式的现代性要能抵制西方"媚俗文化"对国人（尤其是年轻人）的侵蚀；媚俗文化其实质是一种中产阶级的享乐文化，"它是一种放松的享乐主义，因而在本质上是补偿性的。惟其如此，媚俗艺术才可以被定义为一种有计划、有意识地逃避现实的努力"。①我们正经历百年未有之大变局，我们也有幸赶上了中华民族伟大复兴的壮丽事业；故而直面现实而不是逃避现实，在现代化的伟大征程中去创造财富并享受财富带来的幸福才是中国式的现代性应该倡导的维度。

再次，西方现代化给现代西方人带来的普遍的虚无感也是我们需要引以为戒的。现代资本主义的基础是个体主义，西方现代化进程中始终难以处理的是顽固的个体主义和现代社会的整体性之间的冲突。由此产生的公共领域和私人领域的对立也一直困扰现代西方社会，美国学者卡洪曾就现代性公私领域的分裂批评当代西方自由的虚幻，他说：如果一个人仅仅在私生活当中才有自由，那么他就不自由。公共领域中的自由和私人领域中的自由是不可分隔开来的。如果我们不能自由地选取公众王国中的材料来照面，吸收它们和对之重新作阐释，私人王国中就不可能有什么有意义的创造性。因为只有在文化当中——文化是公共的——个体性才能得到发展。"②中国式的现代性应该是能将共同体和个体兼顾的现代性，这种兼顾不仅是利益的兼顾，而且是情感、理想和价值实现层面的兼顾。

配合二十大报告中明确提出的"中国式现代化"，我们认为一种相应的中国式现代性理论亟待探索。当然这同样是一个宏大的理论工程，需要人文和社科领域的理论工作者共同努力。本文仅就中国式现代性所应具备的情感性、合度性和兼顾性做一点粗浅的理论思考。

---

① 马泰·卡林内斯库：《现代性的五副面孔》，顾爱彬等译，北京：商务印书馆，2002年，第263页。
② 劳伦斯·E.卡洪：《现代性的困境》，王志宏译，北京：商务印书馆，2008年，第427页。

作为总体性的共同富裕及其实现路径[①]

毛勒堂[②]

摘　要

新时代中国的共同富裕话语叙事，具有深刻的时代背景和现实依据。共同富裕是一个蕴含丰富内涵和价值维度的总体性范畴。全体人民物质富裕、精神富足、社会和睦、生态和谐，本质地构成共同富裕的基本内容。共同富裕的"总体性"集中体现在"富裕内容"的总体性、"富裕主体"的总体性、"富裕途径"的总体性和"富裕过程"的总体性。实现共同富裕是一个逐步的社会历史过程，有赖于高质量的经济发展、高水平的社会供给、高品质的文化创造以及高自觉的绿色生产生活。共同富裕不是一个凝固不变的价值形态，而是随着社会发展而发生变化的历史性存在。实现共同富裕的过程是人们不断超越现状进而不断提升其生命质量的存在过程。在扎实推动共同富裕的当代中国实践进程中，必须警惕并破除关于共同富裕的各种认知迷误和价值迷思，进而确立共同富裕的总体性视域，以系统性的思维和整体性的方案切实推动共同富裕的建设。

关键词：共同富裕；总体性；中国实践

---

① 本文原载《思想理论教育》2022年第3期。
② 毛勒堂，上海师范大学哲学与法政学院教授，博士生导师，上海师范大学经济哲学研究中心主任，主要从事马克思主义哲学、经济哲学研究。

实现共同富裕是中国人民长久以来的美好生活夙愿，也是中国共产党人矢志不渝的初心和使命。中国特色社会主义进入新时代，人民日益增长的美好生活需要和不平衡不充分发展之间的矛盾不断凸显，从而如何推动共同富裕以满足人民日益增长的美好生活需要，便成为新时代亟待破解的重大现实课题。为此，需要对共同富裕进行广泛而深入的理论研究。本文试图立足总体性的哲学视域，将共同富裕作为一个总体性范畴予以审视和探讨，揭示共同富裕的总体性之维，进而呈现共同富裕的总体性存在结构，以期推动和深化对共同富裕课题的研究。

一、共同富裕的总体性：一个亟待关注的理论课题

共同富裕历来是人类社会追求的美好价值要目，是植根人类内心深处不变的价值渴望和理想追求。譬如，古时就有中国的"大同社会"叙事和西方的"理想国"构想，近世则有中国的"大同世界"话语与西方的"乌托邦"图景。而在当代，发展经济、加强合作、终结贫困，进而促进共同富裕，依然是世界范围内人们共同注目和追求的时代价值。作为马克思列宁主义同中国工人运动相结合的产物，中国共产党自诞生之日起，就把为中国人民谋幸福、为中华民族谋复兴作为自己矢志不渝的初心使命，并把共同富裕规定为社会主义的本质要求，从而将实现全体中国人民的共同富裕作为自己的崇高使命和战略任务。党的十八大以来，中国特色社会主义进入新时代，实现共同富裕的历史性实践步伐不断加快并切实推进。同时，由于当今世界范围内广泛存在的贫富差距现象，使得新时代中国关于扎实推动共同富裕的话语叙事和实践展开，在民众中引发了强烈反响并获得国际社会的普遍关注，激发了国内外学术界的热烈关注和积极探讨，取得了积极的学术成果。然而，我们必须指出的是，一方面，民众在对共同富裕持有强烈的价值认同背后，还在一定程度上存在着对"共同富裕"的认知迷误和价值迷思，缺少对共同富裕的"总体性"理解。另一方面，尽管学术界对共同富裕的研究取得了不少积极成果，但就研究的总体现状来看，仍存在着单向度研究和阐述较多、总体性探讨和阐释不足的现象。因此，亟待

加强对共同富裕课题的整体性研究，揭示共同富裕的"总体性"向度，进而引导人们树立"总体性"的共同富裕观念，从而能够在现实中扎实推动共同富裕的整体性建设。大体而言，当前大众对新时代共同富裕存在的认识迷误和价值迷思，集中表现在以下方面。

一是将共同富裕的内涵狭隘地等同于物质富裕，把促进共同富裕简单地视为拥有更多的经济财富、占有更多的物质产品、获得更多的物质享受，从而对共同富裕采取了物质主义、消费主义的理解定向，缺少对共同富裕价值内涵的"总体性"把握。尽管物质富裕是实现社会富裕、生活充裕和精神富足的重要基础，但若将富裕简单地等同于物质富裕，从而把建设共同富裕仅仅作为占有更多物质财富、实现更多物质满足、获得更多物质享受的实践，那么我们就难免陷入物质主义社会，沦为消费主义动物。这不仅必然造成自然生态灾难，而且会不断引发社会人际冲突，同时因远离人的灵性生命之维而陷于无边的价值虚无主义深渊。

二是将共同富裕教条地理解为共时同步富裕，从而把实现共同富裕机械地理解为同时、同步、同等地实现全体人民富裕。尽管这种"共时同步"的富裕论在当下中国因贫富差距现象突出而符合广泛的民众心理和目标期待，但是这种认知由于在根本上背离经济发展的客观规律以及无视人的自然生命禀赋存在差异化而不切实际。同时，由于中国社会历来具有浓厚的"不患寡而患不均"的文化传统和大众心里，使得"共时同步"富裕论极易滋生"仇富"的社会心理和平均主义的经济要求，从而容易出现对实现共同富裕的冒进心态和激进行为。因而，若这种"共时同步"共同富裕论得不到及时合理的引导和纠偏，无疑会干扰和阻碍扎实推动共同富裕的实践进程。

三是将共同富裕视为触手可及之物，从而把实现共同富裕视为不费吹灰之力即可达至的目标。在持这种观点的人看来，经由40余年改革开放的伟大实践，当代中国全方位发展，取得了举世瞩目的成就，人民生活水平大幅度提高，全面建成小康社会取得历史性成就，脱贫攻坚取得全面胜利，绝对贫困得到历史性解决，因而实现共同富裕指日可待。然而，由于这种观点对共同富裕的丰富内容及其实现的艰巨性、长期性缺少足够的认知，对当代中国依然处在社会主义初级阶段的历史方位缺少清醒的认识，从而对实现共同富裕掉以轻心、过于大意。这无论在思想层面还是在实践方面，皆会对扎实推动共同富裕建设产生消极负面的后果。

四是将共同富裕视为可望不可即的乌托邦，从而把实现共同富裕视为一种缺乏现实性的价值幻象。在持这种观点的人看来，相对于人之不断增长的需求及其满足来说，富裕永远都是一种不能实现的价值幻象，声称实现共同富裕既没有外在的坚实客观基础，也没有内在可靠的人性根据，因而视共同富裕为一种海市蜃楼，可以臆想但不能实现，可以述说却难以企及。这实质上是对共同富裕采取了理念论的认识方式和无为的行为态度，从而陷入对共同富裕的认识迷误和价值迷思。这种态度和观念在建设共同富裕的实践中势必会产生瓦解社会人心、消解大众动力的消极影响，因而需要人们的思想警惕和价值匡正。

与上述大众对共同富裕存在认识偏颇一样，当前学界对共同富裕课题的研究和阐述，也存在着不足和有待深化之处，这集中体现在：单维视角研究较多而整体性研究不够、单向度阐述较多而总体性阐释不足。譬如，有的集中于对共同富裕意义的研究，主要从共同富裕与社会主义本质、共同富裕与党的执政、共同富裕与社会主义基本经济制度、共同富裕与中国式现代化、共同富裕与世界意义等方面展开，认为实现共同富裕是社会主义的本质要求，是巩固党执政基础的内在要求，是社会主义基本经济制度优越性的体现，是中国式现代化的重要特征，进而认为共同富裕的中国实践具有重要的世界意义。有的专注于对共同富裕内涵的解读，主要从生产力和生产关系的统一、物质富裕和精神富裕的统一等方面展开，认为共同富裕是以高度发达的社会生产力为基础，以克服社会两极分化和消解经济社会不平等为前提，从而共同富裕是高度发达的生产力与和谐的生产关系的内在统一，是物质富裕和精神富裕的有机统一，是"富口袋"和"富脑袋"的统一。有的侧重对实现共同富裕路径的探讨，认为收入分配不公造成社会财富差距，进而影响共同富裕的推进，从而主张通过改革和完善收入分配制度促进共同富裕，增加初次分配中劳动所得比重以提升中低收入群体的收入水平，通过完善再分配制度提供强大的社会保障以实现发展成果惠及全体人民，充分发挥第三次分配的积极功效以助力共同富裕的实现进程。有的聚焦于对共同富裕思想史的梳理，考察古今中外的共同富裕思想及其历史演变，并集中于对马克思主义经典作家和中国共产党领导人共同富裕思想的阐发。无疑，学界从不同角度和层面对共同富裕所展开的研究，为人们深化共同富裕问题研究提供了有益的思想基础和学术积累。但是，学界对共同富裕的总体性研究和整体性阐释不够。

上述可见，一方面社会部分民众对共同富裕存在一定程度的片面认识和价值迷误，另一方面学界对共同富裕的整体性研究和总体性阐释存在不足。然而，共同富裕是一个总体性的概念，实现共同富裕也是一个总体性的系统工程。这说明要扎实推动共同富裕建设，不能缺失对共同富裕的总体性把握，需先行确立共同富裕的总体性理念，并揭示和把握共同富裕的总体性内涵。这使得对共同富裕的总体性阐释和整体性研究成为一个亟待加强的理论课题。

二、共同富裕：一种总体性的哲学审视

总体性作为一个重要的哲学范畴首现于黑格尔的著作，指黑格尔哲学中那包罗万象的绝对精神。马克思在批判汲取黑格尔总体性思想的基础上，将总体性锻造为一个以实践为基础，熔自然、社会、精神、人的存在等内容为一炉的有机范畴。马克思认为，自然环境、社会历史、精神文化、人的存在等诸要素经由实践的中介而获得总体性的内在关联和存在结构，使得对其中任何要素的认识及其相互关系的把握，皆不能脱离这个总体的存在结构，从而总体性构成马克思主义哲学的一个重要特征，总体性思维成为马克思主义哲学的重要思维方式。所以，卢卡奇指出："不是经济动机在历史解释中的首要地位，而是总体的观点，使马克思主义同资产阶级科学有决定性的区别。总体范畴，整体对各个部分的全面的、决定性的统治地位，是马克思取自黑格尔并独创性地改造成

116

为一门全新科学的基础方法的本质。"①由于马克思主义哲学把实践视为总体得以发生和存在的基础，从而使总体成为一个实践的总体、历史的总体、具体的总体和辩证的总体，是一个富有生机、充满活力并不断超越现状的存在总体，是一个不断趋向完满、趋近至善的有机总体。总之，总体性范畴是马克思主义哲学的重要范畴，总体性的观点是马克思主义哲学的基本观点，总体性的思维方式是马克思主义哲学的基本思维方式。今天，无论对共同富裕的理论探究，还是在推动共同富裕的具体实践中，皆不能缺失对共同富裕的哲学总体性审视和价值关照。

从语法结构上看，共同富裕是一个限定词组，"共同"是"富裕"的修辞语。因此，要把握"共同富裕"的实质内涵，需先行理解"富裕"的基本意涵。所谓富裕，顾名思义，即富足充裕，尤指财物方面的富裕。事实上，富裕是一个与人们的需求具有本质相关的价值范畴，其在某种意义上是由人们的需要及其满足所规定的。因此，对于富裕的理解和把握必须与人的需求本性结合起来。马克思主义哲学认为，需要乃人之本性，是人们活动和行为的原动力，"任何人如果不同时为了自己的某种需要和为了这种需要的器官而做事，他就什么也不能做"，②而且现实世界中个人对需要的追求具有无限性和广泛性的特征，因为"已经得到满足的第一个需要本身、满足需要的活动和已经获得的为满足需要而用的工具又引起新的需要"。③这使得人的需要是一个不断提升和自我创造的生成过程。而作为现实的个人，其具有自然生命、社会生命和精神生命的存在属性，因而富裕就意味着人的物质生活、社会生活和精神生活到达富足充裕状态，从而共同富裕就意味人们的自然生命需求、社会生命需求、精神生命需求得到普遍而较充分的满足，达到总体生活富足充裕的状态。而新时代的"共同富裕"叙事，具有鲜明的中国特色，指的是"全体人民通过辛勤劳动和相互帮助，普遍达到生活富裕富足、精神自信自强、环境宜居宜业、社会和谐和睦、公共服

① 卢卡奇：《历史与阶级意识》，杜章智等译，北京：商务印书馆，1992年，第76页。
② 《马克思恩格斯全集》（第3卷），北京：人民出版社，1960年，第286页。
③ 《马克思恩格斯文集》（第1卷），北京：人民出版社，2009年，第531页。

务普及普惠，实现人的全面发展和社会全面进步，共享改革发展成果和幸福美好生活"。①因而共同富裕是一个总体性的范畴，内含丰富的思想内容和深刻的价值维度，其"总体性"内涵集中体现在以下方面。

其一，富裕内容的总体性。共同富裕的内容，指涉的是富裕的对象，也就是"什么富裕"的问题。然而，富裕与否的问题是与人的需要及其满足关联在一起的，因而富裕的内容实际上指向人的需要对象的丰富充裕。又由于人的生命是集自然生命、社会生命和精神生命为一体的存在，因而现实的人在维持和发展自身生命的社会生产生活中既有物质需要，又有社会需要，还有精神需要和生态需要等内容，从而人的需要对象就内在地包括物质生活资料、社会交往秩序、精神文化产品以及自然生态资源等内容。而富裕作为体现人之普遍需要得以较充分满足情态的概念，标识着现实中人们的物质生活、社会生活、精神生活和生态生活等内容的丰裕富足状态。可见，共同富裕并非指单一的物质富裕或精神富足，也非单纯的社会富裕或生态富裕，而是集物质富裕、社会富裕、精神富裕、生态富裕等内容为一体的总体性富裕情状，是物质富裕、社会富裕、精神富裕、生态富裕等彼此依存、互为条件、相互拱卫的富裕集合体，其中任何一个方面的富裕缺失或不足，皆会影响到社会总体性共同富裕的面貌。因此，共同富裕是一个具有丰富内容和内在结构的总体性范畴。只有确立起对共同富裕的总体性视域，我们才能深刻领悟新时代追求的共同富裕是一种"普遍达到生活富裕富足、精神自信自强、环境宜居宜业、社会和谐和睦、公共服务普及普惠"的深刻内涵。

其二，富裕主体的总体性。共同富裕的总体性不仅体现在其内容的总体性，还体现在共同富裕主体的总体性。共同富裕的主体问题，实质上是要理清和分辨富裕是"谁之富裕""富裕为谁""依靠谁富裕"等根本问题。由于共同富裕是社会主义的本质要求，是中国式现代化的重要特征，所以新时代中国的共同富裕是一种以全体人民发展为中心的富裕理念和实践活动。正像发展为了人民、

---

① 《中共中央 国务院关于支持浙江高质量发展建设共同富裕示范区的意见》，北京：人民出版社，2020年，第2页。

发展依靠人民、发展成果人民共享一样，新时代中国的共同富裕是为了全体人民富裕、依靠全体人民富裕、发展成果全体人民共享的富裕样式。诚如习近平总书记指出，"我们所说的共同富裕是全体人民共同富裕"而"不是少数人的富裕"。①这意味着，在"谁之富裕""富裕为谁""依靠谁富裕"这一根本的价值主体和价值旨趣问题上，新时代中国的共同富裕追求的是全体人民的富裕而不是少数人的富裕，是全区域的富裕而不是部分地区的富裕，是城乡、区域、行业全方位的富裕，而不是一地、一方、一行的富裕。因此，从富裕主体的角度审视，共同富裕是全体人民、全社会、全区域、全行业共同富裕的总体性富裕，是通过全体人民辛勤劳动和相互帮助而实现的共同富裕。这也意味着，共同富裕的实现不仅是国家和政府的重大使命，也是社会各个方面主体必须担负的自觉责任，更是每一个人要自觉承担的任务。

其三，富裕途径的总体性。正如共同富裕具有丰富的价值内容一样，扎实推动共同富裕的实践，实现共同富裕的价值理想，不能寄希望于借助单一的途径和手段就能实现，而是需要总体性的思路和综合性的措施，既要有理念层面的设计，又要有制度层面的安排，同时需要具体行动层面的落实，从而实现共同富裕需要各种措施多管齐下、多种手段齐头并进。事实上，共同富裕是"富裕"与"共同"的有机结合，二者缺一不可。若只有经济效率层面的"富裕"关注而没有经济关系方面公平正义的"共同"价值关切，共同富裕就只能是一种"镜中月"。同样，若只有"共同"的正义价值关切而缺少"富裕"的财富奠基，共同富裕也必然沦为"水中花"。由于劳动是财富的主体本质及其重要源泉，因而共同富裕的实现，有赖于大力激发全体人民的勤劳智慧，只有通过人民大众的创造性劳动和创新性贡献来创造出丰富的社会财富，方能为共同富裕奠定坚实的财富基础和前提条件。同时，共同富裕的实现还有赖于公平正义的制度设计，使得社会财富合理地流向全体社会成员，为全体人民实现共同富裕创造公平普惠的物质条件，进而推动共同富裕的现实化。因此，共同富裕的实

① 习近平：《扎实推动共同富裕》，《求是》2021年第20期。

现，不仅需要经济效率的财富奠基，同样需要社会公平正义的秩序支撑，从而在经济效率和社会公平正义的有机统一中历史地促进共同富裕的现实化。与此同时，共同富裕的实现有赖于社会各主体、各部门的积极作为，自觉承担各自的责任，发挥自己的优势和付出自己的能力，共同推动共同富裕的实践进程。

其四，富裕过程的总体性。实现共同富裕是一个社会历史过程。就当今中国而言，是一个拥有14亿人口的发展中大国，仍然处于社会主义初级阶段，发展不平衡和不充分依然突出，至使当代中国在推动共同富裕的建设实践中面临诸多巨大挑战。这意味着新时代共同富裕建设实践只能是一个分阶段、分步骤的循序渐进过程。诚如习近平总书记指出："我们要实现14亿人共同富裕，必须脚踏实地，久久为功，不是所有人都同时富裕，也不是所有地区同时达到一个富裕水准，不同人群不仅实现富裕的程度有高有低，时间上也会有先有后，不同地区富裕程度还会存在一定差异，不可能齐头并进。这是一个在动态中向前发展的过程。"①事实上，富裕作为一个与人的需要密切关联的价值范畴，是一个历史的范畴。因为人的需要不是一个静止的存在，而是一个不断生成的社会历史范畴。所以，从人的需要本性及其无限发展的属性方面看，共同富裕作为满足人们美好生活需要的价值项目，是一个过程性和历史性的存在范畴。这就决定了实现共同富裕不可能一蹴而就，而只能是一个逐步的趋近总体富裕的社会历史演进过程。可见，那种把共同富裕视为一个静止的目标并且认为指日可待的观点，与辩证的总体性的共同富裕观念相去甚远，从而是对共同富裕的形而上学之见。

由上可见，共同富裕作为一个总体性的范畴，具有丰富的思想内容和价值意蕴。深入揭示共同富裕的总体性维度及其存在结构，有助于我们全面把握共同富裕的思想内涵，有益于我们在实践中扎实推进共同富裕。那么，如何扎实推动共同富裕建设，作为"总体性"的共同富裕如何可能？这是需要进一步探究的问题。

---

① 习近平：《扎实推动共同富裕》，《求是》2021年第20期。

三、作为总体性的共同富裕的实现路径

共同富裕作为一个历史的过程性的总体性存在，其实现是一个循序渐进、久久为功的社会实践过程，需要多方联动、多措并举、多策共施、多管齐下。笔者以为，作为总体性的共同富裕之可能，需切实做好以下方面的工作。

其一，高质量的经济发展。富裕是共同富裕的重要基础，没有富裕作为前提，共同富裕就如风声月影难以落实，从而没有实现的可能性。富裕的核心要义是富足充裕，尤指财物方面的富足充裕。因此，尽管物质富足、财富充裕不是实现共同富裕的充分条件，但却是其必要条件。由此观之，共同富裕虽然关涉如财富分配等生产关系方面的内容，但其根本问题是社会生产力问题，是创造物质财富问题，核心是经济发展问题，尤其是高质量经济发展。所以，没有高度发展的社会生产力、没有高质量的社会经济发展，富裕就缺少坚实的物质基础，共同富裕就会沦为一句空话。若没有高质量的经济发展奠基，人们不仅难以过上富裕的物质生活，而且整个社会的精神生活、政治生活和社会生活的富裕也难以实现。唯物史观认为，"物质生活的生产方式制约着整个社会生活、政治生活和精神生活的过程"，[①]经济生活是社会生活的基础内容，经济发展是社会发展的重要前提。只有以高度发展的物质生产力和丰富的物质财富为前提，人们富足的精神生活、和谐的政治生活、和睦的社会生活、宜居的生态生活才有现实可能。因此，实现全体人民的共同富裕需要以丰富的社会财富基础、富裕的物质生活为前提，而这在根本上有赖于高质量的经济发展。高质量经济发展，既意味着对经济发展的速度要求，更意味着对经济发展的质量要求，它是经济发展速度和经济发展质量的有机统一。为此，在建设共同富裕的当代中国实践中，要自觉树立和践行五大发展理念，充分激发社会各类主体的创造性和能动性，积极释放各生产要素的效能，从而实现更高质量的经济发展，创造更

---

① 《马克思恩格斯文集》（第2卷），北京：人民出版社，2009年，第591页。

为丰富的物质财富，为新时代扎实推动共同富裕提供坚实的经济基础和充分的物质条件。

其二，高水平的社会供给。物质富裕是共同富裕的重要基础和前提，但物质富裕并非共同富裕的充分条件。共同富裕不是少数人、个别人的富裕，而是全体人民通过辛勤劳动和互帮互助实现丰衣足食、安居乐业的社会富裕状态。然而，在历史和现实中，全体人民劳动创造的社会财富并不会自动普惠大众。相反，在迄今为止的社会历史中，社会财富分配不公和贫富悬殊却是人类社会的常态。这意味着要实现共同富裕，仅仅考虑如何做大蛋糕是不够的，还必须认真研究如何划分蛋糕的问题，从而实现财富的公平分配和合理流向，而这在根本上有赖于正义的制度设计和秩序规范。所以，要扎实推动共同富裕建设实践，既需要充满公平正义的制度供给，为实现共同富裕提供合理分配社会财富的制度基础，又需要具有人道情怀的慈善辅助，为实现共同富裕提供互帮互助的爱心关切和道德关怀。事实上，在依然处于社会主义初级阶段的当代中国建设共同富裕，我们一方面遭遇社会不平衡不充分发展的挑战，另一方面必须直面实现全体人民共同富裕、实现美好生活的价值任务，这使得高水平的社会供给和先进的社会制度安排构成共同富裕得以实现的重要基础和必要环节。为此，需要充分发挥社会主义制度优势，从经济平衡、政治协调、文化引导等方面通盘谋划、精准施策，通过政策设计和措施制定，不断促进和提升基本公共服务均等化水平，进一步完善社会救助体系，积极改进和完善分配制度，充分运用税收和财政手段，逐步缩小和改善城乡、区域、行业、群体之间的贫富差距状况，从而为逐步实现共同富裕创造现实条件。所以，高水平的社会秩序供给是实现共同富裕的重要保障，若缺失高水平的社会秩序供给，共同富裕的实现几乎是不可能的。

其三，高品质的文化创造。诚如前文述及，共同富裕不仅包括物质生活和社会生活的共同富裕，也包括精神生活的共同富足。精神生活富足之所以构成共同富裕不可或缺的内容，是因为精神是人的象征，精神生命是人之生命的重要维度，也是人之为人的重要标识。追求精神生活、渴望精神满足、创构精神家园、实现精神理想，是人之生命的重要内容及其存在形式。因此，共同富裕作为表征人民大众需求获得普遍满足和良好实现的价值概念，内在地包含人们精神生活富足的要义。精神生活共同富足，意味着社会能够为人民大众供给丰富的精神食粮，提供优质的文化产品以及创造有品味的精神生活方式，从而使得大众能够享有富足多彩的精神生活，拥有安稳宁静的精神空间，持有形上高远的精神坐标以及充盈的意义世界。而这一切的实现，皆有赖于高品质的文化创造和高品位的精神生产。为此，需要在全社会大力倡导中国特色社会主义先进文化，强化社会主义核心价值观的引领，打造赞美劳动、讴歌人民、尊重创造的价值氛围，营建劳动光荣、人民伟大、创造光彩的文化空间。与此同时，强力涤荡与社会主义核心价值观格格不入的落后的封建主义等级观念和野蛮的资本主义丛林文化，并以优秀的传统文化和先进的现代文明观念引领和塑造新时代中国人的精神生命。唯其如此，人民大众的文化创造精神和创新智慧才能激发出来，高品质的精神生产和高品位的文化产品方能源源不断，进而使得全体人民的精神生活共同富足才有现实可期！

其四，高自觉的绿色生产生活。大自然不仅是孕育人类的母亲，也是人类生命存在和发展须臾不可脱离的无机身体，这使得人类的富裕生活不仅内在地包含着生态富裕的内容，而且是以良好的自然生态环境为其前提和基础。所以，生态生活良好、环境宜居宜业内在地构成富裕生活的重要维度。没有良好的自然环境，没有可持续的生态基础，那么不仅由于基本的物质生产难以持续而使物质生活富裕落空，而且在破碎的生境和充满污浊的自然环境中是难以建构共同富裕的社会生活、政治生活和精神生活。事实上，生态环境问题是新时代中国在扎实推动共同富裕实践中面临的重大挑战。改革开放以来，中国实现了经济高速增长，社会各方面也取得巨大发展，但是其间我们付出的生态成本和环境代价也是昂贵的。而在进一步实现共同富裕、创造美好生活的现实实践中，我们面临的资源约束和环境赤字问题会不断凸显。这在客观上要求我们在推动共同富裕的实践中，必须更加自觉关注生态修复和环境保护问题，从而需要在全社会形成高度自觉的绿色生产和生活方式。为此，一是在观念层面积极倡导绿色理念，大力批判物质主义、消费主义的人生价值观和消费观念，树立"绿水青山就是金山银山"的生态理念。二是在生活方式方面积极引导人们养成绿色的生活习惯，并运用价格机制、增加消费税等各种经济和法制措施，推动人们形成绿色、健康、文明的生活方式。三是积极推进绿色生产方式，通过运用现代技术、建立高质量的生产标准以及物资循环利用等措施，大力减少发展中的环境代价。要言之，生态富裕是共同富裕的题中应有之义，是实现共同富裕的重要条件，这使得高度自觉的绿色生产和生活方式成为实现共同富裕建设中不可或缺的环节。

总之，共同富裕话语叙事具有深刻的历史背景和现实根据，它是在全面建成小康社会、绝对贫困问题取得历史性解决以及人们对美好生活需要日益增长的现实背景下展开的。共同富裕是一个蕴含丰富内涵和价值维度的总体性范畴，是融富裕内容总体性、富裕主体总体性、富裕途径总体性和富裕过程总体性为一体的有机概念。正因为如此，实现共同富裕是一个逐步的社会历史过程，需要以高质量的经济发展、高水平的社会供给、高品质的文化创造以及高度自觉的绿色生产生活为基础，需要以总体性的视域、系统性的思维以及整体性的实践方案为前提。同时我们必须自觉地认识到，共同富裕不是一个静态的价值目标和凝固的存在形态，其会随着社会历史的发展而发生相应的变化。共同富裕也不是一个不可企及、完美无缺的理念状态，而是通过不懈努力可以实现的社会目标。实现共同富裕的实践过程，实质是当代中国不断超越现状进而不断促进全体人民共同富裕的社会历史过程。

论我国突发公共卫生事件预警信息发布制度的完善

石文龙　胡　晖①

摘　要

　　面对突发公共卫生事件，如何及时、准确地发现疫情并启动预警的信息发布是世界各国都不得不面对的问题。谁来发布，发布什么与发布过程，即预警的主体、客体与程序是预警机制的重要方面。当前我国预警信息发布存在的问题主要表现为：预警主体规定不一致，预警权限配置不合理等方面。在完善预警机制的相关对策方面，我们提出要规定统一的预警主体，划分合理的预警权限等。

　　关键词：突发公共卫生事件；预警；信息发布；完善

　　人类社会的发展历史也是一部与自然界进行斗争的历史。类似于"新冠"疫情这样的突发公共卫生事件，在人类未来社会依旧有再次重现的可能。如何及时、准确地发现疫情并启动预警的信息发布是世界各国都不得不面对的问题。因此，对当下突发公共卫生事件预警信息发布问题不得不进行思考，对这一问题的研究也具有非常重要的意义。

---

① 石文龙，上海师范大学法政学院教授，法学博士，英国牛津大学访问学者，研究方向：宪法学、法理学、当代中国法治建设研究。胡晖，上海师范大学法政学院在读研究生，研究方向：宪法学与行政法学。

一、预警的主体、客体与程序

谁来发布、发布什么与过程等是预警信息发布中的主要问题，即预警的主体、客体与程序。

（一）预警主体

所谓预警主体也称预警决定发布主体，是指组织专家进行研判后作出预警决定并发布预警信息的法定主体。根据《突发事件应对法》《突发公共卫生事件应急条例》等法律法规规定，我国突发公共卫生事件的预警主体是县级以上地方各级政府。但《传染病防治法》等公共卫生领域法律法规的规定与上述法律文件对预警主体的规定不一致。

（二）预警客体

预警机制离不开对预警信息进行发布的制度，预警信息是预警的客体。然而对于预警信息的具体内容并没有被法律界定，目前只是多见于《国家突发事件预警信息发布系统运行管理办法（试行）》和各省级政府发布的突发事件预警信息发布管理办法。下表为我国国务院和地方部分省、直辖市突发事件预警信息发布管理办法中对预警信息内容的规定。通过观察比较，我们不难发现这些规范对预警信息内容的规定有很多相似之处，也有些许不同。其中预警类别、预警级别、起始时间（有的表述为发布时间与预警时效）、可能影响范围、警示事项、应采取的措施和发布单位等是共同内容；此外，个别地区还将事态发展、咨询电话纳入预警信息范围。综合考虑，可以将预警信息的内容界定为：预警类别、预警级别、预警时效、影响范围、警示事项、应急措施、发布单位、事态发展、咨询电话等。

表1　国务院及部分省市对预警信息内容的规定

国务院及省市	名称	预警信息内容
国务院	《国家突发事件预警信息发布系统运行管理办法（试行）》	预警类别、预警级别、起始时间、可能影响范围、警示事项、应采取的措施和发布单位、发布时间等。
安徽	《安徽省突发事件预警信息发布系统运行管理办法（试行）》	预警类别、预警级别、发布时间、可能影响范围、警示事项、应采取的措施和发布单位、预警时效等。
上海	《上海市突发事件预警信息发布管理办法》	预警类型、预警级别、起始时间、可能影响范围、警示事项、应采取的措施和发布单位、发布时间等。
广东	《广东省突发事件预警信息发布管理办法》	发布机关、发布时间、可能发生的突发事件类别、起始时间、可能影响范围、预警级别、警示事项、事态发展、相关措施、咨询电话等。
天津	《天津市突发事件预警信息发布管理办法》	发布单位、发布时间、起始时间、预警级别、发生或可能发生的突发事件类别、可能影响范围、警示事项、建议措施等。
北京	《北京市突发事件总体应急预案（2016年修订）》	突发事件的类别、预警级别、起始时间、可能影响范围、警示事项、应采取的措施和发布机关等。
江苏	《江苏省突发事件预警信息发布管理办法》	发布单位、发布时间、发布事件类别、起始时间、可能影响的范围、预警级别、警示事项、事态发展、相关措施、咨询电话等。

（三）预警信息的处理过程：预警程序

现有的法律法规对突发公共卫生事件预警程序规定的并不完整，但有学者将预警的过程划分为预警的信息收集、早期警示、早期警示的验证与评估和预警发布四个程序步骤。[①]

1. 预警信息收集

预警信息主要有两个来源，分别是预警信息的内部来源与预警信息的外部

---

① 参见金自宁：《风险视角下的突发公共卫生事件预警制度》，《当代法学》2020年第3期，第66—70页。

来源。我们立足于行政机关的立场将信息的来源分为内部与外部：所谓的内部信息来源是指行政机关在履行日常工作时，通过下属机构监测得到的并向有权机关报告的预警信息来源；而外部信息来源，是指任何公民发现危险源向行政机关（包括检测机构）报告而获得信息。

目前内部的信息主要来源于监测和报告这两条路径。我国法律法规赋予疾控机构、医疗机构等负有监测职责的机构，遵循属地原则，及时报告突发公共卫生事件风险信息。为了防止预警信息报告延迟，《突发公共卫生事件应对法》还对信息上报的时限作了具体的规定。[①]具体如图1所示。

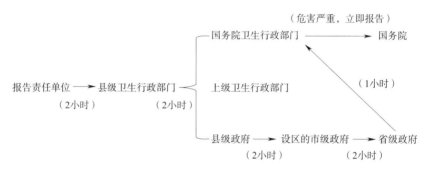

图1　突发公共卫生事件上报时限

根据上图显示，当报告责任单位监测到突发公共卫生事件爆发时，可以在4—9小时内完成上报工作。当突发公共卫生事件可能造成重大社会影响时，国务院卫生行政部门应当立即向国务院报告。

然而，现有法律法规对于信息的外部来源方面的规定就非常简略。目前信息的外部来源主要依靠群众举报、报告突发公共卫生事件有关的信息。《突发事件应对法》《突发公共卫生事件应急条例》与《传染病防治法》都赋予了任何单位和个人就突发公共卫生事件信息向有关人民政府和部门报告的权利；《传染病防治法》与《突发公共卫生事件应急条例》规定了就有关部门不履行报告、应对突发公共卫生事件时的举报制度，而在《突发事件应对法》中却是

---

① 参见《突发公共卫生事件应急条例》第19条、第20条。

空缺的。

2. 早期警示

早期警示是在收集到突发公共事件的信息或者这些信息显示出特定特征时便可以触发的，这一制度需要设定足够灵敏的预警指标来触发，旨在引起行政应急机关和特定目标群体警觉，以便行政应急机关提前干预，将风险控制在萌芽阶段，其目的是在风险未明朗之前及时将风险信息传递到目标群体的一项制度。作为风险沟通的表现之一的早期警示的目标群体是多元的，既包括行政机关也包括特定的社会群体，这里所称的特定目标群体是指身处一线的医护人员和受影响的特定社会公众。因此，可以说报告制度也属于早期预警的表现之一，但报告制度只是早期警示的一方面，早期警示除了要求对上级行政机关履行及时报告义务和对同级机关履行通报职责外，更重要的是需要对参与行政应急部门和诸如身处一线的医护人员及受影响的社会公众发出早期警示。早期警示是风险预防原则在预警程序中的体现之一，但在我国应对突发公共卫生事件的实践中，早期警示或被忽视、或被误用、或被混同，在现有的法律文本中并没有对预警早期警示直接作出规定。但在实践中早期警示与及时报告制度被"画上了等号"。以传染病为例，我国法律法规将法定传染病纳入报告范围，并设定细致的报告阈值；只要达到了设定的阈值，便立刻进行报告。诚然，当公共卫生风险达到阈值时，及时报告是必不可少的，但对行政应急机关及特定目标的群体及时发出警示也是不可或缺的。当行政应急机关收到了早期警示，便可以及时开展应急准备工作；而对特定目标群体而言也能够及时做好自身防护，配合应急处置。尽管当下的法律法规并没有明确规定具体该如何发布早期警示，但早期警示并不只是简单的风险告知，同时还需要采取相应的临时应急措施，这便要求对早期警示程序作出更为具体的规定。

3. 早期警示的验证与评估

早期警示属于预警的一个环节，本质上是基于现有的有限的信息与局限的技术，依据事前确立的阈值指标而做出的预测，其本身与实际情况难免有出入，为了采取更加科学且合乎比例的应对措施，还需要基于专家的科学知识和经验对早期警示的事件的性质、规模、影响范围、危害程度等做出科学上验证与评估，从而确定预警等级。而在法规范层面，《突发事件应对法》第40条与《突发公共卫生事件暂行条例》第26条提出，当突发事件发生后，卫生行政主管部门应当组织专家技术人员对事件的早期警示进行验证和评估，提出应急预警方案，指导行政应急。

4. 预警发布

预警发布是预警程序的最后一个步骤，是专家对早期警示的研判结果，要求根据突发公共卫生事件性质、危害程度、涉及范围划分的预警等级。而我国预警等级被划分为特别重大（Ⅰ级）、重大（Ⅱ级）、较大（Ⅲ级）和一般（Ⅳ级）四个级别，[①] 各自对应红、橙、黄、蓝四种颜色，分别由国务院、省级、地市级、区县级政府启动。预警发布除了发布预警级别之外，还同时发布预警类别、预警时效、影响范围、警示事项、应急措施、发布单位、事态发展、咨询电话等预警信息。

二、当前我国预警信息发布存在的问题

（一）预警主体规定不一致

我国法律法规及其他规范性文件都对预警主体做了规定，但这些规定之间存在着冲突。如下表所示，《突发事件应对法》和《突发公共卫生事件应急条例》都将县级以上地方各级政府作为预警主体；《传染病防治法》却将国务院卫生行政部门和省、自治区、直辖市人民政府作为预警主体；而《国家突发公共卫生事件应急预案》又赋予了各级人民政府卫生行政部门预警的职能。

---

① 参见《突发事件应对法》第42条与《国家突发公共卫生事件应急预案》第1条第3款。

表2　我国法律法规及其他规范性文件对预警主体的规定

性质	名称	具体条款
法律	《突发事件应对法》	第43条　可以预警的自然灾害、事故灾难或者公共卫生事件即将发生或者发生的可能性增大时**县级以上地方各级人民政府**应当根据有关法律、行政法规和国务院规定的权限和程序发布相应级别的警报决定并宣布有关地区进入预警期……
	《传染病防治法》（2013年）	第19条　国家建立传染病预警制度。**国务院卫生行政部门和省、自治区、直辖市人民政府**根据传染病发生、流行趋势的预测，及时发出传染病预警，根据情况予以公布。
行政法规	《突发公共卫生事件应急条例》	第十四条　国家建立统一的突发事件预防控制体系。**县级以上地方人民政府**应当建立和完善突发事件监测与预警系统。县级以上各级人民政府卫生行政主管部门，应当指定机构负责开展突发事件的日常监测，并确保监测与预警系统的正常运行。
行政规范性文件	《国家突发公共卫生事件应急预案》（2006年）	3.2　预警 **各级人民政府卫生行政部门**根据**医疗机构、疾病预防控制机构、卫生监督机构**提供的监测信息按照公共卫生事件的发生、发展规律和特点及时分析其对公众身心健康的危害程度、可能的发展趋势及时做出预警。

从法律的效力位阶来看，《突发事件应对法》与《传染病防治法》的效力高于《国家突发公共卫生事件应急预案》，那么地方人民政府的卫生行政部门是无权作出发布预警决定的。国务院作为中国最高行政机关，其制定的应急预案对地方各级政府的应急预案具有指导意义，但其在预警主体的规定上与上述两部法律均不一致，这会导致解释和适用上的错乱。①但对于省级以下的人民政府是否为预警主体还存在争论，当突发公共卫生事件爆发时很容易造成预警主体之间相互推卸责任，甚至导致预警机制瘫痪。

那么当暴发重大传染疫情或者疑似重大传染病疫情时到底该适用《突发事件应对法》还是《传染病防治法》呢？有一部分学者主张新法优于旧法，认为

---

① 参见金自宁：《风险视角下的突发公共卫生事件预警制度》，《当代法学》2020年第3期，第68页。

2007年制定的《突发事件应对法》应当优于2004年修订的《传染病防治法》。尽管有学者主张现行的《传染病防治法》是2013年修订后的版本，是新法，①但讨论"新法"还是"旧法"是针对具体条款而言的，而2013年修订时也并没有对预警主体作出修订，相对于2007年制定的《突发事件应对法》，《传染病防治法》规定预警主体的条款确实属于旧法。而出现上述法律适用冲突情形时，根据《立法法》规定，应当交由全国人民代表大会常务委员会裁决。②但在人大常委会作出裁决之前，省级以下人民政府是不敢擅自履行预警主体的职责的，因此当重大疫情来袭时，也是等不及全国人大常委会来裁决的。还有一部分学者主张特别法优于一般法，但这里又有两种不同的理解。一种是认为，当传染病疫情达到所谓的"重大"的程度才能适用特别法——《突发事件应对法》，③但让行政机关临危决断何种程度为"重大"传染病具有很强的主观性与不确定性，省级以下人民政府还是不敢轻易决断，还得依靠上级政府来决断；另外一种是从应急领域的角度来看，认为《传染病防治法》是针对传染病防治的专门法，应当是特别法。而且《突发事件应对法》也表示县级以上地方各级人民政府也应当根据其他相关法律法规规定的权限和程序启动预警机制。④预警主体应当依据《传染病防治法》认定为国务院卫生行政部门和省、自治区、直辖市人民政府，这样解释似乎符合了法律适用的原理，但在法理上还有解释不通之处，为何只有传染病的预警主体是国务院卫生行政部门和省级人民政府，而其他突发公共卫生事件的预警主体是县级以上各级人民政府？⑤因此这两部法律在预警主体的规定上仍旧要作出统一。

---

① 参见汪再祥：《预警：突发公共卫生事件应对中缺失的环节》，《法学评论》2020年第2期，第151页。
② 参见《立法法》第94条。
③ 参见苏华伟：《完善突发公共卫生事件预警机制的思考和建议》，http://www.acla.org.cn/article/page/detailById/27104，最后访问日期：2020年11月8日。
④ 参见《突发事件应对法》第43条。
⑤ 参见汪再祥：《预警：突发公共卫生事件应对中缺失的环节》，《法学评论》2020年第2期，第152页。

（二）预警权限配置不合理

1. 四层级预警等级设置不科学

我国预警等级根据事态紧急情况的不同设定了四个等级，其中一级预警为最高级别的预警，但这种四级设定存在着诸多不合理之处。首先，预警级别划分得越多代表着认定不同级别的标准就越精细，也越不利于预警机制的实际操作。我国突发公共卫生事件的预警级别划分是依据《突发公共卫生事件分级标准》，对既往医学已经掌握发病机理的疾病设定监测标准相对容易，但对于如新冠肺炎这类新型疾病的监测，由于在早期缺乏一定的临床信息基础，无法提前做出一个精确的预警启动标准。另一方面，相对于新型疾病而言，对已经掌握发病机理的疾病，依据现有的医疗技术，做出及时、准确的预警的难度相对较低，而那些未知且具有严重破坏性的新型病毒、新型疾病才是检验我们的预警机制是否灵敏的试金石。如果要设定更多层级的预警等级，那么对应的预警级别标准也愈发精细化，但面临未知的风险，是要"决策于未知之中"，我们的行政机关需要足够的自由裁量空间，如果对预警级别标准规定得过于细致或者无区分度，那么容易让我们的预警机关在面临预警决策时无所适从。具体言之，在这些可以启动预警机制的标准中最主要的是确诊病例人数，对于已经被现代医学所掌握的疾病，我们的医疗机构、疾控中心能够进行准确的诊断，得出确切的确诊人数，再根据对应的预警阈值标准发出预警。如此，这一路径是通畅的。但面对新发传染病或者其他群体性原因不明疾病，一线医学专家也难以在较短的时间内作出诊断，而此时只有根据有限的线索，判断其具有传染性或者同源性等危害性，从而得出的确诊人数，但这个结论与实际情况很容易产生巨大误差；如果预警等级划分得过于精细，不同预警级别之间的阈值很容易被"越过"，从而无法确定准确的预警等级。如果要减少误差，得出准确的一线数据，需要医学专家花费大量时间与精力来进行更细致的研究，但预警务必及时，是容不得专家花费过多的时间得出明确结论的。

尽管《突发事件应对法》将预警等级划分为四个等级，但不同等级所对应的应急措施的区分度也不大。一、二级预警对应的应急措施强度相同，三、四级预警所对应的措施也无差别，而且三、四级预警所对应的措施与一、二级之间强度差别也不大；根据应急法治原则的要求，不同等级的预警所对应的应急措施强度应当不同。因此，尽管是四级预警制度，实则只有两个等级的预警，这也导致，在现有预警等级划分体系下，划分不同的预警等级的作用不明显。此外，现有预警级别宣告难以让一般社会公众理解，也不利行政应急机关操作。从一级预警到四级预警，对一般社会公众而言是难以感知这个紧急梯度的意义的，甚至还容易让人误认为四级预警的级别更高。在此次应对新冠肺炎疫情的过程中，全国各地普遍采用的是高、中、低风险宣告而不是采用四级预警等级宣告，这个现象值得我们注意。从汉语语言的角度看，"高、中、低风险"相对于"一到四级预警"而言更通俗易懂，也更为大部分人接受。从等级划分角度看，风险等级只有高、中、低三层次相对于四个级别的预警更便于行政应急机关操作。但风险等级宣告不同于预警等级宣告，我国在此次应对新冠肺炎疫情过程的实践做法实质上代替了预警等级宣告，不得不引起对现有预警机制预警等级设定的反思。

2. 地方人民政府预警权限过小

我国的预警等级被划分为四个层级，分别由国务院、省级、地市级、区县级政府启动。我们很容易发现，县级人民政府的预警权是非常小的，只能做出第四等级（最低等级）的预警宣告。公共卫生事件在大范围扩散之前也只是出现在一村一镇一县的区域，县级人民政府作为最低别预警主体是最先监测到警情的，但我国现有的突发公共卫生事件应急机制赋予地方的预警权很小。突发公共卫生事件的爆发具有突发性与极强的破坏性，当县级人民政府监测到预警信息时，由于最低等级预警的门槛和上限阈值都设定得比较低，待其事态已经恶化到突破了其能够发布的预警等级权限了，地方政府已经"无所适从"，只能指望上报给上级人民政府决定发布预警。首先，过度限制地方政府的预警权，导致地方政府无法及时做出与风险等级相对应的预警等级宣告。其次，预警权力被上级人民政府牢牢掌控，容易让地方人民政府产生依赖性，事无巨细全交由上级政府发布预警决定。如此，最先监测到预警信息的县级人民政府无权发布高级别的预警宣告，且容易依赖上级政府来决策，导致地方政府在应对思维上"盯着上面看"，忽视了自身的灵活主动性。

三、完善预警机制的相关对策

（一）规定统一的预警主体

不同法律法规间对预警主体的规定存在冲突，导致在应对突发公共卫生事件的实践中，地方政府不敢也不愿意主动承担起预警责任，容易出现推诿扯皮。为了解决现有预警主体规定存在的困境，笔者建议将各法律法规中的预警主体统一规定为县级以上人民政府和国务院卫生行政部门，赋予县级人民政府更大的预警权。

首先，简政放权是国家深化行政体制改革、实现国家治理能力现代化的必然要求。我国《宪法》规定，地方政府需要在中央的统一领导下，充分发挥地方的主动性、积极性。[①]但我国以往的行政体制过于强化中央领导，而忽视了发挥地方能动性、积极性。从1982年到2020年，我国一共经历了八轮行政体制改革，但从2013年开启的第七轮行政体制改革才开始重点着力于简政放权和职能转变的改革着力点，提出"放管服"（简政放权、放管结合、优化服务的简称）的改革目标，改革的深度、广度和力度是以往几轮改革不能比拟的。而我国《传染病防治法》制定于1989年，在2004年修改时才引入预警制度，当时规定省级人民政府和国务院卫生行政部门为预警主体，后续在2013年修改时对预警主体内容也未作修改，《传染病防治法》涉及预警主体的法条在2004年的这个时间背景下制定的。但在党的十八大之前，我国行政体制的过于强调中央领导，不敢赋予地方政府过多过大的行政权力，倾向于将行政权力牢牢把控在更高一级政府的手里面，地方政府事无巨细都需要报上级政府批准，加上2004年《传

---

① 参见《宪法》第3条。

染病防治法》是在刚刚平息"非典"疫情之后开始着手修订的，立法者便更倾向将预警权牢牢掌握在级别更高的行政机关手里面。但几年之后的制定的《突发事件应对法》就赋予了县级以上地方各级人民政府预警权，而《传染病防治法》一直未对预警主体的条款作出修改。其实，为了实现国家治理能力现代化，我国的行政体制不能过于强调中央领导，应当着重于发挥地方的主动性、积极性。而传染病防治或者称应对突发公共卫生事件，是社会治理的重点任务，不能只强调中央领导，还应赋予地方各级政府更广泛更能动的行政应急权，发挥地方政府的能动性。这也是我国当下行政体制改革的要求。

其次，赋予县级以上地方人民政府预警主体资格，更有利于及时、精准地启动预警机制。县级人民政府是最先接收到预警信息的地方人民政府，具有独有的信息优势。从信息传递角度而言，一方面，待传递层级越高，意味着需要花在信息传递上的时间越久；另一方面，待传递层级越高，最终获得的信息的真实性与完整性会受到不同程度的减损。从行政决策的逻辑角度而言，县级人民政府作为直接收集监测信息的第一责任主体，由其作出预警决定更及时更准确，而省级人民政府或者国务院卫生行政部门不具有直接收集监测信息的条件与职责的行政主体，由其作出预警决策，这与"审案的人不断案"一样，难以确保所作的预警决定的及时性与准确性，也不符合行政决策的逻辑。其中，2020年2月国务院发布的《关于科学防治精准施策分区分级做好新冠肺炎疫情防控工作的指导意见》中也要求以县（市、区、旗）为单位，依据人口、发病情况综合研判，科学划分疫情风险等级；[①]上海市在2020年11月也是创造性地以村、镇等更小的单位来宣告风险等级[②]。

最后，将预警主体统一确定为县级以上地方各级人民政府，有利于保障预警制度体系的统一性。如上文所论述的，除了《传染病防治法》规定传染病的

① 参见国务院联防联控机制印发《关于科学防治精准施策分区分级做好新冠肺炎疫情防控工作的指导意见》，http://www.gov.cn/xinwen/2020-02/18/content_5480514.htm，最后访问日期：2020年11月23日。
② 参见《疫情防控新闻发布会|浦东新区周浦镇明天华城小区列为中风险地区，上海市其他区域风险等级不变》，https://www.sohu.com/na/433298431_120244154，最后访问日期：2020年11月23日。

预警主体为省级地方人民政府和国务院卫生行政部门之外，其他突发公共卫生事件或者其他突发事件的预警主体都是县级以上地方各级人民政府。诚然，重大传染病会对国家、社会造成巨大影响，但其他突发公共卫生事件的影响也不一定就亚于重大传染病，唯独将传染病的预警主体设定"高级别"行政机关实在没有必要。将预警主体统一为县级以上地方各级人民政府，那么无论是对传染病还是其他突发公共卫生事件，都是同一个预警责任主体，能够明确地方人民政府尤其是县级人民政府的预警责任范围，增强预警主体意识，避免陷入不必要的"是否有预警权"的讨论，从而陷入延误预警时间的尴尬处境。

（二）划分合理的预警权限

根据现有预警体系，县级人民政府只能发布最低级别的预警。为此，不少学者主张扩大县级人民政府的预警权限，甚至有学者主张县级人民政府应当有发布全部预警级别的权力。但笔者认为，扩大县级人民政府预警权限不一定需要赋予其可宣告更高级别预警等级的权力，还可以通过扩大预警主体行使预警权力的自由裁量空间，增加预警机制的可操作性，让预警机制得到灵敏启动。基层人民政府作为最先获取风险信息的预警主体，具有及时启动预警机制的最佳条件，发挥其预警职能，则不宜要求作过于精细的预警等级标准划分。预警等级划分得越多意味着需要制定越细致的标准。以新型突发传染病为例，只有待其发展到一定程度才能被监测出来，若是预警阈值划分过于精细，那此时往往会突破了地方政府可以发布的预警级别的上限，不得不依赖上级政府启动预警，容易忽视自身的能动性，导致预警机制启动不及时，难以发布准确的预警等级。我们将预警等级分为三级，适当拉大不同等级阈值之间的差距，但同时降低最低风险等级的预警门槛，这样对于各级预警机关，尤其是对于身处警情一线的基层人民政府而言，行使预警权力时更为游刃有余；不仅能够及时启动预警机制，更能增强基层政府应急使命感。为此，笔者主张构建三层级预警等级划分体系。

那么该如何构建呢？首先，三级预警等级的名称可以一改以往用数字表示预警等级的方式，吸收借鉴今年全国各地在应对"新冠"肺炎疫情过程中的做法，将风险等级分为"高风险等级预警""中风险等级预警"与"低风险等级预警"，分别由省级、地级市级、县级人民政府参照对应预警阈值标准发布；而国务院则依据自身权限或全国人大及其常委会授权宣布紧急状态。由于预警的效力是具有属地属性的，同时也具有属人属性，可以配合现有的依据网络信息技术构建的"健康码"技术，筛查出那些对传播途径了已经作出风险等级预警宣告的地区的个人，实现能够针对到具体个人的精细化预警。另外，国外也并非一律采用数字等级表示不同等级的预警，以英国为例，英国基于评估突发公共卫生事件的传播范围、传播途径、危害程度等多方面因素，将预警标准划分为金、银、铜三级标准。其次，"高风险等级预警""中风险等级预警"与"低风险等级预警"所对应的应急措施的强度也应当有梯度性。作出"高风险等级预警"之后，事态还未得到控制，且情况危急，可以宣告进入"紧急状态"，采取最严格的应急措施，在这一方面，应当在将来制定的《紧急状态法》中做好衔接。在作出"中风险等级预警"和"低风险等级预警"时，所采取的应急措施相比较与"高风险等级预警"，对公民的权利与自由的限制的力度相对要小一些，这一点有待后续立法进行更为细致科学的界分。

总之，预警信息发布制度是预警机制中的重要内容，在具体的操作中也包括了很多环节，值得我们结合具体的实践进行深入思考与研究。

"人民至上"观的传统政治伦理基础[①]

张自慧[②]

摘 要

　　"人民至上"思想是中国共产党政治伦理观的重要内容，其滥觞于马克思、恩格斯的群众史观，是马克思主义中国化的产物。群众史观之所以能跨越历史时空、以"人民至上"的言说和实践方式植根于中国而没有出现"水土不服"的现象，与中国传统文化特别是先秦儒家政治伦理有着密切关系。从历史维度看，先秦儒家政治伦理所揭示的历史本体论思想，奠定了"人民至上"观的传统政治伦理基础。具言之，"天命德延""敬德保民"是"人民至上"观所遵循的历史规律，"民为邦本""本固邦宁"是其所依托的历史主体，"凯弟君子，民之父母"是其所建基的历史动力，"以天下为己任""为万世开太平"是其所彰显的历史价值。从现实视域看，先秦儒家以"民本"为核心的政治伦理，为由马克思和恩格斯孕育、中国共产党播撒的"人民至上"的种子，提供了在中华大地上生根、发芽、开花、结果的肥田沃土。概言之，"人民至上"观与先秦儒家政治伦理不仅"遥契"而且"魂通"。

　　关键词：人民至上；政治伦理；历史本体论；民本

---

① 本文系国家社科基金项目"先秦元典中的中华民族文化基因研究"（15BZS034）的后期成果，上海市社科规划一般课题"先秦儒家礼乐教化的'融通化成'模式及其当代价值研究"（2022BKS012）的阶段性成果。
② 张自慧，上海师范大学哲学与法政学院哲学系主任，教授，博士生导师。

"人民至上"是中国共产党所秉持的政治伦理观，它以人民利益为中心设计国家的政治制度和政治生活样式，是治国理政的基本伦理原则。政治伦理是指政治主体在执掌国家政权或参与国家治理的过程中处理各种事务和关系所遵循的伦理准则及其所体现的道德精神。一个政党所秉持的政治伦理的正当性决定其治国理政能力的强弱与效果的好坏，也决定其生命力的久暂。从历史视域看，"人民至上"观滥觞于马克思、恩格斯的群众史观，是马克思主义中国化的产物。马克思主义的群众史观之所以能跨越历史时空，以"人民至上"的言说与实践方式植根于中国而没有出现"水土不服"的现象，既与中国共产党作为无产阶级政党的党性有关，也与先秦儒家政治伦理思想中的"民本""家国天下"等理念密不可分。从文明叙事的维度看，先秦儒家政治伦理所阐发的历史本体论思想，为"人民至上"观奠定了坚实的历史本体论基础。历史本体论是对客观历史本质的反思，是对复杂历史现象背后必然性的探求，关涉对历史规律、历史主体、历史动力、历史价值等的思考与追问。先秦儒家的政治伦理在上述四方面为"人民至上"观提供了历史本体论依据，具言之，"人民至上"观所遵循的历史规律、依托的历史主体、建基的历史动力、彰显的历史价值皆与先秦儒家的政治伦理"遥契"和"魂通"。

一、天命德延、敬德保民："人民至上"观遵循的历史规律

"天命德延"是中国历史走向的"罗盘"。对一个民族而言，历史与文化不可分割，二者共同支撑着民族之存立，彰显着民族之精神。因此，历史规律常常蕴藏在民族文化之中。对西方基督教文化而言，上帝是造物主，自然界和社会的秩序是由上帝安排的，因此，服从自然秩序和社会秩序就是服从上帝，这种服从构成了西方社会伦理和道德的基础。在中国古代文化中，"天"在宇宙中居于"首出"之位，人们尊奉"惟天地万物父母，惟人万物之灵"的观念，笃信"有天地，然后万物生焉"（《易传·序卦》），"人为天之所生，地之所

覆载"①。因此，先秦儒家政治伦理的源头是具有神圣性的"天"或"天命"，"天"是中华先民的准宗教信仰，其宗教精神表现为"中国人对'天'或'帝'的那种'小心翼翼'的谦恭情感"②。"天"不仅以日月流转、风雨雷电等可以感知的"形下"存在，左右着四季之更替，敬授着"人时"之移易；而且以"天命德延""天人合德"等"形上"意识，影响着中国历史的走向，贞定着家国的未来。"天命"是"天道之流行而赋于物者，乃事物所以当然之故也"③。相较之下，"天道"比"天命"更为根本，更具有本原性，是历史必然性层面的概念。按照中国文化"天人合一"的叙事逻辑，如果说"天命"是当政者无法挣脱的"宿命"，那么"天道"则是先秦儒家政治观的"元伦理"和人道效仿的"元范型"。

　　"皇天无亲，惟德是辅"是中华先民心中的"天道"。先秦政治伦理肇始于一个具有"思想史意义"的历史事件——"小邦周"战胜"大邦殷"的"牧野之战"。这场彻底改变中国历史和文明走向的战争，揭开了"天"或"天命"的神秘面纱，引发了王国维关于"中国政治与文化之变革，莫剧于殷、周之际"④的感叹。一个崇信"天命"、物质文明高度发达的强大王朝的快速覆灭，使周人对所谓的"天命"产生了强烈质疑，其统治者悟出了"皇天无亲，惟德是辅"的"天道"，并由此催生了中华先民的主体意识，拉开了中国人文主义的序幕。《尚书·召诰》曰："我不可不监于有夏，亦不可不监于有殷。……不其延，惟不敬厥德，乃早坠厥命。"殷周巨变打破了商纣王信奉的"我生有命在天"的神话，把"天命的不可移易"变为"天命可以以人之'德'而转移"。基于"殷鉴"，周公将"明德"作为统治者遵奉的政治纲领，推行"以德居位""以德配天"的贤人政治，奠定了西周王朝的统治根基；他以礼乐纲纪天下，"纳上下于道德"⑤，找到了决定历史发展方向的"天道"，奠定了先秦政治伦理的柱础。

①　方东美：《中国哲学精神及其发展》（上），北京：中华书局，2012年，第66页。
②　钱穆：《中国文化精神》，北京：九州出版社，2011年，第159页。
③　朱熹：《四书章句集注》，北京：中华书局，1983年，第54页。
④　王国维：《殷周制度论》，周锡山编校《王国维集》（第4册），北京：中国社会科学出版社，2008年，第124页。
⑤　王国维：《观堂集林》，石家庄：河北教育出版社，2003年，第287—288页。

　　"敬德保民"是符合"天道"的"人道"。周人从殷商灭亡的教训中认识到，皇天之"命"只眷顾有"德"的统治者，而判断为政者有德无德的标准是其"爱民"与否。上天在为民"作之君，作之师"的同时，还通过倾听百姓心声来制约和惩罚那些作恶和失职的"大君"，保护处于弱势的下民。"天听自我民听，天视自我民视"，"听"在"天""民"之间建立了沟通的渠道，构筑起独特的文化机制，即"天矜于民，民之所欲，天必从之"（《尚书·泰誓上》）。因为上天是通过"民"之喜怒哀乐的情绪来判断"政德"的，所以周朝统治者设立采诗官制度，以图通过诗之"兴观群怨"，让上天听到"民声"，来验证为政者之"政德"；更重要的是，为政者要先听"民声"以了解百姓疾怨，为自己提供一面自照自省自律的"镜子"，以实现德配天地、天命永祈的目标。如果说"天"或"天命"是先秦儒家政治伦理发挥作用的前提，那么"敬德"就是"天意"与"民心"相通的灵媒。因此，西周的政治文化以"敬德保民"为宗旨，其宗教文化以"天民合一"①为特征。正如王国维在《殷周制度论》中所说，古之圣人"深知夫一姓之福祚与万姓之福祚是一非二，又知一姓万姓之福祚与其道德是一非二，故其所以祈天永命者，乃在德与民二字"。②周公是"敬德保民"思想和先秦儒家政治伦理的奠基者，孔子继承周公之志，提出了"为政以德""为国以礼"的政治治理理念。"周孔之道"使"天命德延""敬德保民""以德配天""顺乎天而应乎人"的历史规律清晰地呈现于先秦儒家的政治伦理之中，并成为判断一个政权是否具有合法性的依据。这也是中国共产党的"人民至上"观所遵循的政治伦理和历史规律。

二、民为邦本、本固邦宁："人民至上"观依托的历史主体

　　人是历史的存在物，人民是历史的主体。这不仅是唯物史观的要旨，也是

---

① 陈来：《古代思想文化的世界——春秋时代的宗教、伦理与社会思想》，北京：北京大学出版社，2017年，第12—13页。

② 王国维：《观堂集林》，石家庄：河北教育出版社，2003年，第301—302页。

先秦儒家政治伦理中民本理念的意涵。"历史便是人生"[①]，"历史本就是个体与群体、社会、国家、人类各种不同关系的生存生活和命运"。[②]这表明，由个体汇集而成的人民是历史的主体。其实，民本理念在中国早已深入人心，在我国最早的政论典籍《尚书》中已出现"民本"思想的萌芽，"民惟邦本，本固邦宁"就出自其中的伪古文《五子之歌》）。"《尚书》言治之意者，则惟言庶民。《康诰》以下九篇，周之经纶天下之道胥在焉，其书皆以民为言。《召诰》一篇，言之尤为反覆详尽，曰'命'，曰'天'，曰'民'，曰'德'，四者一以贯之。"[③]《尧典》中的"克明俊德，以亲九族""平章百姓""协和万邦"，《大禹谟》中的"德惟善政，政在养民"，都是古代圣王尚民思想的体现，也是后世"民本"思想的端绪。西周统治者为了"天命永祈"，明确以"保民"作为得到"天命"青睐和眷顾的重要手段。进入阶级社会后，尽管"民"由过去王者心中的"天"跌落为统治阶级压迫和剥削的"草芥百姓"，"民为邦本"也被"君主至上"所取代，但民本观念作为流淌在中华民族血脉中的文化基因，依然得到了历代社会精英的传承与秉持，并通过"文人政治"在一定程度上影响着历代帝王和国家政治。春秋战国时期，思想家们进一步看到了"民"的价值与意义，"民"不仅是邦之本、君之本，甚至被提到"神之主"的地位。据《左传》记载，季梁对随侯曰："夫民，神之主也，是以圣王先成民而后致力于神。"（《季梁谏追楚师》）先秦儒家对民本思想进行了精深的阐释，孔子主张"泛爱众而亲仁""节用而爱人"（《论语·学而》），孟子认为"得天下有道：得其民，斯得天下矣；得其民有道：得其心，斯得民矣"（《孟子·离娄上》）。到了汉代，司马迁在《史记》中明确提出了"王者以民人为天"（《郦生陆贾列传》）的主张，这里的"民人"就是指人民大众。

"以民为本"是君民关系的核心。荀子认为："天之生民，非为君也。天之

① 钱穆：《中国历史精神》，香港：邓镜波学校印刷，1964年，第4页。
② 李泽厚、刘悦笛：《历史、伦理与形而上学》，《探索与争鸣》2020年第1期。
③ 王国维：《殷周制度论》，周锡山编校《王国维集》（第4册），北京：中国社会科学出版社，2008年，第135页。

立君，以为民也。"(《荀子·大略》)他告诉世人，"君"因民而设，"国"赖民而存，为政者应基于自己的天职亲近民众并承担重任。孟子则喊出了"民为贵，社稷次之，君为轻"(《孟子·尽心下》)的醒世之言。在儒家看来，爱民、仁民不应仅是动听的口号，而应是为政者的天职。《尚书·洪范》篇有"天子作民父母，以为天下王"之语，"天子"和各级"父母官"是接受上天赋予的使命来代行"天职"的，以民为本是其应尽的本分。从中国历史的叙事逻辑看："天地生君子，君子理天地。君子者，天地之参也，万物之总也，民之父母也。"(《荀子·王制》)这里的"君子"乃指参天地之化育、管理天下百姓和万物的君王和为政者，他们是沟通天地和人类万物的中枢，是协调自然秩序和人伦秩序的关键。从政治正当性上看，既然君王代天统理民众，就理应仁民爱民，而民众亦自当事之如父母。先秦儒家以父母与子女的关系来比拟君民关系，旨在强调民在君心中的重要性以及君"以民为本"的必然性。

"仁民""邦宁"是政治伦理的要旨。先秦儒家的"道之以德，齐之以礼"(《论语·为政》)，"亲亲而仁民，仁民而爱物"(《孟子·尽心上》)，"不富无以养民情，不教无以理民性"(《荀子·大略》)等，都是"仁民"思想的体现。孔子就把"养民""富民""安民"视为当政者的首要任务，要求其实行惠民政策，"因民之所利而利之"，"择可劳而劳之"，做到"惠而不费，劳而不怨"(《论语·尧曰》)。孟子则把"土地、人民、政事"视为诸侯之三宝(《孟子·尽心下》)，要求其"重民""保民""使民有恒产"，做到"乐民之乐""忧民之忧"(《孟子·梁惠王下》)。荀子认为"知爱民之为安国也"(《荀子·君道》)，并以"君者，舟也；庶人者，水也。水则载舟，水则覆舟"(《荀子·王制》)为喻，阐明民众与君位安危、国家兴亡的关系，"故有社稷者而不能爱民，不能利民，而求民之亲爱己，不可得也"。(《荀子·君道》)可见，君之权力的巩固和拥有、国之秩序的稳定和安宁，皆以得民心为前提，得民心则得天下。因此，"善生养人"与"善班治人""善显设人""善藩饰人"一起被视为"君之道"，"四统者俱"则"天下归之"；"四统者亡"则"天下去之"(《荀子·君道》)。荀子还在"富民""保民"的基础上进一步提出富国强国的任务，认为"裕民以政"才会民富国强，民富国强方可外服四夷，最终达至邦国安宁的目标。同时，先秦儒家反对暴政、苛政，反对用杀戮的手段来治理国家。在其典籍中，塑造了以尧、舜、禹、汤、文、武、周公为代表的圣王群像，旨在让这些以"仁民""邦宁"为天职的圣王成为后世君王学习和效仿的榜样。

综上，先秦儒家认为，民众是政权得以存在的根本，是国家兴亡、社会有序的决定力量；"仁民"、"保民"、筑牢邦国安宁之基是为政者义不容辞的天职，中国共产党的"江山就是人民，人民就是江山"思想与儒家的历史主体意识一脉相承，是"得民心者得天下"这一历史"铁律"的当代彰显。

三、凯弟君子、民之父母："人民至上"观建基的历史动力

"凯弟君子，民之父母"是中国社会的中流砥柱。唯物史观认为，人民是推动历史进步的根本动力，各级为政者既是人民群众集体力量的组织者和领导者，又是人民队伍中的一员，其对历史动力的凝聚与形成具有重要作用。在中国古代乃至今日，天下百姓皆习惯将为官一任、造福一方的官员称为"民之父母"或"父母官"，对其寄予期待和厚望。从实践上看，为政者历史作用的大小、工作动力的强弱与工作成效的好坏，不仅与其道德素养、执政能力相关，而且与其遵行的执政理念和政治伦理思想关系密切。在先秦儒家的政治伦理中，理想的为政者被称为"凯弟君子"，其指具有宽厚与敬序之德的君子。"凯弟"一词在《礼记》中多用，其在《诗经·大雅》中表述为"岂弟"，《国语》《左传》等文献引用《诗经》时，又常将其写作"恺悌"。"恺者，大也；悌者，长也。"（《吕氏春秋·不屈》）《诗经》中多以"岂弟君子"或"乐只君子"来褒扬那些仁爱民众、尽心尽职的当政者，誉其为"邦家之基""邦家之光"（《诗经·小雅·南山有台》）。"凯弟君子，民之父母"（《礼记·表记》）并用，旨在言说具有"恺悌"之德的君子与"为民父母"的为政者之间的内在关联，这种凝聚着历史理性和规律的思想彰显了先秦儒家政治伦理的卓越智慧。"民之父母"的

政治伦理肇始于周王室的政治自觉，衍展和完善于《诗》《书》①等"五经"典籍，贯穿和成熟于先秦儒家的思想之中。另外，在出土的战国楚竹书中，也有一篇被命名为"民之父母"的文献，阐述了有类于《礼记·孔子闲居》中"五至""三无"的"为民父母之道"。这在一定程度上表明，先秦时期的"民之父母"观念并非偶然或零散的思想火花，而是有着深厚社会基础和丰富经典依据的政治伦理智慧，其与华夏民族"家国天下"的社会结构息息相关。儒家常将一国之君王比作一家之父母，认为只有"作民父母"者才能把对一家之爱升华和扩展为对邦国、天下民众的关切与仁爱；为政者既然是"民之父母"，理当像父母爱子女那样对民众"如保赤子"。儒家依此理路建构起一个能量充沛的动力机制，赋予了当政者作为历史"中流砥柱"的不竭动力。

"凯弟君子，民之父母"以道德人格汇聚社会向心力。为政者欲赢得民心，就需以自己的道德人格为民表率。《韩诗外传》云：君子为民父母何如？曰："君子者，貌恭而行肆，身俭而施博，……笃爱而不夺，厚施而不伐。……是以中立而为人父母也。筑城而居之，别田而养之，立学以教之，使人知亲尊。"②这里的"为民父母"者既有外在的"貌恭行肆""身俭施博"的人格形象，又有内在的"笃爱""包容""中正"的德性修养，还有养民、富民、教民的责任担当。《诗经·大雅·泂酌》呈现了"民之父母"通过"挹彼注兹"的"爱民"之行让"民之攸归""民之攸墍"，以赢得百姓心悦和爱戴的场景。在《礼记》《大戴礼记》等传世文献中，皆有对"民之父母"德行的褒扬，如"清明在躬""纯德孔明"（《礼记·孔子闲居》），"其仁为大"（《大戴礼记·卫将军文子》），"政善则民说（悦），民说则归之如流水，亲之如父母"（《大戴礼记·小辨》）等。同时，"民之父母"不仅有"爱民如子"的胸怀，而且有以远济近、化浊为清的智慧。这种具备"恺悌君子"之德行且赢得民众尊敬的"民之父母"并非是遥不可及的幻象，历代圣王如周文王、商汤、周武王等都是这样的典范，故荀子有言：

---

① 《尚书·洪范》中表达为"作民父母"，原文见《洪范》"九畴"当中的第五畴"皇极"畴中的"天子作民父母，以为天下王"。

② 韩婴著，许维遹校释：《韩诗外传集释》（卷6），北京：中华书局，1980年，第228页。

"汤武者，民之父母也。"（《荀子·正论》）先秦儒家在其政治伦理中以父母与子女的关系范式建构了"君民"关系模式，认为这种关系模式能有效化解因阶级地位差异所导致的统治者与被统治者之间的对抗与冲突，能高度融洽为政者与民众的关系。无疑，这种类似于血脉亲情的"君民"关系，有助于营造一个秩序和谐的"熵减"性社会，使君民一道形成恩格斯所说的推动历史发展的"平行四边形"之最大"合力"。历史证明，先秦儒家的这种政治伦理迎来了"民和而神降之福"，汇聚了历史前行的恒久动力，有效地保障了中华文明"动则有成"①的绵延与繁荣。

"凯弟君子，民之父母"以教化和善政麇集社会凝聚力。先秦儒家认为，"为民父母"应"达于礼乐之原""夙夜其命""匍匐救民"。换言之，"民之父母"要将推行礼乐教化、造福人民作为自己的使命，以赢得民心之"攸归"。《礼记》将"凯弟君子，民之父母"诠释为："凯以强教之，弟以说安之。乐而毋荒，有礼而亲，威庄而安，孝慈而敬。使民有父之尊，有母之亲。如此而后可以为民父母矣，非至德其孰能如此乎?"（《礼记·表记》）古代的"为民父母"者以逊悌之道熏染民众，使其悦豫康安；以诗礼乐教化民众，使其自强不息；以威严庄重的仪态示范民众，使其身心安宁；以孝顺慈爱的言行引领民众，使其恭敬有礼，最终使天下百姓像尊敬父母一样爱戴他们。同时，先秦儒家认为，为政者要推行礼乐教化，不仅要了解礼乐之本，通过"五至"掌握礼乐相须为用的原理，而且要在行动上做到"三无"。此乃《礼记》所说的——"必达于礼乐之原，以致五至，而行三无，以横于天下；四方有败，必先知之。此之谓民之父母矣。"（《孔子闲居》）所谓"五至"，即"志之所至，诗亦至焉。诗之所至，礼亦至焉。礼之所至，乐亦至焉。乐之所至，哀亦至焉。"在古代，礼乐是治国之大柄，为政者只有厘清诗、礼、乐的根源和本质，领悟三者相辅相成的规律，才能推行礼乐教化；只有体恤百姓疾苦，以民之乐为乐，以民之哀为哀，

---

① 《左传》之《季梁谏追楚师》记载，季梁对随侯曰："夫民，神之主也，是以圣王先成民而后致力于神……于是乎民和而神降之福，故动则有成。今民各有心，而鬼神乏主，君虽独丰，其何福之有?"

才能让志气塞乎天地，让百姓安宁、天下太平。所谓"三无"，即"无声之乐，无体之礼，无服之丧。"《礼记》借孔子之口用《诗经》中的三句诗对"三无"作了解释："'夙夜其命宥密'，无声之乐也。'威仪逮逮，不可选也'，无体之礼也。'凡民有丧，匍匐救之'，无服之丧也。"（《孔子闲居》）在儒家看来，为政者日夜秉承天命、夙夜在公，则民乐之，此虽非有钟鼓之声，却是推行教化的"无声之乐"；为政者仪容肃敬安和，则民效之，此虽非有升降揖让之礼，却是推行教化的"无体之礼"；为政者关心民众疾苦、对百姓之难匍匐救之，则民效之，此虽非有衰绖之服，却是身体力行、表达仁民之情的"无服之丧"。无声之乐、无体之礼、无服之丧三者皆为行之在心，虽无外在的形貌，却是对"民之所好好之，民之所恶恶之"（《礼记·大学》）的儒家政治伦理思想的践履。在"民之父母"以身作则、鞠躬尽瘁的教化和善政影响下，社会就能形成推动历史发展的强大凝聚力。"凯弟君子，民之父母"是传统中国社会的中流砥柱，"人民至上"观对领导干部的要求与此相一致，这样的为政者与人民一道汇聚成推动历史前进的动力。当然，先秦儒家"为民父母"的政治伦理，难免有其时代的局限性，但从本质上说，中国共产党的"人民至上"观在仁民、教民、富民维度上与古代"民之父母"的责任和使命并无二致。

四、以天下为己任、为万世开太平："人民至上"观彰显的历史价值

中国"自古以来，就有埋头苦干的人，拼命硬干的人，为民请命的人，舍身求法的人……这就是中国的脊梁"。[1] 一百多年的历史证明，秉持着"人民至上"观的中国共产党人，无疑是"中国脊梁"的重要成员。他们所拥有的"以天下为己任""为万世开太平"的使命感与担当精神，与中国优秀传统文化尤其是先秦儒家政治伦理思想的熏陶和砥砺息息相关。

---

[1] 鲁迅：《中国人失掉自信力了吗》，《鲁迅散文》，北京：人民文学出版社，2014年，第223页。

修齐治平，"以天下为己任"。"以天下为己任"就是把国家的治乱兴衰作为自己的责任，这是"人民至上"观在空间维度上的历史价值。先秦儒家以礼乐教化推行其政治伦理，贯彻其民本思想，旨在为国家培养能担当历史重任的君子和民族脊梁，而成就君子的进路是修身、齐家、治国、平天下。关于修身的方法和目的，孔子的回答是："修己以敬""修己以安人""修己以安百姓"（《论语·宪问》）。修身先需"诚意"和"正心"，"意诚而后心正；心正而后身修；身修而后家齐；家齐而后国治；国治而后天下平"，"自天子以至于庶人，壹是皆以修身为本"（《礼记·大学》）。修己就是培养做人做事恭敬认真的态度，这是"安人"和"安百姓"的基础，也是成为平治天下之"凯弟君子"的起点。当然，要完成齐家、治国、平天下的重任，仅有修身是不够的，还需要掌握齐家和为政的能力与方法，如孔子所说的"入则孝，出则悌""敬事而信，节用而爱人"，"道之以德，齐之以礼"（《论语·为政》）"为国以礼""为政以德"，"和而不同"（《论语·子路》）"周而不比"（《论语·为政》），"礼之用，和为贵"（《论语·学而》）"允执其中"（《论语·尧曰》）等。作为君子的为政者通过"弘毅""仁以为己任"，才能具备"致广大而尽精微，极高明而道中庸"的素养和能力，才能将"任重而道远"的"家国天下"担当起来。

无私无畏，"为万世开太平"。"为万世开太平"是指为后世太平开创基业，这是"人民至上"观在时间维度上的历史价值。要成为能为人类开万世太平的"民之父母"，需要具备"三无私"和"三达德"的精神境界。《礼记》云："天无私覆，地无私载，日月无私照。奉斯三者以劳天下，此之谓三无私。"（《孔子闲居》）在这里，先秦儒家以古代圣王"参天地"之德为仿照，以天、地、日、月对万物覆盖、承载、普照作比附，认为"民之父母"要具备像天、地、日、月那样的奉献精神和博大心胸，才能治理好天下。同时，为政者还要达到"知、仁、勇"之"三达德"境界，先秦儒家认为："好学近乎知，力行近乎仁，知耻近乎勇。知斯三者，则知所以修身；知所以修身，则知所以治人；知所以治人，则知所以治天下国家矣。"（《中庸》）如果说好学、力行、知耻是对为政者素质的基本要求，那么"三无私"则是对其精神境界的高标期待。只有具备了"三无私"和"三达德"，"为民父母"者方能在为政之路上无私无畏，才能为民众之福祉鞠躬尽瘁、死而后已，完成"为万世开太平"的不朽功业。

综上，先秦儒家从历史本体论维度给担当天下的为政者设计了一套政治伦理架构。20世纪初，传入中国的马克思主义群众史观，激活了先秦儒家政治伦理中的历史本体论"活性因子"，二者虽跨越两千多年，但在本质上不仅"遥契"而且"魂通"。具言之，"天命德延""敬德保民"是"人民至上"观所遵循的历史规律，"民为邦本，本固邦宁"是其所依托的历史主体，"凯弟君子，民之父母"是其所建基的历史动力，"以天下为己任""为万世开太平"是其所彰显的历史价值。从某种意义上说，正是由于先秦儒家政治伦理中历史本体论的支撑，中国共产党才能将由马克思、恩格斯群众史观所孕育的"人民至上"的种子，成功地播撒到有着"民本"沃土的中华大地上，并使其生根、发芽、开花、结果。一百多年来，我们党经历了无数血雨腥风、艰难困苦的考验，但始终坚持将"全心全意为人民服务"和"人民至上"的价值观贯彻落实到中国革命和建设的全过程，让人民真正成了社会主义新中国的主人。今天，在中国共产党的精心呵护和辛勤耕耘下，这颗"人民至上"的种子已长成可以荫庇中华儿女的参天大树；先秦儒家政治伦理所阐发的历史本体论思想，也将继续对中国的政治生态和社会治理发挥重要影响，并为人类文明新形态的形成贡献中国智慧。

"公共利益"概念的吊诡与消解

——兼论"公共利益"的概念界定

周幼平[①]

摘 要

"探讨公共利益的观念并不只是一种有趣的学术追求。我们对治理和公共利益的思考方式规定了我们的行为方式。我们的行动将会走向哪种方向取决于我们采取的是哪一种公共利益观。"[②]然而,当前关于"公共利益"的抽象定义脱离了现实的日常语言,这导致"公共利益"概念存在界定与使用不一致的吊诡。不仅如此,关于公共利益和个人利益的比较何以可能和成立的研究付之阙如。因此,本文首先从语言分析哲学的视角出发,揭示"公共利益"概念界定与使用之间的吊诡问题,然后从现实的社会出发,结合语用和本体研究来消解吊诡,最后对公共利益的比较何以可能和成立作出回答。

关键词:公共利益;公共的利益;概念界定;可比性

尽管如同政治思想一样古老,但作为许多学科的基础问题,公共利益的界

---

① 周幼平,上海师范大学哲学与法政学院行政管理系教师。
② 珍妮特·V.登哈特,罗伯特·B.登哈特:《新公共服务:服务,而不是掌舵》,丁煌译,北京:中国人民大学出版社,2004年,第65页。

定一直为众多学者所关注，对它的持续研究也引导着许多研究领域的发展。此外，公共利益还是公共部门实务中的价值判断基准和日常沟通对话的基础。登哈特曾说过公共利益在政府服务中的中心地位。明确的表达和实现公共利益是政府存在的主要理由之一。可见，作为一个核心的基础概念，"公共利益不仅在法律、法学、行政及司法实务以各种形式类似或不同的表达方式，而被普遍使用，甚至可以说是一个用以架构公法规范体系及公权力或国家权力结构的根本要素或概念。"[①]

然而，"公共利益"同时也是一个争议较大、令人困惑的范畴。由于过度关注抽象的概念，脱离了所适用的现实生活，"公共利益"概念存在界定与使用不一致的吊诡。不仅如此，作为一个重要的核心概念，"公共利益"经常被和其他利益进行比较，但研究对这一比较何以可能和成立却付之阙如。这导致处理其问题时的不着边际，更使其经常成为社会矛盾的焦点：一方面，公共利益内涵的模糊，为自利的政治家或决策制定者提供了借口，他们像公共选择理论所表明的那样按照自己的利益而不是公共利益行动，以至于规制的结果是没有公共利益被实现；[②]另一方面，"国家征收权是为了解决人们拒绝以'合理'即（市场）价格进行出售这一棘手的问题。"[③]可见，"公共利益"的模糊也在一定程度上使其处于弱势地位，导致对"公共利益"的侵犯成为可能。这显然加剧了"公共利益"由于其公共产品特点而供给不足的问题。

总之，缺少清晰的界定，公共利益就不能被理解，更不能确切地应用和发展公共利益。因此，"发展一个明确阐明的公共利益的标准，以及在政策、公开表扬和辩论中实现的程序，应该是政治科学和公共行政学生们优先的事情"[④]。本文首先从语言分析哲学的视角出发，揭示"公共利益"概念界定与使用之间的

---

① 陈新民：《宪法基本权利之理论基础》，台北：元照出版公司，1999年，第134—139页。

② Couch, J. & Shughart, W. *The Political Economy of the New Deal.* Cheltenham：Edward Elgar, 1998.

③ 理查德·A. 波斯纳：《法律的经济分析》，蒋兆康译，北京：中国大百科全书出版社，1997年，第69页。

④ Long, N. E. "Politics, Political Science and the Public Interest," *Political Science and Politics* 24.04（2013）：674.

吊诡问题，然后从现实的社会出发，结合语用和本体研究来消解吊诡，最后对公共利益的比较何以可能和成立作出回答。

一、"公共利益"的吊诡

众所周知，后期维特根斯坦以语言游戏概念为核心，建立了一种新的哲学。这一哲学引导哲学思潮开始了一个新转向。这一转向的一个基本点，在于抛弃了原先的语句的意义在于与原子事实相对应、求得证实的实证主义思想，从而抛弃了原先的科学主义倾向。与这一思想转变相应，维特根斯坦提出概念的意义存在于对概念的使用之中，不存在对概念的简单的核心定义。解决哲学问题的方法就是要把语词的使用从形而上学的方式返回日常语言的方式中，即对哲学问题进行日常语言分析，并以日常语言中使用这些语词的实例，以补充哲学家们对它们理解的不足。

显然，对于任何一个概念而言，保证其实际使用和界定的内在一致应该是不言自明的。然而，在公共利益的定义与使用之中，一直存在一种普遍的现象——界定"公共利益"时，并不关注有关"公共利益"的表述，而使用"公共利益"一词时，也往往忽视了"公共利益"的定义，即界定"公共利益"和使用"公共利益"两者之间存在脱节，并由此导致了一种吊诡的出现。而当这两者（即定义和使用）发生联系时，激烈的冲突便出现了。

（一）"公共利益"的使用

从古至今，公共利益充斥于各种政治宣讲和争论文中，支配着我们的关于公共部门一切行为正当性的论证。与众说纷纭的定义相比，"公共利益"概念的使用上却存在着基本的一致。

在政治、哲学领域，对公共利益的研究可追溯久远。在以古希腊、罗马为代表的共同体时代，公共利益在西方被视为一种社会存在所必需的一元的、抽象的价值，是全体社会成员的共同目标。亚里士多德认为"政治学上的善就是

'正义'，正义以公共利益为依归"。①他将公共利益诉求视为国家整体对"至高的善"的诉求的具体体现，并将是否坚持公共利益作为臧否政体的一个标准，"凡照顾到公共利益的各种政体就都是正当或正宗的政体；而那些只照顾统治者们的利益的政体就都是错误的政体或正宗政体的变态（偏离）"。西塞罗则称"公益优先于私益"（Salus Populi Suprema lex esto）。

在近代西方启蒙思想家那里，有关公益的表述更加常见，并且延续了古希腊时代的理念。卢梭对"公意"与"众意"进行了经典性的区分，铸就了"公意""公共利益"作为政治生活终极评判标准的地位。他认为"公意永远是公正的，是永远以公共利益为依归的"。

现代，对于公共行政人员而言，公共利益已经是一种稀松平常、常识性以及实务性的观念。美国著名行政学家罗森布鲁姆说："即使社会大众对于公共利益的具体内容迭有争议，但是其作为公共行政管理者的职责所在和其行为的指南，却是毋庸置疑的。因此，当他们的行为未能符合公共利益要求时，便可能要受到把部门利益或个人私利置于公共利益之上的批评。"③赫林则称"公共利益就是指导行政官员执法的标准"。④

在我国，使用"公共利益"的表述也屡见不鲜。

一个具有合法性的现代政府必须维护公共利益，实现公共利益最大化。⑤

维护并实现"公共利益"，是现代政府公共管理的一项重要内容，也是政府活动必要性和确当性的来源。⑥

"公共利益无疑应当是一切公共政策的出发点和最终目的……必须坚持公共

①② 亚里士多德：《政治学》，吴寿彭译，北京：商务印书馆，1965年，第148页。

③ 戴维·H.罗森布鲁姆，罗伯特·S.克拉夫丘克：《公共行政学：管理、政治和法律的途径》，张成福等译，北京：中国人民大学出版社，2002年，第9页。

④ Herring，E. Pendleton. *Public Administration and the Public Interest*. New York：McGraw-Hill Book Co.，1936，p.23.

⑤ 余敏江：《政府利益·公共利益·公共管理》，《求索》2006年第1期。

⑥ 苏振华，郁建兴：《公众参与、程序正当性与主体间共识——论公共利益的合法性来源》，《哲学研究》2005年第11期，第63—69页。

政策的公共利益取向。"[1]

公共利益构成了公共权力行使的道德基础和伦理基础。[2]

公共利益是现代政府公共政策和公共行政的当然目标。[3]

在新闻媒体的报道中：

"反'垄断'应以公共利益为要。"[4]

"这些行为本身已经触犯了法律，但由于记者的报道是唯一可以揭露相关事件的方式，且对于公共利益有巨大的助益，那么，记者不仅会得到公众的同情，在法庭上也可以作为抗辩事由。"[5]

"除了参与讨论的学者外，写公开信的复旦学生也认为应当以'公共利益'为最终的判定标准。他们斥责《新京报》与《南方周末》等大众媒体大量使用社交媒体上关于复旦遇难女生的个人信息侵犯了其'隐私权'，并且与报道踩踏事件所需要维护的公共利益关系不大。"[6]

最后，有关公共利益的表述还遍存于各个国家的法律之中。因为无论在中国还是西方，也无论是在学说还是判例上，它一直被作为一般法律所追求的基本目标。[7]以公共利益作为基本权利的限制是各国宪法之通例。"公共利益的概念，由最高位阶的宪法以降，所有国家之行为——立法、行政、司法，皆广泛使用公益作为其行为'合法性'的理由以及行为之动机。"[8]例如，体现自由理念的古典宪法理论认为"公益乃最高之法则"。我国2004年3月14日全国人民代表大会通过的《中华人民共和国宪法修正案》第20条规定："国家为了公共利益的

---

① 沈惠平，黄兴生：《坚持公共政策的公共利益取向》，《理论探讨》，2003年第1期。

② 王景斌：《论公共利益之界定——一个公法学基石性范畴的法理学分析》，《法制与社会发展》2005年第1期，第129—137页。

③ 刘向南，陈定荣，许丹艳：《公共利益：理论与实现的比较研究》，《城市规划学刊》2005年第3期，第59—63页。

④ 曾德金：《网约车悄然涨价监管者应有作为》，《经济参考报》2016年9月7日。

⑤ 彭增军，周海燕：《"行走刀锋"的道义基础是公共利益》，《新闻记者》2015年第12期。

⑥ 石力月，吴畅畅：《价值之间的新闻专业主义与公共利益——解读复旦学生与广州媒体人公开信的一种视角》，《新闻记者》2015年第2期。

⑦ 张千帆：《"公共利益"是什么？——社会功利主义的定义及其宪法上的局限性》，《法学论坛》2005年第1期，第28—31页。

⑧ 陈新民：《德国公法学基础理论》（上册），济南：山东人民出版社，2001年，第182页。

需要，可以依照法律规定对土地实行征收或者征用并给予补偿。"第22条规定：
"国家为了公共利益的需要，可以依照法律规定对公民的私有财产实行征收或者
征用并给予补偿。"

……

指南、原则、终极目标、合法性来源、最高法则、出发点和最终目的、臧
否政体的一个标准、道德和伦理基础、正义的依归……从这些表述可以看出，
长期以来，作为政治、法律领域所争论的核心概念，公共利益既被视为权力正
当性的来源、行为价值判断的基础、法律保护的目标而被人们信仰，也由此被
人们广泛引用以合法化和正当化其自身利益。无论是幽暗论者还是美德论者，
都在使用中表现出对"公共利益"具备一种正当性和优先性的认同。一切立法
行为都必须基于公共利益，法律的正当性、权威性也都是建立在追求公共利益
的前提下。

（二）"公共利益"的现有界定

对于什么是公共利益，专家学者们众说纷纭，莫衷一是。概括起来，可以
将"公共利益"概念的实体界定[①]归结为以下四种模式：①公共利益的规范模
式。在此模式中，"公共利益成为评估具体公共政策的一个道德标准和政治秩序
应该追求的一个目标"；②公共利益的政治过程模式，按照这个观点，公共利益
就是通过一种允许利益得以集聚、平衡或调解的特定过程来实现的，公共利益
的实现方式比公共利益的内容更加重要；③公共利益的共同利益模式，此模式
也被称为"共识论"模式，共识论者把公共利益视为一个含糊而有价值的词语，
这个词语既包含了为达成一种公共利益共识而进行的政策争论，也包含了基于
共同价值的公共利益概念；④公共利益的实体模式，这一模式一般通过种差定
义的方法试图洞察公共利益的本质，如洛厚德在1884年发表的《公共利益与行

[①] 对于公共利益不存在说，假设一颗足以毁灭地球的小行星正向地球飞来，人们无法离开地球另
谋生路，只有齐心协力炸毁或者改变小行星轨道一途，此时公共利益显然存在。而公共利益既是价
值选择的目标，又是价值选择的结果的这一矛盾，揭示出程序式界定的问题。

政法的公共诉讼》一文中，将"公共利益"界定为"一个相关空间内关系人数的大多数人的利益"[①]。

（三）"公共利益"的吊诡

从上文的梳理中，不难得到如下结论：①公共利益无疑应当是一切公共政策的出发点和最终目的……必须坚持公共政策的公共利益取向。②公共利益是不确定多数人的利益或个人利益之和。

为了便于揭示其中存在的吊诡，我们举一个例子来分析。日本核泄漏事件发生后，全球各地就是否要全面放弃核电站展开了讨论。从"公共利益是不确定多数人的利益"出发，我们不难得出如下结论：①公共利益是不确定多数人的利益；②全面放弃核电站符合不确定多数人的利益；③全面放弃核电站是公共利益。

然而，从同样的前提出发，我们还可以得到以下结论：①公共利益是不确定多数人的利益；②发展核电站符合不确定多数人的利益；③发展核电站是公共利益。

那么，究竟应该全面放弃核电站，还是发展核电站？作为一切政策出发点和最终目的，作为政策指南的公共利益，此时出现了自相矛盾的局面。

如果说这还是同时存在两种公共利益的"特殊"情况，那么，我们再来分析一下最常见的拆迁征地问题。在这个例子中，具体某个人的房屋产权和土地使用权是个人利益。但如果从抽象的角度看，具体某个人作为抽象的"每个人"的体现，其房屋产权和土地使用权则是产权制度的体现。产权制度安排则是一种公共利益。对产权安排的改变如果不能得到认同，则会影响到产权制度甚至政府的公信力（权威、合法性），这就再次出现了公共利益自相矛盾的局面，尤其当拆迁征地的目的是发展经济且使用了强制拆迁的手段时更为难以判断。

由此可见，按照当前的定义，无法推理出公共利益使用中基本一致体现的

---

① 陈新民：《德国公法学理论基础》（上册），济南：山东人民出版社，2001年，第18页。

理所当然的高优先级。这就是"公共利益"定义与使用的吊诡。正是这一吊诡和可比性的模糊导致了"公共利益"概念使用上的种种乱象——各方都试图利用"公共利益"概念合法化和正当化其自身利益。这使滥用"公共利益"的潜在危险愈发彰显，也造成政府部门因"公益的需要"限制公民权利时屡遭质疑。显然，"公共利益"的界定必须满足"公共利益"的使用所提出的两条标准：①体现其正当性和优先性；②明晰可比性基础。

二、"公共利益"的概念界定

（一）"公共利益"的内涵及特征

如上所述，现有界定虽然各有所长，但都没有明确公共利益的产生及其来源，因而多少都有些流于空泛，不便于作为辨别某种利益是否属于公共利益的依据。而对于"公共利益"这一实践性很强的概念，如果所下的定义不能在实际生活中得到应用，其存在的价值必然大打折扣。

对于"概念"的理解不能脱离"语境"考察，但是理解一个"概念"，仅有对"语境"的考察也是不够的。

对此，笔者认为"公共利益"虽然其外延在不同的时间和空间条件下是变化、不确定的，但其内涵却是一定的、不会变化的。因此，"公共利益"的概念界定应当从内涵着手，并且能够在实际生活中作为人们区分公共利益与非公共利益的标准。

个人利益和公共利益是一对存在于人与社会关系之中的、共生的概念，因此，界定"公共利益"就必须从人与社会的统一中去考察个体利益、共同利益和公共利益的相互关系。因此，下文从个体利益、共同利益和公共利益的相互关系出发来探讨"公共利益"概念的界定，并尝试给出一个具有解释力的定义。

首先，"人是社会的人"。人的生存离不开社会，人的发展以社会的发展为前提，社会的发展状况和水平制约着人的发展状况。马克思在《经济学手稿（1857—1858）》中写道："人的依赖关系（起初完全是自然发生的），是最初的社会形态，在这种形态下，人的生产能力只是在狭窄的范围内和孤立的地点上发展着。"①这就是说，人无法脱离社会而单独获得生存所需要的一切资源，更无法获得更多的个人利益。在生存都无法维持的状况下，一切个人利益都无法实现。因此，社会可以视为使每个人的全部个人利益得以实现的场所。人们的一切个人利益通过也只有通过社会才能够得以实现。

其次，"社会是人的社会"。社会终究是由人组成的，如果没有在其物质实践活动中发生着一定的联系和关系的现实的个人，社会就只能是一种空洞的抽象。由于作为个体的人在价值观等各方面的不同，协调一致并非个人利益之间的自然状态。相反，个人利益之间是一种各不相同又相互交叉的关系。在这种情况下，个人利益与公共利益之间也不可能完全一致。正如阿冉松侯爵所说的每种利益都具有不同的原则。两种个别利益的一致是由于与第三种利益相对立而形成的。他还补充说，全体的利益一致是由于与每个人的利益相对立而形成的。如果完全没有不同的利益，那么，那种永远都碰不到障碍的共同利益，也就很难被人感觉到；一切都将自行运转，政治也就不成其为一种艺术了。②

可见，正是由于各不相同而又相互交叉、相互依赖而又相互对立的个人利益的存在，才分化出私人利益和共同利益的概念。③而正是由于个人利益之间的差别和对立才使得社会的建立成为必要，也正是因为这些个人利益的一致才使得社会的建立成为可能。④

需要指出的是，当这个社会（并不一定等于国家）建立之后，其作为一种客观存在，就具有一种虚拟的公共人格。社会这个虚拟的公共人格就会衍生出自己的利益（例如：公序良俗、社会救济和社会保险等有利于社会虚拟人格健

---

① 《马克思恩格斯全集》（第46卷上）北京：人民出版社，1979年，第104页。
② 此处引文见阿冉松《法国古代与近代政府论》第2章。
③ 注：此处笔者将个人利益视为私人利益和共同利益之和。与公共利益相对，指实现方式的个人性、市场。而私人利益是指每个人个人利益的不同之处；共同利益是指每个人个人利益的相同之处。
④ 此处参见卢梭：《社会契约论》，何兆武译，北京：商务印书馆，1982年，第35页。原文为"如果说个别利益的对立使得社会的建立成为必要，那末，就正是这些个别利益的一致才使得社会的建立成为可能"。笔者按其原意稍微做了修改。

康的利益），即"公共的利益"。显然，"公共的利益"来源于个人利益①而又与个人利益、私人利益和共同利益存在很大的不同——它不可分割，不等于个人利益的简单相加。正如卢梭在《社会契约论》中所指出的"众意与公意之间经常总有很大的差别；公意只着眼于公共的利益，而众意则着眼于私人的利益，众意只是个别意志的总和。但是，除掉这些个别意志间正负相抵消的部分而外，则剩下的总和仍然是公意"。②从某种程度上来说，这个由虚拟的公共人格所拥有的"公共的利益"具有相对的独立性。

因此，笔者将"公共的利益"界定为拥有相同地缘关系③的人们，为了生存及更好地实现个人利益，有机地结合在一起所形成的社会这一虚拟公共人格④所拥有的利益。它具有丰富性、相对独立性、层次性、正外部性、开放性、不确定性和整体性等特点。

丰富性指"公共的利益"内容构成多种多样、并不单一，形成一个利益谱系。

相对独立性是指公共的利益相对脱离了个人的直接利益。

层次性是指"社会"的地域范围可大可小，大可到整个人类社会，小可到一个村庄，此即公共利益的层次性。

正外部性是指一个主体实现公共的利益的活动，会导致其他主体获得额外的利益，而且受益者无需付出相关代价。

开放性指现实中"公共的利益"虽然有时并非全部人获益，但至少从理论上说，全部人都存在从这一行动中获益的可能（如地震救灾款拨放）。

不确定性是指公共利益的内容并非恒定不变，它会随着社会结构的不同而不同，还会随着社会的发展而发展（如战争时期的公共利益显然就不同于和平时期）。

---

① 它不是简单的"源于个人利益"，而是源于个人利益的"结构"；而且，当集体不存在的时候，也就没有个人利益了。因为个人是独自的，也就无所谓利益的界定了。

② 卢梭：《社会契约论》，何兆武译，北京：商务印书馆，1982年，第39页。

③ 业缘关系的群体结成的是基于角色的共同利益。

④ 这里所说的"公共人格"是抽象的，并非指政府。

整体性是指"公共的利益"是整体实现的利益，不可分解为个人利益。公共利益的反面是一种系统性风险。

显然，由于"公共的利益"丰富性的特点，不同的"公共的利益"之间也存在相互冲突的情形。如国家促进经济的发展，是"公共的利益"所需；保障劳动者的合法权利，也是被肯定的"公共的利益"；同时，保护生存环境，亦具有"公共的利益"之意。经济发展有时会和后两者发生冲突，此时，因为不存在"两个南方"，"公共利益"的指南效果就无法体现。这正是笔者单独提出"公共的利益"概念的缘故之一（另一个原因将在下文解释）。要达至"公共利益"概念使用和界定上的一致性，就需要对"公共利益"和"公共的利益"作出区分。笔者将"公共利益"界定为拥有相同地缘关系的人们，为了生存及更好地实现个人利益，有机地结合在一起所形成的社会这一虚拟公共人格所拥有的利益集中的最高（整体）利益。（为了叙述方便，下文如无专门注明，所使用的"公共利益"都是指本文界定的"公共的利益"。）

顺着这个思路往下，我们也不难得出国家利益的概念。即国家利益是指一个国家范围的社会这一虚拟公共人格物化后的实体——国家所拥有和代表的利益，其中所代表的利益从法理上讲就是该国的"公共的利益"。一般而言，代表国家利益的实体是政府。

共同利益是同质或部分同质的个体的利益交叉或者累加的部分，可以分割的。公共利益是异质性个体构成的有机社会（这一虚拟公共人格）的利益。因而，共同利益可以通过交易来使其中某个人的利益得以实现，但公共利益无法通过交换，使其中某个人（或某部分）的利益得到实现。

在实际应用中，公共利益的判断中最核心的问题不仅包括通过何种标准具体判断是否属于公共利益，而且还应包括判断何种符合某种公共利益要求的行为（如征收或者征用行为）可以宪法和法律中涉及"公共利益"的条款。笔者认为，做出判断时需要关注如下几种因素。合法合理、权责统一。

（1）公共利益是社会这一虚拟公共人格健康发展的必要条件。即仅当该行为不实施会使包括该公民在内的社会的公共利益遭受损失时，才能够实施该行为。也就是说，一方面，如果通过其他方式或者途径可以同样实现的公共利益，则不能牺牲个人利益。另一方面，这一"公共利益"应该足够重要。行为一般都有外部性，公共利益的外部性达到一定的程度——显著影响。能够对系统的影响达到改变有序状态（提升至更高或者阻止了下降）的层次，就是显著。由于适应环境的变化是一个虚拟人格存在的必要条件，所以更高的有序也是公共利益。不仅仅是目前的生存，更包括以后的生存。比如落后就要挨打。此外，卡尔多改善和无正当补偿不得剥夺原则应该是公共拆迁等使用公共利益的概念时的判断标准。

（2）公共利益具有不可分割性和非营利性。无法通过交易单独满足该"公共利益"众多享有者中的某些个人的此类利益。Flathman 称之为可普遍化原则，这一原则要求公共官员和行政官员重视决定或政策对所有受影响的人的影响，而不仅仅是某些团体。换言之，在某种情况下，对一个特定的人是对或者错、好或者坏，也必须同样对另一个处于相似或者相同环境的人而言是对或者错、好或者坏。①

（3）公共利益应该具有基础性的特点。即是其他个人利益得以实现的前提和基础，能够证明该利益的损失将导致社会或社会中不确定的多数人的其他利益失去保障或受损，并且无法通过其他途径弥补。

（4）需要是经过充分的参与、商谈理性的结果（如城市规划，不能由少数人决定）。

（5）如果私益和公益杂糅，私益大到足以个体采取行动去实现，则不宜公共利益介入。

（二）公共利益与共同利益的区别

索绪尔在《普通语言学教程》中提到"概念是纯粹表示差别的。不能根据其内容从正面确定它们，只能根据它们与系统中其他成员的关系从反面确定它们。"所以，除了从正面确定公共利益的内涵，澄清其与共同利益的差异也非常重要。

---

① Flathman, R. J. *The Public Interest*：*An Essay Concerning the Normative Discourse of Politics*. New York：John Wiley, 1966, pp.8-9.

公共利益一定是公共性质。公共利益是摆脱了"私"的属性的利益。共同利益还是属于"私益"，是私益的集合。这表现在以下方面：

（1）共同利益具有消费的排他性。公共利益和共同利益虽然都涉及多人受益。但共同利益具有消费的排他性，受益者在具有一致利益的个人选择是否加入后就是确定的。如股份公司的利润是公司股东的共同利益，但从利益分配来看，是具有明显的排他性质的。而公共利益（如国防）则不具备消费的排他性，受益者是开放的，人数不固定，理论上是构成社会虚拟公共人格的全体。"公共利益所具有的数量不能像私人利益那样被划分，不能由个人按照他们的偏爱多要一点或少要一点。""有许多个人要求或多或少的公共利益，但是如果他们都想享有它，那么每个人就必须享有同样的一份。"①

（2）公共利益是与地缘相联系的，共同利益则可以基于血缘、地缘和业缘等。如美国政府在中国征地就不会被认为公共利益，而美国人在可以和中国人有共同利益。

（3）共同利益是方向一致的个人利益，公共利益是一体的利益。共同利益可以选择是否加入或退出，而公共利益则不能在不改变地缘关系的状态下加入或者退出。同时，有共同利益，人们就有了合作的可能。但即使合作了，他（她）们依然是单独的个体，不会出现骨肉相连的情况。公共利益则是基于骨肉相连的整体的。例如，即使土地的拥有人可以移民到另一个国家（虚拟公共人格）。但土地却不能转移，而且由于其土地所有权的取得和受保护都是基于移民前国家（虚拟公共人格），这样的物权依然具有社会性，要受移民前国家（虚拟公共人格）公共利益的限制，即权利滥用之禁止原则。

三、公共利益与个人利益的比较

"公共利益"与个人利益之间的比较是"公共利益"概念使用中的关键问

---

① 茅于轼：《中国人的道德前景》，广州：暨南大学出版社，1997年，第62页。

题。公共利益优先论则是通行的规则。然而，伴随着法治行政和人权保障理念的不断发展，作为现代行政法的特殊性质，公共利益优先论受到了来自各方的质疑：在人人平等原则早已确立的今天，在利益兼具主观与客观特点，并且其排序随具体环境而变的情况下，公益优先论的合理基础是什么？在多大范围内、涉及多少人的利害、在多大程度上涉及这些人的利害，才能够构成公共利益？

确实，对象之间的比较不是在任何条件下都能进行的，它有一定的先决条件，这就是"可比性"问题。无论选择什么样的比较对象，从什么样的角度去进行比较，在对两种或两种以上的逻辑系统或逻辑思想作出比较时，比较对象之间必须具有某种共同的基础与联系。如果没有这个共同的基础或联系，就不能选择和确立为比较对象进行比较。即同类可比，异类不可比。正是在这一点上，公共利益的研究仍显得比较模糊。

尽管先列举专家学者们关于公共利益和个人利益之间关系的观点有助于丰富我们对利益比较的理解，但更关键的是突出正确的观点和论述。下面，笔者根据本文提出的"公共的利益"定义，对抽象"公共利益"和抽象个人利益的比较进行阐述。

在对两者进行比较之前，需要对个人利益进行分类。根据利益内容是否得到法律确认（保护），本文将个人利益分为个人权益和个人私益。个人权益是个人利益中得到法律确认的部分；个人私益则是剩下那部分。

显然，对于个人权益而言，由于得到法律的确认，这部分利益便具备了部分公共的性质。换言之，个人权益是相应公共利益的具体化，个人权益可以转化为相应的公共利益。在上文提到的土地征收的例子中，具体某个人的房屋产权和土地使用权是得到法律确认的个人权益。如果对这种权益的侵害具有普遍或典型意义，此时的具体某个人便成为抽象的"每个人"的体现，与产权制度相关的公共利益就受到损害。所以，马克思曾指出，"作为一般的、普遍的和具有共性特点的社会利益，寓于作为个别的、特殊的和具有个人性特点的个人利益之中，而个人利益则体现着社会利益，是反映在个人利益之中的一般的、相对稳定的、不断重复的东西，是人的最强大的利益基础。社会利益不是简单地存在于个人利益之中，而是借助个人利益以不同形式和不同的强度表现出来"[1]。个人权益可以转化为相应的公共利益，于是两者的比较就有了共同的基础——社会虚拟公共人格这一共同的主体。

对于个人私益而言，由于其比较纯粹的"私"的属性，基本不能转换为相应的公共利益。但反过来，由于公共利益的受益者在理论上是社会虚拟公共人格的全体成员，具体的某个人也是相应的受益者，公共利益就可以转化为相应的个人利益，从而其比较也具备了共同的基础——个人这一共同的主体。

接下来，笔者将公共利益和个人利益之间的关系依据两者之间是否存在同一主体这一共同基础分为两种情况讨论。

1. 个人利益的主体（或者说是所有者）为公共利益的主体（或者说是所有者）的成员之一

这种情况又可依据个人利益的属性分为两种不同的情况。

（1）个人利益属于基本人权[2]。笔者以为，当所比较的个人利益属于基本人权时，个人利益应当优先予以保障。这是因为，这类个人利益不仅是个人生存和发展的最基本的前提，而且也是公共利益的拥有者——虚拟的公共人格得以存在和发展的最基本的前提。如果这类个人利益得不到应有的保障，构成虚拟公共人格的个人就难以存在和发展，这个虚拟的公共人格的存在基础将不复存在[3]，它所衍生出来的公共利益也就失去了存在的必要。换言之，这类个人利益通过这种机制转化成了虚拟的公共人格的"基本人权"，显然，自身的"基本人权"最应当得到优先的保障。因此，这类个人利益应当优先得到保障。

（2）个人利益并非属于基本人权。和许多学者的观点一致，笔者认为只有

---

① 公丕祥：《马克思法哲学思想述论》，郑州：河南人民出版，1992年，第283—284页。
② 基本人权是指源自于人的自然本性和社会本质，与人的生存、发展和主体地位直接相关的，人人均应当享有的、不可取代的、不可剥夺的、内在稳定的、具有母体性的且为国际社会公认的普遍的权利。
③ 这是因为虚拟的公共人格的生命全在于它的成员的结合。

当个人利益与公共利益不可兼得之时，才考虑限制个人利益以保障公共利益。另外，笔者还认为对这部分受限制或者受侵犯的个人利益还应当限制在最小的范围以内并给予最大程度上的补偿（以回复原状为标准）。

这是因为：首先，由于个人利益的主体是公共利益主体的成员之一，那么，这个公共利益也就代表着这个（或者这些）个人利益主体的利益。作为同一主体的两种不同利益，它们之间就存在着可比性。换言之，卢梭在《社会契约论》中的社会公约①就可以发挥它的作用了；其次，"实际上，由社会公约而得出的第一条法律，也是唯一真正根本的法律，就是每个人在一切事物上都应该以全体的最大幸福为依归"。②这种公共利益因为并没有超出社会公共约定的界限，因而优于个人利益。但需要指出的是，这种优先并不是天然的；最后，"主权者便永远不能有权对某一个臣民要求的比对另一个臣民更多"③，所以，对这部分受限制或者受侵犯的个人利益还应当给予最大程度上的补偿。

2. 个人利益的主体（或者说是所有者）不是公共利益的主体（或者说是所有者）的成员之一，而是独立于这个虚拟的公共人格之外的个体

这部分分析是杨临宏教授所没有提出的。笔者认为此时所谓的"公共利益"已经变了质，已经成为虚拟的公共人格的个人利益，只是这种个人利益的主体（或者说是拥有者）是团体（或者是集体）而已。"在这样的一场争讼里，有关的个人是一造（原文如此，笔者理解为一边），而公众则是另一造；然而在这里我既看不到有必须遵循的法律，也看不到有能够做出判决的审判官。这时，要想把它诉之于公意的表决，就会是荒唐可笑的了；公意在这里只能是一造的结论，因而对于另一造就只不过是一个外部的、个别的意志，它在这种场合之下就会带来不公道而且容易犯错误。于是，正如个别意志不能代表公意一样，公意当其具有个别的目标时，也就轮到它自己变了质，也就不能再作为公

---

① "我们承认，每一个人因社会公约而转让出来的一切自己的权力、财富、自由，仅仅是在全部之中其用途与集体有重要关系的那部分。"参见卢梭《社会契约论》中译本第二卷第四章。

② 参见《日内瓦手稿》。

③ 卢梭：《社会契约论》，何兆武译，北京：商务印书馆，1982年，第44页。

意来对某个人或某件事作出判决了。"①因此，我们完全可以将其视为另外一个"个体"的利益。那么，按照人人平等的观点，两者之间的利益就不具备可比性，也就是说没有孰重孰轻、孰先孰后、孰优孰劣之分。两者只能交易，不能比较。

---

① 卢梭：《社会契约论》，何兆武译，北京：商务印书馆，1982年，第43页。

哲 学 篇

论实与思

——略谈"一切从实际出发"的哲学意蕴

蔡志栋[1]

党的二十大报告指出:"坚持和发展马克思主义,必须同中国具体实际相结合。我们坚持以马克思主义为指导,是要运用其科学的世界观和方法论解决中国的问题,而不是要背诵和重复其具体结论和词句,更不能把马克思主义当成一成不变的教条。我们必须坚持解放思想、实事求是、与时俱进、求真务实,一切从实际出发,着眼解决新时代改革开放和社会主义现代化建设的实际问题,不断回答中国之问、世界之问、人民之问、时代之问,作出符合中国实际和时代要求的正确回答,得出符合客观规律的科学认识,形成与时俱进的理论成果,更好指导中国实践。"其中提出的"一切从实际出发"的观点,"问题导向"[2]的思维方式,对于我们的哲学研究的立足点、出发点有什么启示?本文正是基于这种考虑,提出在中国哲学的研究中,要超越"史与思"的思路,贯彻"实与思"的立场。

所谓实,也就是实际、实践、现实。所谓思,主要表现为理论,缺乏系统性的、处于零碎状态的可以称之为思绪、思想、灵感等。从某种角度讲,实与思也就是实践和理论的关系问题。但无疑,这个话题实在太大,也很难显示出我们目前讨论的重点所在,反而会游离于我们的主题。因此,在作出必要的界

---

[1] 蔡志栋,上海师范大学哲学与法政学院哲学系副教授。

[2] 这种提法也是出自二十大报告。

定之后，我们必须强调，本文所说的还是实与思，而不能简单地等同于实践和理论。

问题的另一方面是，虽然理论和实践的关系已经是一个老生常谈的话题，但它的遗忘也似乎经历了同样长的时间。我们哲学界迷恋于史与思，以种种借口躲避直面现实，无论这现实是惨淡的（姑且借用鲁迅语）还是辉煌的。一定程度上导致了哲学教育目前的困境。今日我们或许需要再一次强调理论和实践的关系。

一、论史与思的危险

我们不妨直说，实与思所针对的，首先就是史与思的提法。史与思这种观点认为，哲学研究离不开对哲学史的回顾和总结。一定程度上哲学就是哲学史。所谓思就是对哲学史的思索，具体而言，就是对哲学史上的人物、文本、流派、现象的思索。

这种观点有其长处，比如可以训练研究者对哲学史的熟悉程度，对学生而言，这点尤其重要，因为还可以训练学生基本的哲学思维。创作都强调创新性，也就是要说出别人没说出的东西，因此对于哲学史的回顾是十分必要的，否则研究者很可能不仅仅是在重复哲学史上的论证，而且，也许还会将哲学研究倒退一百年，因为会运用早已被抛弃了的哲学论证。对于哲学研究者，这些基本功或许是需要的，乃至必要的，但熟悉了它们，是否就意味着能进行哲学创造了呢？也许这么说已经是高要求了，甚至还会面临反驳：你如何知道这么做不会产生哲学创造呢？但我们不必纠缠于这种论争。最起码，现实被无情地忽略了。

史与思的论断所包含的一个预设是黑格尔的逻辑学。黑格尔认为世界从绝对精神开始，经历一番我们已经熟知的"正反合"的过程，外化出整个世界。他所说的"哲学是哲学史的总结，哲学史是哲学的展开"其实就是以他的本体论、世界观为前提的。后来产生的东西不断否定前面的东西，但却是以一种积极的方式否定，也就是扬弃，把前面的东西的优秀成分吸收了，而把糟粕抛弃了。这在哲学史上就表现为前面的哲学体系被一个一个地抛弃，但其实是以各种方式被吸收到了新的哲学体系中去了。这就是黑格尔那句话的含义。无疑，对黑格尔而言，那么说是可以的，因为他以整个绝对精神的哲学体系作为担保，可是，对于一般人而言，那么说就蕴含着某种危险：你是否也有类似的预设？这不是说有预设就是错的，而是，你的预设和你的世界观是否一致？

史与思的提法在简略化的同时，也将史的范围严重缩小了。不知道情况的读者第一次看见史这个字，天然的会认为这是"历史"的简称。这没错。问题在于，什么样的历史？我不是历史系的，但根据了解到的一些皮毛，就可以知道历史是包罗万象的。有政治史，至少告诉了你朝代更替；有社会史，关注着帝王将相之外普通老百姓的生活……几乎人类生活涉及什么，就有什么样的历史。近期咖啡也在中国大陆呈现弥漫之势，似乎只要有人群的地方就有星巴克。大城市大型火车站配有星巴克已经成为标配了。在上海滩上，各类国际品牌、本土新创的咖啡触目皆是。我这里的重点不在于咖啡，而在于，肯定存在咖啡史。也就是说，历史本质上包含着人类的一切活动。

但是，史与思的提法中的"史"指的是哲学史，甚至不是思想史。哲学无论多么重要，就其存在方式而言，只是人类诸多活动的一个部分。认为唯有哲学史才有价值，才是思考的对象、思想的来源，无疑是狭隘的。

当然，我这观点会面临诸多反驳。其中两个反驳是，提倡者认为，他们所说的思不是一般的思想或者思考，而是哲学思考或者哲学思想，因此，其对象当然是哲学史，而不是一般史，这是其一。其二，提倡者认为，哲学本质上不是人类生活的一部分，这不是说哲学不存在于人类生活中，或者哲学不重要，而是说，哲学不是哲学学科、不是咖啡（所以哲学史不是咖啡史那样的历史）、不是书籍（因此哲学史不是图书馆史那样的历史），哲学弥漫于人类的生活中，如盐溶化于水。我们可以说人类没有从事专业哲学，而不能说人类的生活没有哲学味。事实上，人类从事专业的哲学也是现代的事情。虽然我们说柏拉图设计出了哲学王，但那不是专业哲学。专业哲学就是如今在科研院校里以发论文、教学生为生计的哲学。

应该说第二种哲学观更加符合中国传统哲学的精神，也为我所激赏的。但是，以此方式理解哲学，却是和史与思的提倡者的具体做法相违背的。他们仍然迷恋于已经被经典化的哲学文本，比如《论语》《孟子》《庄子》等，而不愿意直面历史上人类活动本身。我们很少看到以孔子的生活为研究对象的哲学著作。换而言之，以上两个反驳内部其实存在着张力。认同某一种势必一定程度上反对另一种。从史与思的提倡者的实际行动而言，他们信奉的是第一种哲学观。

史与思相结合的一个表现是强调论从史出的观点。广义上所有的现实都是历史，但这里的史却主要指的是哲学史、理论史。于是我们发现所谓的论从史出本质上就是论从论出。当然这也未尝不可。可是如果因此而为躲避对现实的反思提供辩护，那未免走过了头。比如，人工智能是一个新兴的话题。我们承认古代的哲学思想能够在一定程度上给我们思考类似问题以启发，但我们显然不能说古人为我们提供了所有答案。事实上，问题和答案一样，都是新的。当然，我们也不否认也许存在着永恒的、一劳永逸的答案。比如我相信有的研究者会认为所有的问题都出在人性身上，因为人的贪婪或其他什么的而导致了当代问题。"以史为鉴"之类的谚语也从一个角度佐证了这点。但是，这显然是一种比较懒惰的答案。我们还是主张，问题和答案都是新的。

二、论文本化的工作方式不是哲学的正道

我们的观点马上会遇到新的反驳。批评者指出，我们可以承认哲学是一种生活方式，将其非学科化，但那只是哲学的存在方式，就我们的研究方式而言，难道最终还不是表现为文本？正如虽然画家也要读书，但绘画的最终成果是图画；虽然他们也要游山玩水，但摄影家的最终成果是照片；哲学的最终成果必然是文本。而且，你（也就是本文作者"我"）虽然在提倡真正的哲学，可是，还是需要以一篇文章的方式展现你的观点和思索。以文本化的方式主张非文本

化，你犯了语用学矛盾。就像你和小朋友玩躲猫猫，问："房间里有人吗？"小朋友天真地回答："房间里没人。"成人马上就看出小朋友话中的自相矛盾了。

目前关于哲学研究主要是文本化的研究方式。然而我们要指出的是，这里面存在着三种强度的文本化。

最强强度的文本化是无论研究对象还是表现形式都是文本。我们通常所见的哲学论文或者哲学著作，虽然就其内涵而言也许离开哲学很远，这是一堆哲学黑话的堆砌，除了作者和编辑，没有更多的人阅读它们，但它们的确展现了这种工作方式。其研究对象是《孟子》或者《理想国》，无论是什么类型的文本，总之是文本。而研究者仍然习惯于写出论文或者著作来表达其思考。

然而，我们也必须注意到双重文本的工作方式所具有内在的差别。一种类型是面对的是经典的哲学文本，比如《纯粹理性批判》（康德著）、《林中路》（海德格尔著）等等，其作者本身就是毫无争议的哲学家；一种类型是面对一般化的文本。从学科的角度看，对这些文本的归属甚至存在争议。比如《新民晚报》上的一篇散文，也许是文学史的研究对象，但是，它也是可以纳入哲学史的研究范围的。对于后者我们目前的关注度还是不够。

居中强度的文本化是面对所谓的生活世界，但是其产生的结果仍然是文本。注意，所谓生活世界，并不只包括当代的、目前的，也包括历史上的。换而言之，就是将人类的一切历史和现实都包括在内的世界。比如笔者读硕士研究生阶段曾经想对上海的石库门进行哲学研究，虽然最终没有做成，但就石库门这一对象而言，已经不是通常所说的哲学文本，甚至不是任何意义上的文本，而是建筑。

但是，这种工作方式仍然存在着文本化。这就是不仅仅其结果是文本，而且，在工作的环节中，仍然需要将对非文本化的对象转化为文本。以石库门的哲学研究为例，当时我的意图是从中窥见上海文明里中西文化交融的特征。显然，我们还是需要用一套文本化的观念来研究石库门。比如，指出某个特征是传统的，某个特征则是西式的，等等。哲学研究即便在素材阶段，还是需要大量依靠文本，也就是记下很多笔记，主要表现为文字的笔记。这点和以素描为组成部分的画画很不同。

还比如，近期上海哲学界举办了多期以酒为主题的哲学讨论会。一定程度上可以看作是对哲学文本化研究方式的突破。但是，翻检其论文，大部分文章还是在讨论文本中的酒，甚至是经典哲学文本中的酒。比如，有一个作者写了《孟子》中的酒。应该说思路新奇，也显示了作者对《孟子》的高度熟悉。但是，也许吊诡就在于，以研究（经典）文本中的酒哲学为主题的论文大概是和酒本身的精神是比较远的。

最低强度的文本化工作方式是在研究对象、研究环节和研究结果三个组成部分上都尽量少的出现文本。但困难之处就在于，这种最低强度的文本化显然不符合今日哲学研究的要求，越是成功地做到这一点的，越是难以成为人们关注的重点，甚至越是找不到。

我们应该看到存在着如上三种哲学的工作方式。目前我们习惯于第一种，尤其是第一种里面的以经典化文本为对象的研究方式。但是，如果我们要开拓哲学研究的范围，如果我们承认哲学绝不是学院内部的事情，那么，后面两种工作方式乃至存在方式也是需要我们注意的，并且加以实践。说哲学的最高境界是不言之教，也许过于高深，也会压迫目前大多数哲学工作者的生存空间，而且，也会容纳许多欺世盗名者（因为离开了文本，我们无疑更加难以印证哲学的水准），但无疑是值得主张的和尝试的。因为那就是哲学。

这么说是不是在提倡蒙昧主义？是不是和"哲学是反思""哲学是理性的运用"等这些关于哲学的基本认识相矛盾？但也许当我们在说哲学是反思的同时，还要说反思是实践。如果说完全主张哲学是无字之术是勉为其难，我们只需知道有这么一种哲学方式就足够了，那么，我们至少要知道、牢记反思是实践。这绝不是将理论和实践相混淆，而是说，当我们在电脑上敲下这些哲学性的文字时，因为我们以某种方式涉及实践。文本化的哲学工作方式之所以是有意义的，因为那只是实践的一种展开形式。

但是，写作在实与思之间，离开思更近。再次强调，我们所说的实主要指的是哲学研究应该面对现实。也就是在本部分所说的第二种或第三种强度的文本化所面对的现实。可是，由于目前我们的哲学工作方式主要是第一种强度的文本化，我们姑且认为反思也是某种实践。这与其说是某种权宜之说，不如说是在更大的背景内赋予通常的文本化的哲学研究以合法性。

关于为什么哲学研究必须采取文本化的进路，有一种思路并不否认现实作为问题的源泉的积极意义。但是，这种思路认为，现实给予的刺激必须学术化。而学术化对哲学而言主要是文本化，否则我们的哲学研究就变成社会学调查了，甚至是人类学的田野调查了。对此，我们的疑惑是，为什么对于现实问题的疑问必须通过回顾历史，特别是思想史、哲学史而获得解决？孟子怎么说在修辞上可以丰富我们的回答，但是在逻辑上就犯了以权威为据的逻辑错误。如果说这种解答是一种论述策略，目的是避免和现实情势之间过于紧张，是文人的雅兴或者自保措施，那只能说这是某些学者自己的选择，青菜萝卜各有所爱，如此而已。但是，由于青菜实在太多，萝卜就成了稀罕物。我的意思是说，将现实刺激学术化，进而文本化的处理方式过于频繁（当然，相对文本刺激文本化的做法，这种进路还是过于稀少），所以，将现实刺激直接以自身的思考"怼"过去，倒是更加珍贵的。

三、论哲学教育的目的应是实践的

近期有两个事件不约而同的出现，引起了笔者的注意。

一个事件是有北大哲学系学者发表了关于哲学何为的论文，并且被《新华文摘》转载。文章的基本意思是，目前的哲学教育主要目的是培养专业学者，而忽略了哲学的普及功能。哲学做得越好，离开公众越远。这种情况使人疑惑：这是好的哲学吗？[①]

另一个事件是，每逢毕业季，网络上便会出现各种恶搞。其中一个恶搞是，一个穿着研究生学位服的男生在路边摆摊，标牌上写着："哲学硕士，精通德国

哲学、古希腊哲学、分析哲学，求包吃包住的工作。"如果联系越来越严峻的就业形势，这个场景显然意有所指。

这显然是恶搞。有学者严肃地指出，如果真的精通德国哲学、古希腊哲学或者分析哲学，那么，好工作多得是。但是，反过来讲，一个硕士精通任何一种哲学都是难得的。而且，实际上没有哲学硕士这种说法，有的是西方哲学硕士、中国哲学硕士等具体的哲学硕士。

也许我们可以推论出的一个疑问是，没有精通任何一种门类的哲学的哲学系硕士毕业生，是不是就会失业？他的失业，如果不考虑外在的因素，究竟是他过于专业化，还是因为他是"万金油"，什么都知道一点，却什么也不精通？

笼统地说哲学教育的目的，显然这个题目太大。也许我们又会陷入哲学是培养理想人格之类的老生常谈。就目前我们的主题而言，哲学教育究竟是培养直面现实的思考能力，还是直面文本的分析能力？

笼统地说答案是非此即彼的，与事实不符。也许我的答案是比较悲观的。就目前的情形而言，我们的哲学教育不仅逐渐丧失了培养学生文本分析的能力，而且，也以低俗的、廉价的所谓阅读经典的方式掩盖了培养学生直面现实能力的任务。

在史与思相结合的视野中，哲学至少是阅读文本、分析文本的。然而，今日在所谓传统文化复兴热的背景下，这个任务在得到高度强调的同时，却又被挂羊头卖狗肉了。文本被局限为传统文化，更被缩减为儒家文本，甚至是野路子的儒家文本。前一阵关于现代版《三字经》的争论从一个侧面说明了这点。《三字经》中若干不适合于今日的成分略作删改，功莫大焉，却被人污蔑为损害传统经典。事实上，在史与思相结合的视野中，史即便是哲学史，也不是儒家一家所能规范的。这个已经是常识，却在近日仍然有重申的必要。

而且，按照史与思相结合的观点，其背后的预设正是黑格尔。历史的进步的因素却在实践中丧失殆尽。我的意思是，黑格尔认为，后起的哲学体系是吸纳了前期的哲学体系的。这就意味着，当我们回归儒家经典的时候，就要注意后来的思想史、哲学史对它们展开的批评，而不能视而不见。理论预设和实践展开之间真正存在语用学矛盾了。

这倒也不是史与思相结合主张者的本意，毋宁说是一种在社会上的歪用。将板子打在前者身上未必合适。但的确可以让我们将目光转向实与思相结合。

但是，也有人认为，提倡国学也正是出于对现实问题的思索。他们认为，现实存在问题，比如道德衰退，传统文化不彰，所以提倡国学。这里面包含了太多的问题，不可能在此一一解答。但是我想说的是，我们为什么不能通过再创造来回应这些问题呢？哲学的工作方式也许还是需要文本化，但这些文本为什么不是我们自己撰写的呢？

每一个时代都会产生这个时代的文化。就中国而言，20世纪80年代的启蒙和20世纪90年代的世俗化不可同日而语。除去两者内涵的不同，有一点是共同的，那就是它们都是当时的人们自己创造的。若干年之后它们当然可以凝固为哲学研究的对象，但就其诞生之初而言，却是创造。即便一开始也表现为文本，但其实质还是创造。这才是真正的现实，真正的哲学的对象。

因此，哲学系毕业的学生的长处不在于他们学了很多哲学史的知识，而在于他们被训练了能够直面现实的思考能力。这显然是一个人尽皆知的观点。所谓"授人以鱼不如授人以渔"。但是，授之以渔本质上是手段，目的还是鱼。只是直接给以鱼，无论多少年的教育都是不够的，因此就教授了获得鱼的方法论。问题在于，在史与思的视域下，直面现实的任务被遗忘了。当我看到我们的学生辈写着和我们的老师辈一样的哲学论文，比如《孟子》人性论研究，《庄子》政治哲学研究，诸如此类，我就想起很久以前一位学者的比喻：现在很多人在争论动车为什么不开，却忘了自己正处于动车之上，一日千里。"沉舟侧畔千帆过"，我们不必计较沉舟是不是红木做的，我们需要将目光转移到日新月异的现实上来。二十大报告里面还有几句话对此作出了概括："人民的创造性实践是理论创新的不竭源泉。"而哲学工作者应该"紧跟时代步伐，顺应实践发展，以满腔热忱对待一切新生事物，不断拓展认识的广度和深度，敢于说前人没有说过的新话，敢于干前人没有干过的事情，以新的理论指导新的实践"。

《达磨胎息论》诸本的成立

——以敦煌本为中心[①]

曹　凌[②]

　　释迦寂灭非真死，达磨西归亦是仙。

　　但愿世人明此理，同超彼岸不须船。

——《修真十书·杂著指玄篇》

一、绪言

　　历代托名于达磨的作品颇为不少，但《达磨胎息论》恐怕仍是其中较为独特的一种。[③]主流的佛教史著作长期对其保持缄默，甚至其文本也主要是赖《道藏》之保存，才能为后人所知。然而在五代至两宋时期，它确实又曾一度在佛门之中流行，乃至"豪杰俊颖之士……往往信之"（圆悟克勤语）。其中透露出佛教、禅宗与方术、道教及居士群体之间的微妙关系，颇可玩味。可惜一直以

---

① 本文原刊于《法鼓佛学学报》2018年第3期，第25—27页。

② 曹凌，上海师范大学哲学与法政学院哲学系副教授。

③ 本文所讨论的托名达磨的胎息著作在《云笈七签》中被称为《达磨大师住世留形内真妙用诀》（张君房编，李永晟点校：《云笈七签》卷59，北京：中华书局，2003年，第1310—1314页），《道枢》本则以《胎息篇》为名加以略写和引用（曾慥编：《道枢》卷14，《道藏》册20，上海：上海书店，北京：文物出版社，天津：天津古籍出版社，1988年，第679—681页），敦煌本则独立题名。如后所述，这三种文本显是同一文献在发展过程中产生的异本。可见其题名在历史上当已存在混乱。这在类似性质的文献中并不少见。故本文中根据圆悟克勤《破妄传〈达磨胎息论〉》一文将其概称为《达磨胎息论》，涉及各异本时则根据出处称之为《云笈七签》本、《道枢》本或敦煌本。

来对此文献的研究还非常有限。

就笔者所见，最早注意到这一文献并专题进行讨论的是日本学者关口真大。在其《达磨大师の研究》一书中专辟"《达磨大师住世留形内真妙用诀》与道教"一节对《云笈七签》本的《达磨胎息论》进行了介绍和初步探讨，书后还附了《云笈七签》本的录文。他在研究中提出了道教对禅宗的影响究竟如何以及道教界如何看待达磨这两个问题，至今仍具有启发意义。但本文仍只是初步的探讨，使用的资料也只有内容最少的《云笈七签》本，故现在看来不少可以补充、修正之处。①

宫泽正顺《曾慥の书志的研究》一书相当全面地讨论了曾慥的内丹学著作《道枢》，并重点关注了其中和佛教有关的内容。其中也包括了《道枢·胎息篇》所收的《达磨胎息论》文本。②其比较重要的贡献是对《道藏》中所存的两种文本——《云笈七签》本和《道枢》本进行了比较，整理了《道枢》中对本论的引用和评述以及一些其他文献中对本论和《昙鸾法师服气法》的讨论。

此外，福井文雅先生也持续对《达磨胎息论》有所关切。据报导，他曾在1979年瑞士苏黎世所举办的第三次国际道教研究会议中发表相关的论文。③可惜本文此后似未公开发表，笔者也未能予以参考。④在其所撰《道教の历史と构造》一书中则再次提到了《达磨胎息论》，并提出此类文献中所体现的佛道两教呼吸法的关系问题是将来需要发掘的课题。这一点笔者亦非常赞同。⑤

最近几年也有西方学者开始关注这一议题。尤其是《中国宗教研究集刊》

---

① 关口真大：《达磨大师の研究》，东京：彰国社，1957年，第391—400页、第469—474页。

② 宫泽正顺：《曾慥の书志的研究》，东京：汲古书院，2002年，第221—258页。

③ 郑天星：《欧美道教研究概述（二）》，《中国道教》1994年第1期，第38页。

④ 《道藏通考》中《胎息精微论》条援引了福井文雅先生 "Key to longevity" 一文，提出《云笈七签》本的《达磨胎息论》是本于《胎息精微论》中所收《内真妙用诀》。见 Kristofer Schipper and Franciscus Verellen edited, *The Taoist Canon*: *A Historical Companion to the Daozang*（汉译即《道藏通考》），Chicago: The University of Chicago Press, vol.1, 2004, p.373. 本文笔者亦未找到，未详是否即在苏黎世所发表者。但是如后所述，在其所撰《道教の历史と构造》一书中两度提到《达磨胎息论》却并未引用自己的论著。因此这些研究可能都未曾正式付梓出版。

⑤ 福井文雅：《道教の历史と构造》，东京：五曜书房，1999年，第163页，第189—190页。

181

（*Journal of Chinese Religions*）2015年和2017年先后刊登了两篇论文，不同程度地涉及达磨胎息法和相关的文献。其中Joshua Capitanio的论文着重于讨论北宋时期道教内丹学家对于禅宗元素的运用方式。其中即包括达磨及围绕他的神奇传说。然而本文并未对《达磨胎息论》的文本以及修法作更深入的讨论。如后文所论，《达磨胎息论》文本曾经很大的变动，其间对内丹运动也曾有所回应。因此在讨论丹道家对本文的看法之前，似乎仍有必要厘清其文本与修法的演变过程。[1]苏德朴（Stephen Eskildsen）随后发表的研究关注了胎息和归空这两种和达磨有关的法术，并着重讨论了元明以降文献中作为丹道家和归空法术传播者的达磨形象。其中，作者对于达磨胎息法的一些早期引文进行了讨论，并对其修法进行了简单的分析。[2]

上述诸位从各自不同的角度对《达磨胎息论》作了研究，但所依据的都只是《道藏》内所存的两种文本。其实在敦煌遗书中还有《达磨胎息论》的另一种文本，尚未为学界所注意。据笔者所见，这一敦煌本与藏内所存之两本既有共通之处又有鲜明的差异，对于推进相关课题的研究具有重要的价值。因此本文希望先对此新资料进行简述和整理，再就其与藏内两本之关系作一简单的探讨，供有兴趣的同仁参考。

在此需要略作说明的是，前述关口、宫泽和福井的研究似乎认为《达磨胎息论》是道教人士借达磨之名所作。苏德朴的研究则注意到了僧人遵化撰写相关文献的记录以及《道藏》所存文本中佛教化的内容，提出其最初的作者可能是佛教徒。笔者对这一结论也颇赞同。

历史上佛教人物修行此类法术颇不少见，最为人津津乐道的例子即昙鸾、慧思、智颛对相关法术的了解和运用。唐代也曾出现《三厨经》这样的伪经，以道教《五灵心丹章》为基础，构建起颇有佛教特色的修法。此经不仅一度广

---

[1] Joshua Capitanio. "Portrayals of Chan Buddhism in the Literature of Internal Alchemy," *Journal of Chinese Religions* 43（2），2015，pp.119-160.

[2] Stephen Eskildsen. "Bodhidharma Outside Chan Literature：Immortal，Inner Alchemist，and Emissary from the Eternal Realm," *Journal of Chinese Religions* 45（2），2017，pp.119-150.

泛流行，甚至被求法僧带去日本，并保存至今。因此佛教中人修撰此类文献、修行此类法术都非不可思议之事，只是主流的佛教史叙述往往加以忽略。下文我们也会看到，在《达磨胎息论》的改写过程中加入了不少佛教因素，确可见撰者有从佛教思想内部构建胎息法合法性的意图。又，两宋时期道教人士对本论颇多苛评，往往认为其未为究竟，甚或会导人入修行之歧途。反而是比较倾向佛教的士人如苏轼、晁迥都较正面看待，并尝试将其融入自身的修炼实践。圆悟克勤的批判亦是指宗门下有一类"野狐种族"妄托祖师撰作本论，而"豪杰俊颖之士……往往信之"，并未将其斥为外道所撰所修。故笔者倾向于本论是佛僧所撰，且一度在僧团内部相当流行。其敦煌本可能也是由寺院抄写和保存下来，并非道教徒所抄录。②

二、《达磨胎息论》的敦煌本及其整理

（一）写本的情况与整理

2009年出版的《国家图书馆藏敦煌遗书》第109册中将BD11491号遗书定名为《达磨胎息论》并在条记目录中作了录文。这大概是第一次从敦煌遗书中确认相关文献的存在。③

按此件残片首尾均残，仅存19行文字，其中第12行云"达摩云住世留形内真妙用"，并领起一段与《道藏》所存两种《达磨胎息论》密切相关的小文。考虑到《云笈七签》中所存《达磨胎息论》即题为"达摩大师住世留形内真妙用诀"，且这一段落与上文显非连贯的文献，笔者认为BD11491号中此句当兼有标题的作用。《国家图书馆藏敦煌遗书》的判断基本符合文献的实际

---

① 参见拙文《〈三厨经〉研究——以佛道交涉为中心》，《文史》2011年第1期，第119—150页。
② 蒙定源法师（王招国）提示，日本石山寺校仓圣教还保存了一件院政时期抄写的《菩提达磨和尚住世留形内真妙用诀》。限于条件笔者尚无法看到这件写本，但其存在似也可佐证此论曾在僧团中广为传行。
③ 中国国家图书馆编：《国家图书馆藏敦煌遗书》109，北京：北京图书馆出版社，2007年，图版第233页，条记目录第62—63页。

情况。

随后公布的杏雨书屋藏敦煌遗书羽704R号被《敦煌秘笈·目录册》著录为《绝粒法》。[①]然而此件中显然包括了数个相对独立的段落，"绝粒法"仅为第一部分之标题。其中14行中部以下内容实与BD11491号相合，亦包括了以"达摩云住世留形内真妙用"开头的部分，残存内容较BD11491号为多，故也是一个包含有《达磨胎息论》内容的敦煌遗书。

通过与羽704R号比对又可发现原本被拟称为涉道医方的P.3043号也包括了《达磨胎息论》的内容。[②]其开始处相当于羽704R号第32行的中部，结尾部分则较羽704R号更多出《休粮方》《妙香丸子方》两种辟谷用的药方。

综上所述，现今可在敦煌遗书中找到三件有《达磨胎息论》内容的遗书。三种遗书内容虽有若干细节的不同，但可以拼合成一个相对完整的文本。而这一种文本又与《道藏》所存的两种《达磨胎息论》有显然的差别，故下文我们将其统一称为敦煌本。此本的发现为《达磨胎息论》的研究提供了不可多得的新材料，故在本节中，笔者将首先对其进行整理，以便参考。[③]整理中使用的底、校本情况如下：

底本：羽704R号

甲本：BD11491号

乙本：P.3043号[④]

---

① 武田科学振兴财团杏雨书屋编：《敦煌秘笈·目录册》，大阪：公益财团法人武田科学振兴财团杏雨书屋，2009年，第254页。图版见武田科学振兴财团杏雨书屋编：《敦煌秘笈·影片册》9，大阪：公益财团法人武田科学振兴财团杏雨书屋，2013年，第110—111页。

② 参见王卡：《敦煌道教文献研究——综述·目录·索引》，北京：中国社会科学出版社，2004年，第216页。

③ 本文整理时将敦煌写卷中所有内容尽行录文。关于其中辟谷方等内容与《达磨胎息论》的关系等问题，详见下文。

④ 乙本录文参见马继兴等辑校：《敦煌医药文献辑校》，南京：凤凰出版社，2007年，第704—707页。（为便阅读，原文中双行小注内容均以"〔〕"括出。）

绝粒法

雄黄一分、朱砂二分、朱红二分、金五箔、银五箔、乳香一两。已上物并细研一处。白矾五两，先烧令干，捣为末，入消石末二两，相和，入礶瓶子内，以瓦◇子盖口，泥头，座一片砖上已，烧之通赤，住，侯冷取出，捣罗，以纸箔子再地上摊之，盖覆片时去火毒，却收与药一处研，令匀。取蜡二两半，碎切入礶椀内，灰火烧之为之，一齐入药，在内校（搅？）令匀，下火，取为一团丸如杏子大，用纸单子裹之。

右，临绝粒之时，宫心吃稀酒、粥半椀，后至辰时，回面向东坐，呪之。弟子吃此药后常遇神仙，万病不侵，寿同天地然。已熟水下药一一，后片时隘（咽？）气三五十件。遍已，表药到气海。常意想药在脐下，其药力社（摄？），即长不饥。至巳午时，吃人参茯苓汤一茶椀，后常煎杏仁汤吃之。常须令足，不计时，要吃便煎。用杏仁炒熟，去皮，捣入干姜、盐，三味为汤。若要开食即吃稀酒、粥，后渐吃诸物。一生忌芍药、柏二物者。

吐纳。[1] 口中吐，鼻中纳，常忌[2] 口中入。出有六般，入有一种。呵属肺，吹注心，呼注肝，嘘注［月*胃］，嘻注脾，呬注肾。动着肺气，鼻寒勿怪；动着心气，口干舌缩勿怪；动着肝气，眼赤勿怪；动着［月*胃］气，唇焦勿怪；动着脾气，腹藏不调勿怪；动着肾气，耳聋勿怪。动着[3] 诸色气，有[4] 动处用心功（攻）之，缠三两日，其疾必退。一日来着身，二日气如梦行，三日小腹知，四日胀鸣，五日肱气，六日两足热，七日见神，八日气如云行，九日上下透，十日光行，至二十日中，气作微，小便赤黄，大便结硬，勿怪。至三十日时，下或时下痢勿怪，先唐（溏）后刚等勿怪。

---

① 此"吐纳"二字下为相对独立的六字气诀内容，与前文之绝粒法似也不相关。故此"吐纳"二字可能也是兼有标题的作用。

② "忌"，甲本自此始。

③ "动着"，甲本无。

④ "有"，甲本作"觉有"。

又十日小瘦（？）勿怪。①又三十日面色威（萎）黄勿怪。至五十日藏府②调和，至六十日颜色转好。休色绝之，时常忌热物等，冷水任饮，随宜吐纳。或远行、时气，歇处先灌瘦口了，喘息定，只可吃水，起省己呵，为大意也。

达摩云："住世留形内真妙用，吾从西天受得胎息妙用之法。传受本师名宝冠。吾行此法，益世留形，为传心印，方达震旦。师云，'夫所生始于胎，即是精气相合，凝结变化为形。即形是气之本，气形之根。因神而生形，赖气而成之。形不得气，无能而成人③；气不得形，无为主。元其所秉之时即是神气，伏母脐下，精气神合，凝结变化，有形④质也。善要留形住世广长存者，安和胎息，二气相续，即是生矣。'"⑤

夫胎息之时，目无所视，耳无所闻，心无所思，冥然端坐于丹田，经三⑥百息渐渐方可不令⑦意乱，良久便纳。学习多时，或得七息，为（谓？）之初地之人。初一两息，即教九十五息放，且至十五息不通，百十二十息大通矣。若能集之一千息或三千息仙矣。第一日九口，二日七口，三日六口，四日五口，五日四口，六日三口，七日二口，⑧八日不吐不纳。如要开食，先须⑨吃面，或三日来不得吃盐、醋、油腻、生冷、醋滑、陈硬、粘食物、小豆、乔（荞）麦面等，七日三日有病，六字法如后作之，瘥矣。

---

① "十"，甲本作"三十"。
② "五十日藏府"，底本字迹模糊，据甲本补。
③ "人"，甲本无。
④ "形"，甲本作"其形"。
⑤ "矣"，甲本此下残缺。以上为正文A部。
⑥ "三"，乙本自此始。
⑦ "令"，底本字迹模糊，据乙本补。
⑧ "第一日九口，二日七口，三日六口，四日五口，五日四口，六日三口，七日二口"，乙本作"第一日服七口，二六口，三日五口，四日四口，五日三口，六日两，七日一口"。
⑨ "先须"，乙本作"光"。

嘘〔除赤眼〕①，呬〔除冷〕，呵②〔总除四大病〕，吹③〔除焦口病〕，嘻〔除心闷，亦除冷〕，呼〔注脾病唇焦〕。

歌曰：勤守忠，莫放逸，外不入，内不出，还本原④，万事毕。

又歌曰：内有真田⑤不朽，若人得之命长久，上补泥丸下补元，三田⑥之中为住寿。

六字⑦法：大月从呵至呼⑧、呬、吹、嘘、嘻，小月从呵、嘘、吹、呬、呼、嘻。秘⑨妙之方。⑩

休粮方

大麻子三升〔以水浸，夏月三日，冬七日，便芽生，蒸为度，干晒，去皮，取仁〕。

黑豆三升〔为末，取前麻仁放入杵，杵尽豆末，旋干晒为度，仍候日色，可九蒸九曝〕。

由右药特地杵，罗为末。每要绝食时，只可吃三合已来，细细咽之。不得吃热物，便饮冷汤、冷水。如要开食，吃葵粥退之。退后三五日，不得吃湿面、黏食。如觉寂寞，即少少更吃，补得多。极妙之。

妙香丸子方

鹤虱〔二分〕、朱砂〔一分〕、雨（禹）余粮〔二分〕、仁参〔二分〕、茯苓〔一分〕、苟脊〔一分〕、贯众〔一分〕，白松脂、白蜡、黄蜡各等分。

右件药，须细细捣，罗为末，先须销松脂，次下白□……□

（下残）

---

① "除赤眼"，底本作"眼住赤"，据乙本改。
② "呵"，底本作"阿"，据乙本改。
③ "吹"，乙本作"呵"。
④ "原"，乙本作"源"。
⑤ "田"，底本作"困"，据乙本改。
⑥ "田"，底本作"日困"，据乙本改。
⑦ "字"，底本作"家"，据乙本改。
⑧ "呵至呼"，底本残缺，据乙本补。
⑨ "秘"，乙本作"极"。
⑩ "方"，底本至此止，下文二方据乙本录文。以上为正文B部。

（二）关于敦煌本《达磨胎息论》的结构

在此笔者想就上述三件敦煌遗书的性质及敦煌本《达磨胎息论》的结构作一简单的分析，并将其与藏内所存的两种文本作一比较。

首先需要明确的是三件敦煌遗书所抄内容的性质。

这三件敦煌本都被抄在一系列的辟谷法文献之中。其中羽704R号的首部似乎是完整的，但并无卷次、品次等标注。故我判断它并非某种大型书籍的一部分。BD11491号残存内容包括了"达磨云"之前部分内容且与羽704R号相合，故此二本当是据同一原本抄写。文本尾部的情况则较为复杂。羽704R号末端为一相对独立段落的终止之处，但卷尾又有撕裂的痕迹，故无从判断是否仍有后续内容。考虑到P.3043号前部文字与羽704R号高度重合，且其后所抄的休粮方等也与其他两个卷子前部所抄内容相类，故笔者倾向于这三件遗书所依据之原本是同一种辟谷法短文的专题文集，①敦煌本的《达磨胎息论》则是这一文集中相对独立的一个部分。

其次需要讨论的是《达磨胎息论》内容的起止处。如前所述，敦煌本中"达摩云住世留形内真妙用"一句既是正文首句又兼有标题的作用，因此《达磨胎息论》的文本即是由此开始。又下文所列引文中B.12将"懃（勤）守忠（真）"领起之歌诀记为《达磨胎息诀》的一部分，而其后六字法的诀文又是前文六字法内容的诀要，故敦煌本《达磨胎息论》应当包括了从"达磨云"至"休粮方"之前的段落。

最后，笔者想说明一下敦煌本《达磨胎息论》本身的结构。

敦煌本的《达磨胎息论》可分为三个主要段落。第一段是从"达磨云"至"即是生矣"的部分，主要是阐述本行法的来源以及理论基础。这也是现存三种文本共有的内容，只是各本广略不同，文字略有出入（详下）。第二段是从"夫胎息之时"至六字气法呼字的注文，是本论所宣扬修法的操作指南。宫泽先生

---

① 此类的集子在《道藏》中所载多有。如后文所将会引用的《胎息精微论》《诸真圣胎神用诀》等，均是此类。

在研究《道枢》本时已注意到其中包括了理论性的内容与操作诀要两个部分，并且指出前者可见于《云笈七签》本且道教色彩较为浓厚，后者则未见于它本且佛教的术语较多。言下之意，似乎认为诀要部分是流传过程中加入的内容。《道枢》本的诀要段落下文还会再作分析，此处希望说明的是在两个文本中都出现了本论与诀要二分的结构，非常类似于道教经典中常见的经–诀结构。这种结构具有很强的开放性，可以不断以诀文形式附加附录和说明，并在此基础上再作整合。《达磨胎息论》之所以产生如此多样的多种文本也正与这种形式特征有关。敦煌本《达磨胎息论》最后还包括了两个歌诀和一个六气法的口诀，都采用了易于记诵的形式。其中六气法的口诀很显然是为了补充前述第二部分中六字气法的内容而写入，相当于是诀要之诀要，更凸显出此类文本所具有的开放性特征。这也提示了在分析此一文献时需要特别注意内部的层次以及各本不同内容之间的异同。

三、《达磨胎息论》的引用情况

宫泽前揭书中收集了《道枢》中对《达磨胎息论》的引用，来说明本书作者对达磨及《达磨胎息论》的态度。对于《道枢》以外文献中的引文，则没有系统地进行搜集。对于本文的目的而言，历代的记录者和引用者究竟是使用何种文本至关重要。因此本节希望先将笔者所收集到的一些其他文献中的早期引文略做罗列，并作一简单地分析，以方便下文的讨论。

（一）与《达磨胎息论》相关的引文

A. 目录书中的记录

1.《崇文总目》卷九

《达磨胎息诀》一卷[①]

---

① 《崇文总目》卷9，《景印文渊阁四库全书》第674册，台北：商务印书馆，1984年，第109页。

2.《新唐书》卷五九

《菩提达摩胎息诀》一卷①

3.《郡斋读书志》卷一六

《胎息秘诀》一卷（右，唐僧遵化撰。论达磨胎息，总十八篇，歌二十三首，凡一千四百四十言，天佑丁酉书成。）②

4.《通志》卷六七

《达磨胎息诀》一卷

5. 同上

《胎息定观经》一卷，达磨撰

6. 同上

《六祖达磨真诀》一卷，王元正撰

7. 同上

《达磨诸家气诀》一卷

8. 同上

《达磨妙用诀》一卷

9. 同上

《养生胎息秘诀》一卷，贾遵化撰③

10.《文献通考》卷二二五

《胎息秘诀》一卷（晁氏曰：唐僧遵化撰。论达摩胎息，总十八篇，歌二十三首，凡一千四百四十言。天佑丁丑书成。）④

11.《宋史》卷二〇五

菩提达摩《胎息诀》一卷⑤

---

① 《新唐书》卷59，北京：中华书局，1975年，第1524页。（按，此条目为欧阳修等修撰《新唐书》时所编入。）

② 参见晁公武著，孙猛校证：《〈郡斋读书志〉校证》，上海：上海古籍出版社，2006年，第764页。（按，诸本中袁本无此条目。"丁酉"，别本作"丁丑"。）

③ 以上诸条见《通志》卷67，北京：中华书局，1987年，第791页。

④ 参见《文献通考》卷225，北京：中华书局，2011年，第6194页。

⑤ 参见《宋史》卷205，北京：中华书局，1985年，第5188页。

12. 同上

《真秘诀》一卷（宝冠授达磨）①

13. 同上

僧遵化《养生胎息秘诀》一卷②

B. 其他文献之引用

1.《还丹内象金钥匙》(彭晓)③

　　又问曰：窃闻高僧中有出没自在，死生任情，接迹见闻，不可胜数，以载于经论，动逾数百，今指一二，粗立事端。且僧佛图澄生死自在，著于明史，述《金液诀》，形于丹经。又僧昙鸾师作《气术论》行于世，皆同道家，忽暂亡而起，忽蹑空而行，阴教之中，岂曰无之？吾仁之言，阳法有上升，阴教归空寂，即此二僧，皆留形住世，隐显自由，得非空寂乎？

　　吾曰：嘻！有何难明哉！其二子皆内修阳法，外修僧形。法岂分外貌乎？僧、玄皆人也，同天地间一物耳。若外为僧，内修阳法，何异于外貌黄冠乎？且阴阳之道，任情变化，岂有偏党乎？惟《达摩师气诀》，正是外内不出入，凝定空寂中，炼妙有之法，便是空寂法中阴真。

2.《龙虎铅汞说》(苏轼)④

　　人能正坐，瞑目调息，握固定心，息微则徐闭之（原注：《达磨胎息法》亦须闭。若如佛经，待其自止，恐泺不能到也）。

---

① 参见《宋史》卷205，北京：中华书局，1985年，第5196页。
② 参见《宋史》卷205，北京：中华书局，1985年，第5192页。
③ 收于张君房编，李永晟点校：《云笈七签》卷70，北京：中华书局，2003年，第1556—1557页。
④ 茅维编，孔凡礼点校：《苏轼文集》，北京：中华书局，1986年，第2331—2332页。（此外苏轼还著有《养生诀》和《胎息法》等涉及胎息的作品，亦是以闭息为本，其中不乏与《达磨胎息论》相通之处，可能曾有所参考。见上引书《云笈七签》第2335—2336页及第2337—2338页）。

3.《圆悟佛果禅师语录》卷二十《破妄传〈达磨胎息论〉》（圆悟克勤）①

西方大圣人出迦维罗，作无边量妙用，显发刹尘莫数难思议殊特胜因，以启迪群灵……嗟见一流拍盲野狐种族，自不曾梦见祖师，却妄传达磨以胎息传人，谓之传法救迷情，以至引从上最年高宗师如安国师、赵州之类皆行此气，及夸初祖只履、普化空棺，皆谓此术有验，遂至浑身脱去，谓之形神俱妙。而人间厚爱此身，怕腊月三十日，惝惶竞传归真之法。除夜望影，唤主人翁，以卜日月、听楼鼓、验玉池、觇眼光，以为脱生死法，真诳谑间阎，捏伪造窠，贻高人嗤鄙。复有一等，假托《初祖胎息说》、《赵州十二时别歌》、《庞居士转河车颂》，递互指授，密传行持，以图长年，及全身脱去。或希三五百岁。殊不知此真是妄想爱见，本是善因，不觉堕在荒草。而豪杰俊颖之士，高谈大辩，下视祖师者，往往信之。岂知失顾步画虎成狸，遭有识大达明眼觑破，居常众中唯默观悯怜。岂释迦文与列祖体裁止如是耶？曾不自回照始末，则居然可知矣。海内学此道者如稻麻竹苇，其高识远见自不因循，恐乍发意未深入闽奥，揭志虽专，跂步虽远，遇增上慢导入此邪见林，未上一错永没回转，其流浸广，莫之能遏。因出此显言，庶有志愿于大解脱大总持可以辩之，而同入无生大萨婆若海，泛小舟济接群品，俾真正道妙流于无穷，岂不快哉？

4.《西山群仙会真记》卷三（华阳子施肩吾）②

《西山记》曰：炁本无形，必赖有形之躯，形全炁在，自可修补。不择老幼，所贵至诚，始终如一。《天皇圣胎秘用神诀》，补炁之上法；达玄胎息至理，补炁之中法。其后因胎住息因息就胎，扁鹊《灵枢》，葛洪注《胎

---

① 《圆悟佛果禅师语录》卷20，CBETA，T47，no.1997，pp.809c07-810a19。
② 参见《道藏》第4册，第432页。

息》，补炁下法。此外皆非法也。

5. 同上书卷四^①

及达磨胎息至理，言人之炁升，自有走失，莫若内观诸世界，游戏自己天宫，超清虚妙境。其法贵乎无漏，一念不生，一意不动。无漏则善果成，不动而真圣见，而面壁九年，气无毫发走失，阴灵自外，而身有身。东人不悟，乃掷钵西归。故圣人曰真胎息也。

6.《诸真圣胎神用诀·达磨禅师胎息诀》^②

夫鍊胎息者，鍊炁定心是也。常息于心轮，则不着万物，炁若不定，禅亦空也。炁若定则色身无病，禅道双安。修行之人，因不守心，元炁失了不收，道怎成矣。古人云，炁定心定，炁凝心静，是大道之要，又名还丹。道人无诸挂念，日日如斯，则名真定禅观。故三世贤圣修行皆在此诀，名为禅定双修也。

7.《养生类纂·养生总叙》（周守忠）^③

元牝既立，犹瓜有蒂，闇注母气，母呼即呼，母吸即吸，绵绵十月，气足形圆。心是气之主，气是形之根，形是气之宅，神是形之真，神用气養，气因神住，神行则气行，神住则气住。此经要眇之义也。

---

① 参见《道藏》第4册，第437页。
② 参见《道藏》第18册，第434页。按此书盖出于南宋，参见 *The Taoist Cannon*, vol.1, p.789。
③ 《养生类纂》，收入胡文焕校勘，傅景华重编，《寿养丛书》（第5册），北京：中医古籍出版社，1990年，第262—263页。《上阳子金丹大要》等对此文有节略的引用。

8.《元始无量度人上品妙经注》卷下参校（郭冈凤参校并赞）①

又如参同释祖达磨形神俱妙只履西归之事。《实录》中有《胎息经》，略曰：玄北之门，驻景之户。若能兼行，自然甘露。盖未尝非《道德经》中旨也。又有《调神歌》一篇，与丹经调神之法合同，其歌曰：

调神如婴，万法无情，恬如恬如，神分自宁。

……

今附见于此。②

9.《上阳子金丹大要》卷九（陈致虚）③

传达磨，说归空，观物知胎语不通，生死定年次月日，临时更定五心中。八段锦，十号颂，都在无名指上用，蓦地浮云遮日月，大限到来宜稳重。度天魔，阴魔绝，又号天关般弄法，甲子中宵见子时，运气七抽放在舌。指天竺，胎息经，谓能住世与留形，不知古德无多语，但要人从正路行。

10.《紫阳真人悟真篇注疏》卷六疏文（戴起宗疏）④

疏曰：鉴形者，悬鉴于室，存神于中而出。闭息者，闭一身之气，如人未生在胎之时。以鸿毛着鼻上，毛不动，能十二息为小道，能一百二十息为大道，能至于千，去仙不远。如《达磨胎息论》……诸术皆无金丹点化，皆是阴神。

---

① 参见《道藏》（第2册），第278—279页。本书为南宋末或其后的作品，参见任继愈主编：《道藏提要》，北京：中国社会科学出版社，1995年，第66页。

②《调神歌》下文会列表格专作讨论，为避文繁，此处略。

③ 参见《道藏》第24册，第33页。

④ 张伯端撰，翁葆光注，戴起宗疏：《紫阳真人悟真篇注疏》，《道藏》第2册，第952页。

11.《卫生歌》注文（收入《修真十书·杂著指玄篇》卷八）①

《达磨胎息论》曰：凡服食，须半夜子后，床上瞑目盘坐，面东呵出腹内旧气三两口，然后停息，便于鼻内微纳清气数口。舌下有二穴通肾窍，用舌柱上腭，存息少时，津液自出，灌漱满口，徐徐咽下，自然灌注五脏。此为气归丹田矣。如子后丑前不及，但寅前为之，亦可。卧中为之亦可，但枕不甚高可也。

12.《敬斋古今黈》卷六（李冶）②

养生家有胎息之说……晁承旨明远、张太保安道③、苏端明子瞻、黄太史鲁直，此四君子，遂能曲尽要妙，明著其说。晁则立合和之论，张则出清微之语，苏则谈随住之诀，黄则述莲烛之颂。晁公之言曰：心息相依，息调心静，静调久久，可成胜定。神气相合，气和神清，清和久久，可致长生。张公之言曰：身如莲华及虚空，中有习习清微风，绵绵若存道乃通，一来一往终无穷，来无辙迹去无踪，散入八万四千毛窍中……晁迥明远说（原注：案晁迥，原本作晁回，今据《宋史》改正）心息相依，神气相合。张方平安道说，身如莲华及虚空，中有习习清微风。此达摩胎息法也。近世万松和尚著《从容录》④以为达摩无胎息法。人谓达摩行胎息者，是其说出于曲学小智。予谓万松之说非也。佛乘虽深，密要不出性命二字。故知胎息法祇是以性命为一致。若谓胎息等皆妄，则凡灯史所载机缘语句独非系驴橛耶？胎息虽不足以尽至理，亦至理之所依也。今一切去

---

① 参见《道藏》第4册，第632页。
② 参见《景印文渊阁四库全书》第866册，第389页。
③ 张方平，字安道，北宋人，传见《宋史》卷318。值得注意的是他对苏轼有知遇之恩，故"轼终身敬事之"。在苏轼集中亦有上张方平的《养生诀》一文，不少内容颇可与敦煌本《达磨胎息论》相参看。
④ 按，《从容录》所载大体不出圆悟克勤此中所述，故本文不特再录出。

之，则正所谓性外求命，命外求性耳。性外求命，命外求性，便是不识性命。

13.《黄帝太乙八门入式诀》卷上[①]

又《达磨胎息诀》云：勤守真，莫放逸，内不出，外不入，还本原，万事毕。若还了得，其真勿失，延年永保。

（二）关于引文的一些分析

本节中希望对前面所列引文作一些简单的分析。

首先，从《通志》开始诸家目录往往会记录多种达磨所撰或与达磨有关的胎息法文献。正如Capitanio所见，这一点提示了北宋时期可能存在多种托名达磨的胎息法作品。在各种文献的引文中确也可发现一些现存三本所无的内容。如B.6这一段相当完整的引文说明了以炼气为禅修助缘的思想。前述的三种《达磨胎息论》文本则都没有涉及禅修。又如引文B.11引用了一段相当完整的服气诀，亦不见于现存的三本之中。[②]凡此种种，提示了目录书的记录并非空穴来风，很可能确实存在过一些与本文讨论对象不同的托名达磨的胎息法著作。下文所将会提到的《胎息秘诀》便是其中之一种。

在短时期内出现数种托名达磨的胎息著作并非偶然。正如圆悟克勤所述，当时颇多人都认同历史上许多高僧都身怀气法的绝技，甚至最终借此全身脱去。其中最能引起人们兴趣的大概就是中土禅宗的初祖同时又有诸多神异故事的达磨。尤其是达磨面壁九年的传说，直到明清仍是炼丹家津津乐道

① 参见《道藏》（第10册），第769页。
② 此外，B.9前段"传达磨，说归空，观物知胎语不通，生死定年次月日，临时更定五心中"，应当是指另一种曾经托名于达磨的修法——归空法。关于归空法及其与达磨的关系，参见藏内所存之《灵宝归空诀》的说明。苏德朴前揭文中也有较为细致的讨论可供参考。由于和胎息法没有直接关联，此处不拟多作讨论，但它无疑显示了和达磨相关的法术内容的多样性。

之事。①因此很有可能是先有达磨曾经修习胎息法的传说，再围绕这样的传说撰出具体的诀文。其间或许有不同的人出于不同的原因分别撰写，而导致数种类似的文献并行于世。

其次，有部分著录和引文提示了本经撰于唐代，但可信度大都颇有疑问。

《新唐书》中著录了《菩提达摩胎息诀》一卷，但这一条目属于欧阳修等拾遗编入的部分，难以确认其根据究竟何在。

又，传为华阳子施肩吾所撰之《西山群仙会真记》及《道枢》华阳篇和会真篇中都多次引用了达磨胎息法，并称其为"补炁之中法"。显然作者对达磨胎息法相当熟悉。然而华阳子施肩吾及其所撰丹法文献的时代都有一些争议。南宋时期陈振孙即已提出存在两个施肩吾，其中丹道家施肩吾师从吕岩，时代较后。今人丁培仁亦认同此说而主张华阳子施肩吾是宋代的炼丹家，与诗人施肩吾同名。最近则有张遂新氏提出丹道家施肩吾的形象是由宋人根据唐代诗人施肩吾为蓝本所构造的"虚像"，相关著作则是宋人托名撰作。②总之，笔者亦认同这些署名施肩吾的丹道著作并非唐人所撰，而是出自宋人之手。

又，《通志·艺文略》中记录了王元正所撰《六祖达磨真诀》一卷（A.6）。据《道枢·太白还丹篇》，王元正号清虚子，唐贞元时人，确曾撰写过修养法的著作。但王元正撰《六祖达磨真诀》之说却无法获得任何其他文献的支持。因此笔者认为这条记录可能有误。此外，从书名来看，此书当是记达磨与慧能之

---

① 关于金丹南宗对于达磨面壁九年之说的发展，参见 Capitanio 前揭文第 134—139 页。一个相关的例子是，托名于许旌阳的《灵剑子引导子午记》中的以神驭气条引述了一段与《达磨胎息论》极为接近的内容，却说此法是迦叶留形之法，并曾为马明（鸣）、龙树所修，秘传于世。作者何以得出这样的看法仍无法完全明确，但是其中提到的迦叶、龙树等人确实也都曾有和长生有关的事迹传世，可见法术托名于哪位高僧与通行的人物传记之间有紧密的联系。这一点在达磨的身上也是适用的。
② 参见丁培仁：《华阳子施肩吾的丹道思想》，《社会科学研究》1990 年第 4 期，第 69—73 页及张遂新：《施肩吾的奇幻漂流——从"施真人"到"民间开发澎湖第一人"的形象建构》，《台湾研究集刊》2016 年第 1 期，第 60 页。

胎息诀法，故与本文所讨论的《达磨胎息论》当并无直接关系。①

和唐代有关最值得注意的记录是《郡斋读书志》的《胎息秘诀》条（A.3）。根据晁公武的注文，此书为僧遵化于天佑丁酉（或作丁丑）所作，篇幅共计1 440字，包括了十八篇，并有二十三首歌。此条记录虽然不见于袁本之《郡斋读书志》，但却曾为《文献通考》《通志》《宋史》等书所引用，当为原本之内容。其记载亦颇为详细，显然是有所本。

关于本书的撰作时代，孙猛提出唐哀宗天佑年间并无丁酉或丁丑岁，故本书当是撰于唐哀宗天佑年间之某一年（如乙丑或丁卯）。但正如Capitanio所指出，天佑年号也曾为五代的政权所继承，故若采天佑丁丑说或也可通。无论如何，这条记录当可证明在唐朝最末期到五代最初期之间曾撰出过一种托名于达磨的胎息法著作。可惜的是，笔者尚未能查到关于僧遵化的任何信息。然而从篇幅来看，《云笈七签》本和《道枢》本都无任何歌诀，篇幅却已接近或超过《胎息秘诀》全文。敦煌本虽然较为短小，但如下文所述，其前部与藏内二本相合的部分当是经过了节略，故原本长度当与藏内所存之两本相若。若假设这种节略是由遵化作，而以其为《胎息秘诀》中之一篇，则十八篇如是长度的文章仍将大大超过1 440字。总之，现存的三种《达磨胎息论》文本似乎与晁公武对《胎息秘诀》的描述相差甚远。然而遵化此书作为较早出现的达磨胎息法文献仍可能对本文所讨论的《达磨胎息论》有所影响。尤其敦煌本独有的两则歌诀与《胎息秘诀》的关系也值得进一步探讨。

最后，引用中最早者为《云笈七签》所收五代道士彭晓所撰《还丹内象金钥匙》中的引述（B.1）。如下所述，其中提到的修法与敦煌本的《达磨胎息

---

① 《六祖达磨真诀》这个书名颇为古怪。一般而言，似乎不宜将慧能置于达磨之前，更何况用"六祖达磨"的名称亦容易引起六祖即是达磨的误解，似乎难说妥当。然而《西山群仙会真记》卷五还有一处并列提到这两位祖师之丹道成就，云"昔达磨、六祖禅师，虽是阴神出窍……亦出而不能入也"。由此来看，宋代或许曾流传过托名达磨、慧能二人的丹道文献。此外，苏德朴前揭文中提到曾慥根据王元正作品而编的《道枢·太白还丹篇》中有一段临死时的修法，与《灵宝归空诀》类似。但是就笔者拙见，此文中所述的明确是移舍（夺舍）投胎之类的法门，与以解脱为目的的归空法仍有很大的不同。因此难以看出两者之间有直接的联结。现存的诸本《达磨胎息论》中也都没有提到或暗示此类的修法。

论》基本相合。又，此段文字设问说佛图澄与昙鸾"留形住世"。这并非习见的熟语，却正是《达磨胎息论》的核心词汇之一。因此这段引文所提到的当正是《达磨胎息论》，且所引用的是较接近敦煌本的文本。

综上所述，由于养生家甚至佛教教团内部曾经普遍认为达磨、慧能等高僧大德是通过气法而得成就，在唐末、五代以降，逐渐出现了一些托名于达磨的胎息法文献。其中至少包括僧人遵化在唐末五代所撰的《胎息秘诀》一文，以及本文所讨论的《达磨胎息论》。《达磨胎息论》的作者及撰述时间都未见明确记录，但后蜀道士彭晓所撰《还丹内象金钥匙》便已引用，因此至少是在五代时期便已撰出。北宋以下相关引用渐多，乃至出现以之为胎息法代表之一的倾向，显示其在两宋之间一度相当流行。然而其中和《达磨胎息论》直接相关的引文既有引用敦煌本类型者（如B.1、B.2、B.10、B.13等）也有引用藏内二本之类型者（如B.7），似乎还有引用同一系统中的别种文本者（如B.5、B.8）。而这些情况在《道枢》其他诸篇的引用中也可见到。还有一些引文则归纳得太过简略无法确定归属（B.3、B.4、B.12）。但总体来看，与敦煌本较为接近的引文较多而且出现得较早，与《道枢》本相关的引文则集中见于施肩吾和曾慥的著作之中。

四、《达磨胎息论》诸本的成立——基于新资料的再检讨

以上笔者对三种载有《达磨胎息论》的敦煌遗书进行了整理，本节则是希望将藏内的两种文本与此一新资料进行比较，就各本之间的关系及其成立的经纬提出一些看法。

（一）《达磨胎息论》理论部分的渊源及敦煌本的节略问题

前文提到，《道藏通考》中《胎息精微论》的条目引用福井文雅的一篇文章，提出此论中所存的《内真妙用诀》当为《达磨胎息论》之渊源。[1]这是非常

---

① 《胎息精微论·内真妙用诀》，《道藏》（第18册），第445—446页。

重要的论断，可惜此后的研究都未再就此有所讨论。

将藏内两本《达磨胎息论》与《内真妙用诀》进行比较可以发现，其第一部分中关于胎息理论的内容实即改写自《内真妙用诀》。

《内真妙用诀》首先观察了人结胎出生的过程，强调只有在"气神备遂"的情况之下，方能解胎而生。但凡人出生之后"情见于外"，陷入"神与炁各行，子母不相守"的状态，形体随之也日渐衰弱。由此作者提出长生之本正在于保持神气相守，以神驭气，随呼吸上下，使神不外驰、气不外泄，进而以之通行五脏、四肢。这种思想建基于传统的以隔绝内外气为核心的胎息法技巧，而又进一步强调了神的作用，将精神外驰（而不仅是气的外泄）也作为衰弱的重要原因，从而融入了部分存思守一及内视历脏的技巧，拓展和丰富了胎息的内涵。这在唐五代的时期也算是较为新颖的胎息方法。《达磨胎息论》改写自《内真妙用诀》，故也以相同的修行理念为基础，强调须"神气相合，主心不动念，无来无去，不出不入，湛然常住"。若能神气相守于气海"坚固凝结，不化不散"，"即自然长生，留形住世"。在改写的过程中，《内真妙用诀》对部分道教经典的引用也被《达磨胎息论》所继承，但出处却被模糊化，可说是两者关系之明证。如《内真妙用诀》引《中胎经》"形中子母，何不守之"一句，引出神气如子母的命题，作为整个法术的理论基础。《云笈七签》本对应段落则作"故论云形中之子母云何相守"，并未给出所引经论的名称。《道枢》本索性去掉了引文，直接提出"神者气之子也气者神之母也"的观点。此外藏内两本《达磨胎息论》第一段落的结尾处都讨论了情欲的问题，《云笈七签》本作"凡夫之人，二境相睹之后即情欲动，情欲动即精气悉下降于茎端而下泄之，皆为情欲所引，制御不得，遂有畎浍之忧，衰丧其本也"。《道枢》本则作"鄙夫者根境相对而生情爱，乃鹜于淫欲，精气下泄，身乃枯朽，故日无涓滴之益，而时有畎浍之决，丧其性命之宗"。这段内容被宫泽先生认为和房中术有关，但若参考《内真妙用诀》便可知这是对原文相当复杂的一段论述的略写。《内真妙用诀》首先是在正文中强调了"为道之士"由于神气合行，不为情欲所牵动，虽有情欲，也能"男子茎中无聚精，妇人脐中不结婴"。在相关的注文中则说明了修行之人以神驭气可以令胎息随呼吸往还于"茎端"和泥丸宫之间，凡人则不免因情欲积精于茎中而致衰耗。[①]其中虽然隐约有还精补脑的内容，但主旨仍是基于神气相合的理念，强调神对精气的引领。《达磨胎息论》的作者或许不希望作品中出现大段道经的引用，所以作了节略和改写，并增加了一段关于施泄后果的论说，才导致了宫泽的误解。但是在《道枢》本中仍然保留了《内真妙用诀》注文中的"二景"一词。这本是为呼应其所引《黄庭经》中"日月布列设阴阳"一句而特意选择的不常见的隐语，但《达磨胎息论》中却已不见《黄庭经》的引文，故意义颇为不明。此外有趣的是，即使对原本进行了大幅度的改写，《达磨胎息论》的题目中却仍然保留了"内真妙用"一词，也透露出其出处的马脚。

除了对引文进行删除和模糊化，《达磨胎息论》还作了一些佛教化的改写。

首先，《内真妙用诀》仅是一个朴素的诀文，直接以"诀曰"开头。《达磨胎息论》则增加了一个缘起，虚构了达磨为能长久住世"弘传心地密法"而向宝冠求长生之诀的情节。这一情节一方面将诀要与达磨联系了起来，另一方面则是尝试在佛教思想的框架内为长生法建立合理性。慧思的《立誓愿文》中说"为护法故求长寿命……作长寿仙见弥勒"[②]，便可说是这种逻辑的早期证例。笔者之前讨论过的《三厨经》的部分异本亦是使用类似的方法，在佛教思想的框架下为长生法寻找合理化的解释。[③]显然，即使在此类修法盛行的五代和两宋时期，以长生为最终目的的修行理念仍然无法为佛教界的主流所接受。因此提倡此类法门的佛僧亦不得不曲为解释。《达磨胎息论》的敦煌本被合抄在一系列的辟谷法中，当亦有类似的背景。辟谷法虽然被一些人认为是可以致长生乃至修成真仙的法门，但同时也是一种可以便于生活的法术。在《三厨经》的一些早期文本中即强调了此法是为了禅修方便而作，可见在唐宋时期，辟谷法可能是佛教界较能接受的一种修养法门，并由此成为一些人援道入佛的窗口。

---

① 《胎息精微论》中所存的《内真妙用诀》有颇多的注文，未详是否作者自注。不过《达磨胎息论》所改写的当即是这种带有注文的版本，因此，"三月玄牝具焉"的注文"玄牝者，口鼻也"也被改写者作为正文抄录了下来。又比如后文所将提到的"二景"也是《内真妙用诀》注文中的内容。
② 《南岳思大禅师立誓愿文》，CBETA，T46，no.1933，p.791c12—18。
③ 参见笔者前揭文。

其次，《达磨胎息论》还在正文中加入了一些佛教性的内容。这尤多见于《云笈七签》本，不知是否曾慥有所删略。如《内真妙用诀》先从人的出生以及成长的过程来论述形、神、气三者的关系，《云笈七签》本则在此后更加入了"故知我释迦文佛令孝顺父母及报养父母养育乳哺之恩，谓此故也"，不仅加强了佛教性，更由此尝试在佛教思想中为本论找根据。又如在论述神、气关系时，三本均有将神改写作神识或识的情况，也是使用佛教术语对原本内容进行的改造。凡此种种，在此便不一一枚举了。

由此再来看敦煌本，便可发现其中第一部分只包括了达磨向宝冠请教的情节以及对于神气关系的第一段总论，较《道藏》本大约减少了五分之四的篇幅。如前所述，各本中这一部分的内容都是改写自《内真妙用诀》，故可知敦煌本非最原始的文本。其第一部分是由一个包括更完整理论内容的版本略写而来。换言之《道藏》中所存的两本中，这一部分内容可能更接近《达磨胎息论》原始的形式。不过《云笈七签》本未包括任何具体的修行诀要，恐怕也非全本。《道枢》本对应段落的内容则较《云笈七签》本为略，且曾慥一贯会对所引文献进行节略，故亦显非原本。总之，现存的三本都只能看作是修改本，无法体现《达磨胎息论》最原始的形态。虽然如此，但在这样三个来源、内容都颇为不同的文本中包含着一个几乎完全相同的段落，提示了这个段落很属于较为原始的层次，很可能是最原始文本的一部分。而正是以此一部分所主张的胎息理论为出发点，又生发出了颇为不同甚至可说是南辕北辙的两种修行法。下一节我们即希望讨论这两种行法之间的关系。

（二）敦煌本与《道枢》本的关系——以修行方法为中心

现存三种《达磨胎息论》的文本中，《云笈七签》本仅包括三本所共通的部分而未附具体的修行指南，因此难以奢论其与另外两本之关系。至于敦煌本和《道枢》本，虽然都是基于神气相合的修行理念，却又采用了完全不同的修行方法。这种不同不仅可以帮助我们了解两种文本成立之先后，也对于了解气法和内丹法的历史有参考价值。故本节希望就此略作说明与分析。

敦煌本所述的胎息法中最核心的修法是闭息，也即通过练习逐渐减低呼出/吸入的比例以及呼吸的频率，希望达到"不吐不纳"。此当即后文第一首歌诀中所说的"外不入内不出"。当然，在隔绝了内外气息后还可以布气，即以神引领体内之真气运用于周身来治疗疾病或达到辟谷、长年等效用。此当即第二首歌诀所谓"上补泥丸下补脑，三田之中为住寿"之所指。

《抱朴子内篇·释滞》中说："得胎息者，能不以鼻口嘘吸，如在胞胎之中，则道成矣。初学行炁，鼻中引炁而闭之，阴以心数至一百二十，乃以口微吐之，及引之，皆不欲令己耳闻其炁出入之声，常令人多出少。"①其对胎息的理解以及修行的方式均与敦煌本《达磨胎息论》的诀文相近。由此可见这种以闭息为中心的修法正是胎息法的本色。又，这则诀文中部分内容当是来源于《神仙食炁金柜妙录》。此书当是《隋书·经籍志》所载京里先生所撰《金匮录》的一部分。《正统道藏》中保存了此书的数卷，都已分开别行，其中《神仙食炁金柜妙录》的作者被误题为京黑先生。在这一部中的行炁诀部分，作者提出求仙之大要在胎息。其胎息法亦先须"目无所视，心无所思"，修行时以十二息为小通，以百二十息为大通，文字表述与敦煌本《达磨胎息论》十分相近。②此外，在《云笈七签》等处也可以看到许多此类的胎息诀。总之，可以说敦煌本《达磨胎息论》的修法是一种非常传统的胎息法门。需要注意的是，诀文中有一段特别说明了"如要开食"的作法。此类段落是辟谷法中常见的内容，如羽704R号中的绝粒法和P.3043号中的休粮方便都有类似的段落，用以说明需要重新进食时的作法。由此也可见敦煌本的《达磨胎息论》虽然亦宣称可以帮助修行者成仙，但同时却有强烈的辟谷法性质，可能是主要为此类修行服务。由此也不难理解它何以被与一系列的辟谷方抄录在了一起。

与敦煌本相比，《道枢》本《达磨胎息论》的修行诀要更为复杂，也更为隐晦，并不容易把握，在此我们只能尝试作些简单的归纳。

此诀要大体可以"调神如婴"为界分为两个部分。第一部分首先重述了上

---

① 葛洪著，王明校释：《抱朴子内篇校释》，北京：中华书局，1985年，第149页。
② 相关段落见《神仙食气金柜妙录》，《道藏》（第18册），第461—462页。

文子母相守之说，强调神为气主，神定则气定，神气俱定，即为胎息。其次则是说明胎息的性质、表象及一些相关的修法（鹤形和龟形）。再次，结成胎息之后又须以法加以锻炼。其修法主要是跌坐于静室，存想胎息如烟如丝，而以意引之周游体内，来条畅息脉。随后以此胎息灌入泥丸。再引之集于舌上，抟而吞入腹内（当是还归气海）。如此常行五三年，便可大成。此后便可"任意修炼"。包括想其胎息由小而大，再由大而小等等，逐渐可得瞬间移动、隐形、不食等能力。虽然采用的方法颇有特色，并似乎纳入了佛教禅修的技巧，但总体来看，大致相当于内丹法中结胎之前的部分修行。其中以神、气凝结成胎息类似于丹法中采药而成丹。随后将胎息在泥丸和气海之间上下搬运则是模仿了道教丹法中的转河车及上下鹊桥的功法。在钟吕派的丹法中这类修法的目的在于结成金液还丹／圣胎。然而经此阶段的修炼，虽然可以获得一些神通，但仍只是生死自在以及可以辟谷不食，与敦煌本的目标不殊。如何进一步超凡入圣，则是下文所要说明的内容。

诀要的第二段更加晦涩，须与引文中的B.8结合起来，才能较明确理解。

B.8中有两段的直接引述。其中前段提到论文正文云"玄牝之门，驻景之户。若能兼行，自然甘露"。此句并不见于《道枢》本，却见于相近的《云笈七签》本中，或许是曾慥所节略的内容。无论如何，其所引用的《达磨胎息论》的正文可能较接近藏内之两本。后段即是所谓《调神歌》。根据引者的说明，此歌当是某本《达磨胎息论》的附文。①在此我们先将其与《道枢》本诀要后段作一比较如下表（下划线为笔者所加）：

---

① 根据引者的说明，《元始无量度人上品妙经注》引用的这两段文字当都出自一部名为《实录》的书，又分别有《胎息经》和《调神歌》的小标题。《实录》具体所指不详，但鉴于《胎息经》引文与《云笈七签》本《达磨胎息论》基本相合，《调神歌》则又与《道枢》本部分内容有关，又考虑到《调神歌》与《道枢》本诀要前部有互相补充的关系，笔者推测《实录》中《调神歌》是作为《胎息经》附录的歌诀存在。从文字表述和内容来看，《调神歌》与《道枢》本诀文前部内容可能并非同时成立，然而从两段诀要的互相关系来看，其成立时间应当较为接近。

表1 《调神歌》与《道枢》的比较

《调神歌》	《道枢》本中对应内容
调神如婴，万法无情，恬如恬如，神兮自宁。调神如婴，寒暑枯荣，治之覆之，形神自贞。调神如婴，启合形神。形神启合，如琉璃瓶。中有金像，虚实交并。像喻法体，瓶喻色身。	故调神如婴，怡怡如如，寒暑枯荣，而形神自平矣。息与神合，如琉璃器，中有金像。金像者，法身也。琉璃者，根形也。
外不可染，内不可尘。像之与瓶，皎洁分明。不一不二，如水澄停。无浊无清，水亦无形。出不由户，非功非程。镜兮若明，万像自形。水兮若清，月影自形。非学所得，非师所成。如虫食木，偶然自成。万像之形，如月之明。万法之名，如谷之声。法本无法，名本无名。无名无法，不起神形。形神不起，感之则生。妄风不起，神何不宁。善聆若聋，善视若盲。智不如愚，老不如婴。调之千日，自然能醒。惺中之梦，梦中之惺。明者不言，言者不明。有言则漏，有漏不生。日待朝升，我性常明。月待圆成，我体长形。天食滋形，含灵抱英。	故镜明而法自形矣，水清而影自停矣。
	天食者，滋神者也；地食者，滋形者也。含灵抱实，
醍醐之莹，牛头之馨。行一空味，神怡体轻。血化为乳，骨化为琼。	神气斯自，灵乎雪山之妙药，自顶而生者也。行一空味，体轻神怡，于是血化为乳，骨化为琼矣。
能狮子吼，变野牛声。白毫生额，金仙道成。祖师之妙，寂寂冥冥。神不见形，形不见神。即心无心，即形无形。心尚不见，此外无名。	故曰天道之精，沓沓冥冥，神不见神，形不见形，即心无心，即形无形，心尚不有，而况于外哉？
形神无主，含识皆平。谁健谁衰，谁灭谁生。谁喜谁怒，谁怖谁惊。谁念谁思，谁辱谁荣。如日升天，自行自明。勤而行之，祖师之程。	

可以看到《道枢》中对应段落大部分内容都可见于《调神歌》。《调神歌》全文是四言韵文，《道枢》中的对应内容则是韵散结合。其中有些散文显然是由韵文改写而来。如《道枢》本在"血化为乳，骨化为琼"前后分别加了"于是"和"矣"，并在紧接其后的一段四言韵文段落前后又加上了"故曰"和"哉"，

使其成为散文。故可推断《道枢》本中的相关内容改写自《调神歌》。因此《调神歌》更适宜用来说明此段的修行思想。而正如《元始无量度人上品妙经注》所说，《调神歌》所述之法门与丹法中所谓调神法有关。

宋代内丹法部分建基于道教固有的关于胎的思想，因此也经常使用生殖过程作为譬喻和隐语。一般而言内丹修炼始于前述之立基采药作丹并制成还丹等事。若以生殖过程来譬喻，即如男女交合而成胎。随后胎儿需要在体内调养，直到足月胎圆，方可经由分娩离开母体（脱胎）。① 此间引导元神离体的方法即被称作调神出壳，或可略称为调神。② 而《调神歌》似乎是将温养圣胎等事也并入调神的阶段，虽较丹经中习见的调神概念来得宽泛，但此阶段之主旨亦是调养元神，大致还算名实相副。B.8的引述者主张《调神歌》所述的修法与丹经中的调神相近，当即是意在于此。③

《调神歌》以肉（色）身之中已培育出一个"法身（体）"为基础展开。这个法体应该就是前文中所提到的神、气相守所成的胎息。歌诀首先提出须仔细调养此一法体，将其培育成一个与肉身"不一不二"但却又"皎洁分明"的存在。此后的修炼，歌诀中似乎刻意地进行了模糊化（故云"明者不言，言者不明"）。④ 就笔者所见，似乎首先是在心神宁静的环境中自然地体悟。如是"调之千日"，便"自然能醒"。⑤ 随后再经由某种方式达到形、神两方面的圆满（神怡

---

① 相关内容可参见《紫阳真人悟真篇三注》卷3"姹女游行自有方"一颂中上阳子的注文，《道藏》第2册，第998页。此外如胡混成《金丹正宗》[《道藏》（第24册），第190页] 将内丹修炼归纳为鼎器、药物、火候、立基、聚药、锻炼、抽添、结胎、沐浴、胎圆、温养、脱胎等阶段，亦可参考。

② 《道枢·肘后三成篇》中云"七层宝塔，三级红楼，至时勿惧，出后难收。此还神出入，所谓调神者也"即是以调神为出壳之法。《道枢》卷25，《道藏》（第20册），第732页。

③ 李道纯所撰《中和集》卷四中的《原道歌》即云"获得玄珠未是妙，调神温养犹深奥"（《道藏》（第4册），第506页），似是在同一意义上使用调神和温养两个概念。玄珠即是圣胎，此即云修成圣胎后还需调神温养。

④ 如果以上的分析不错，这一阶段的功夫似可对应于后来丹法中常说的炼神还虚的阶段。修行至此，技术性的问题已经不再重要，重点在于参悟，因此无法用文言表达。如《中和集》炼神还虚段，也说"工夫到此，一个字也用不着"[《道藏》（第4册），第489页]。《调神歌》此处多叙境界，而非方法，当也出于相似的考虑。

⑤ 在《金液大丹口诀》中有《温养胎仙》一诗述养胎之法，云"三年温养要雍容"（《道藏》册4，第971页），与《调神歌》中的千日之功相近。

体轻）。《调神歌》结尾的大段内容则都是在描述这种圆满的境界。在此境界之中，形神、自他等对待已经消泯，即"能狮子吼，变野牛声。白毫生额，金仙道成"。参照前文所提到的内丹修炼过程可以发现，《调神歌》所记之调神法大体对应于丹道中自成胎之后到脱胎的阶段，其调神工夫大体和丹经中常提到的沐浴、温养等事相当。值得一提的是，张伯端有一首涉佛的道歌《采珠歌》，本是附于《悟真篇》后的一组涉佛道歌之一，今则见于别行之《紫阳真人悟真篇拾遗》。此歌以佛性为本有之宝珠，歌末述解脱境界云"垢不染，光自明，无法不从心里生，心若不生法自灭，即知罪福本无形。无佛修，无法说，丈夫智见自然别，出言便作狮子鸣，不似野牛论生灭"。[1]《调神歌》前述一句当正是化用了此文来描述胎息成就后的境界。

限于本文的主旨，笔者无法再进一步分析《道枢》本的修行思想。根据上文的粗浅观察，笔者认为此诀要两个部分互相衔接构成了一个完整的修炼过程。其基本思想是将前文理论部分所述的神气的结合体（胎息）视作内丹学中"丹"的对应物，从而仿效内丹学建立起一种内丹化的胎息法。其第一部分中结合神气即如采药，上下搬运则类似于丹道文献中用以结成还丹的转河车、上下鹊桥等功法，用以在丹田中结成圣胎。诀要后段则是说明如何培养圣胎，并调养千日。至此大体即已胎圆气满。之后还要如何，诀要未尝明示，私以为不免要撞出顶门身外生身。[2]

综上所述，笔者认为敦煌本和《道枢》本的《达磨胎息论》虽然有共通的理论基础，却又有着完全不同的修行思想。敦煌本继承了晋唐以来的胎息法旧传统，宣扬以闭息、隔绝内外为核心的呼吸法式的修法。《道枢》本则是以五代到北宋之间逐渐成熟起来的内丹思想重新去诠释胎息的概念，从而构建起一种内丹化的胎息法。故从胎息法本身的发展历程判断，敦煌本恐怕应在《道枢》本之前。

---

[1] 《道藏》（第2册），第1031—1032页。关于这些道歌的作者，请参见盖建民：《道教金丹派南宗考论》，北京：社会科学文献出版社，2013年，第101—102页，第728—729页。

[2] 需要说明的是，笔者虽然认为诀要的两个部分互相衔接，但这并不必然意味着这两部分是由同一个人在同一时间所写就。实际上从术语的运用方面来看，我倾向于两者可能是先后写出又整合起来以构成完整的修行次第。

上文所列诸种引文中最早较切实的是五代彭晓《还丹内象金钥匙》中的引用。此文虽是以内丹修炼为主，但引用达磨胎息法，亦是以外内不出入为其核心，故斥其为"空寂法中阴真"。金丹南宗的代表人物张伯端在《悟真篇》序中提到"（辟谷、存神等法中）惟闭息一法，如能忘机息虑，即与二乘坐禅相同，若勤而行之，可以入定出神。奈何精神属阴，宅舍难固，不免常用迁徙之法，既未得金汞还返之道，又岂能回阳换骨，白日而升天哉"。①此处虽未点明，但很可能也部分针对以呼吸法为核心的《达磨胎息论》。由此益可证明彭晓所谓可出阴神的胎息法正是闭息之法。故知此类较为古朴的达磨胎息法很可能即是原本的《达磨胎息论》所主张，而为敦煌本所继承。

又，此类胎息法在北宋时期仍然非常流行，如苏轼给《养生诀》一文即是讲述此类修养法，其中还称闭息"最是道家要妙"。考虑到《龙虎铅汞说》中引用了《达磨胎息论》以助成闭息之说，很可能苏轼在写作《养生诀》时曾参考过《达磨胎息论》。因此后世有人评论说张方平、晁迥、苏轼等所着气诀都和《达磨胎息论》类似，也并非全是虚妄。此外《道枢·灵宝篇》中的引文提到人的元气会随呼吸有所衰耗，故须多入少出，即是《达磨胎息论》中的修法。②其所引用的恐怕也是以呼吸法为中心的《达磨胎息论》，也即是接近敦煌本的形态。由此可见两宋时期此一形态的达磨胎息法影响仍广。

内丹化的达磨胎息法实际的影响当较小，但曾慥似乎对其颇为倾心，故不仅在《道枢·胎息篇》中加以摘录，更在《道枢·众妙篇》中评论说此种佛家之胎息已然超越了以呼吸法为核心的胎息法，而能以神驭气，上下升降无穷，可与道家太一含真气相提并论。案"太一含真气"这一概念正是出现在《悟真篇》中，用以指涉还丹／圣胎。③又，《调神歌》中"醍醐之莹"一句，《道枢》

---

① 参见《道藏》（第2册），第914页。

② 参见《道藏》（第20册），第840页。相近的内容亦见于托名于钟离权、吕洞宾的《秘传正阳真人灵宝毕法》卷上，但没有提及达磨胎息法。《道枢·众妙篇》中也有部分内容与之类似，可以参看。

③《悟真篇》云"三五一都三个字，古今明者实然稀，东三南二同成五，北一西方四共之。戊己自归生数五，三家相见结婴儿，是知太一含真气，十月胎圆入圣基"。见翁葆光注，《悟真篇注疏》卷三，《道藏》（第2册），第930页。《悟真篇》诸本之间此段文字有所不同，但此一概念仍然多次出现在《悟真篇》的注疏以及其他丹学著作之中。

本改作"灵乎雪山之妙药",当也是化用了《悟真篇》中"雪山一味好醍醐,倾入东阳造化炉"一句①。由此可见曾慥之特重此法当亦是由于其和金丹道尤其南宗丹道思想高度契合。②考虑到《悟真篇》一书多次提及佛教的修法但均未引述或提及此类修法,③《道枢》本的诀要反似受到金丹南宗的影响,且相关的《调神歌》直接化用了张伯端道歌中的文句。故此类内丹化的达磨胎息法当是在张伯端之后,也即北宋中期之后,才得以成立。

五、结论

　　以上笔者介绍并整理了敦煌本的《达磨胎息论》,并尝试就这部论书的成立过程及现存诸本之间的关系作了一些简单的分析。本文认为《达磨胎息论》是在唐末五代以来盛行的达磨修炼胎息法并借此全身脱去的传说背景下所出现的一系列托名达磨的胎息法著作中影响较大的一种,其最原始的版本至迟在五代时期即已出现,并曾为彭晓所引用,产生了相当的影响。现存的三种文本中共通的叙述缘起和胎息理论的部分可能就是源自这一最初期的文本。在这一基础上,又曾经衍生出不同的修行诀要,被附在文后,指导具体的修炼活动。现存三本中仅有敦煌本和《道枢》本附带诀要。其中敦煌本所述的修行方法接近晋唐以来传统的胎息术,并且五代到北宋时期的引用基本也都与此诀要所述方法相合,故可能较接近原本。《道枢》本则是从《达磨胎息论》固有的神气结合的胎息理论出发,参照已相当成熟的内丹学方法,构建起的一种内丹化的胎息法

---

①　翁葆光注:《悟真篇注疏》卷五,《道藏》(第2册),第944页。

②　需要说明的是,在这些道教丹家的考虑中,达磨气法的意义可能与其撰作之本意又有所不同。如《西山群仙会真记》将其称为补气之法,当即以之为成丹之前的预备功夫(筑基),而不以神气相合所成之胎息为真正的金丹。《调神歌》却认为由此法可致"白毫生额,金仙道成",是究极的解脱之道。

③　例如《悟真篇》中有一颂主要说佛教的修法,云"释氏教人修极乐,只缘极乐是金方,大都色相惟兹实,余二非真谩度量。鉴形闭息思神法,初出艰难后坦途,倏忽虽能游万国,奈何屋破却移居"。(翁葆光注:《悟真篇注疏》卷六,《道藏》册2,第951—952页)其中后段所述成就亦是能出神但无法升仙,故只能移居。其中所述修法当即暗指被认为只能达到阴神出壳的达磨胎息法。然而所述亦不过是闭息思神之类的传统呼吸法,而未提到调神搬运之类的工夫。

修行体系。从其修法的特征及《调神歌》中部分文句对张伯端诗文的引用来判断，它可能是在北宋中期以后根据新兴的南宗内丹学而撰写的新诀要。然而在当时内丹学勃兴而传统气法逐渐没落的背景下，其实际的影响反而较为有限。

　　本文的主旨是尽力厘清看似非常不同的三种《达磨胎息论》文本之间的关系，并说明其产生和变化的基本背景。虽然也涉及佛教和气法、内丹学的关系问题，但终究无法深入讨论。但正如福井文雅先生所曾指出，唐宋时期佛教和道教在气法、内丹学方面的交涉是一个长期被忽视的重要问题，具有多方面的研究价值，需要进行系统性的研究。希望将来能有足够的条件来支持这样的研究，相信对于唐宋之间佛道两教历史的研究都具有重要的意义。

斋供仪式文献中的唐僧西天取经文献

——以《佛门取经道场·科书卷》为中心

侯 冲①

摘 要

通过录文介绍唐僧西天取经文献中的新资料，并将其与王熙远《桂西民间秘密宗教》中同类数据进行比较，指出它们与《佛门请经科》一样，都属于斋供仪式文本前面的唐僧西天取经的仪节文献。这类仪节文献普遍存在于斋供仪式文献中，属于斋供仪式文献神圣性和效验性的标签之一。

关键词：斋供仪式文献；唐僧西天取经文献；十王道场；《佛门请经科》

仪式是宗教实践的具体表现形态之一，是宗教研究必不可少的部分。不过，在中国宗教研究领域，受资料的制约，有关佛教仪式的研究成果在相当长一段时期都比较少。如何才能解决"巧妇难为无米之炊"的难题，一直是不少相关研究者努力的方向。近年来，随着世界各地图书馆大量馆藏文献的电子数字化，尤其是长期以来一直在民间流传并被用于宗教实践的仪式文献得到介绍和披揭，

---

① 侯冲，上海师范大学哲学系教授，博士生导师。

海量的中国宗教仪式资料已经进入研究者的视野，资料搜集已经不是主要问题。就目前来看，面对数量众多、形式多样、内容复杂、识读不易的文献资料，研究时如何切入、如何释读、如何分析讨论等，才是更重要和更关键的问题。本文所讨论的斋供仪式文献中的唐僧西天取经文献，清楚证明了这一点。

《桂西民间秘密宗教》是王熙远先生基于大量实地调查和文献查阅完成的发掘地方文献资料的论著，第一次公布了大量文本资料，有重要的研究价值，出版后就得到了国内外多位教授专家的好评，不少学者亦多方引用和研究其中的材料。但该书不论是对数据的定性还是相关研究，都存在可以进一步拓展的空间。为什么这样说呢？

我们注意到，作为新资料，王熙远率先录文发表的《佛门取经道场·科书卷》及《佛门西游慈悲宝卷道场》①自出版后就一直受到相关学者的关注。但大多数学者是将其视为与《西游记》有密切关系的宝卷来展开相关讨论的，②对它并非独立的文本这一自然情况则未能重视。基于此，本文在重新整理《十王斋科》中同类资料的基础上，结合近年搜集到的其他同类相关资料，对仪式文献中的唐僧西天取经文献作进一步的探讨，指出该类文献与《佛门请经科》一样，普遍存在于斋供仪式文献中，是斋供仪式文献神圣性和效验性的标签之一。

一、与《佛门取经道场·科书卷》同类的新材料

2021年3—4月间，笔者通过孔夫子旧书网，从四川成都搜集到一套清乾隆五十四年（1789）抄本《十王斋科》。所见共二册。第一册封皮署"十王斋科"，无首题，首行作"满庭方（芳）唱"。尾题"终"。③第二册封皮署"十王模

---

① 王熙远：《桂西民间秘密宗教》，桂林：广西师范大学出版社，1994年，第493—498页，第517—521页。
② 陈毓罴：《新发现的两种〈西游宝卷〉考辨》，《中国文化》第13期，北京：中国艺术研究院，1996年；车锡伦：《中国宝卷研究》，桂林：广西师范大学出版社，2009年，第77—80页，第104—109页。
③ https://book.kongfz.com/244407/2948443646/1618120976/，最后访问日期：2022年4月30日。

范"，首题"演十王斋"，无尾题，末行"结增善缘。吟偈回向。诵念无边烦恼断……"尾题后有"乾隆五十四年己酉岁仲夏月松山弟子吴守真篆"[1]。之所以搜集该套资料，除其抄写时间为清初外，主要是由于其中大都并见于这两册中的唐僧西天取经的文字，可以与王熙远录文的《佛门取经道场·科书卷》比较讨论。王熙远录文整理的本子，由于抄写时间不详，作为率先公布的材料，其可靠性极易被怀疑。新数据的加入，无疑可以为其提供可以相互印证的证据。

为方便下文讨论，兹以该抄本第一册为底本，第二册为甲本，将其中相关文字录文整理如下：

> 昔日唐王一高僧，发愿西天去取经。取经归东土，东土荐亡魂。南无地藏王菩萨……
>
> 昔日唐王一高僧，发愿西天去取经。誓度众生诸有情，地藏普济度[2]亡魂。……
>
> 金銮殿上说唐僧，发愿西天去取经。
>
> 唐僧闻说心欢喜，伴辐銮驾送唐僧。
>
> 大唐王，传圣旨，忙排銮驾。
>
> 众群臣，离了朝，相送唐僧。
>
> 三藏师，拜辞了，唐王圣主。
>
> 选良年，并吉月，便要登程。
>
> 将领着，孙行者，齐天大圣。
>
> 西方境，路途远，降伏妖精。
>
> 猪八戒，逢恶山，开条大路。
>
> 沙和尚，流沙河，显大神通。
>
> 师父掌，金钵盂，九环锡杖。
>
> 火龙车，化白马，相伴同行。

---

[1] https://book.kongfz.com/244407/2891016707/，最后访问日期：2022年4月30日。

[2] "普济度"，甲本为"菩萨放"。

从东土，到西天，千万余里。

每晓行，随夜走，全无杂心。

到深山，逢恶岭，迷踪失路。

魔儿岭，虎狼岩，寸步难行。

多亏了，移虎王，送入出去。

师徒们，心欢喜，积步前行。

正来到，黑松林，火焰山过。

见妖精，合鬼怪，魍鬼成群。

到黄河，有白猿，掌船①把渡。

旷山野，路岖崎，寸步艰辛。

黑风山，黑风洞，鬼王截路。

又撞捉，黄袍将，地涌夫人。

月多怪，来把揽，不敢前进。

中西国，盖山境，要坏唐僧。

白银山，秦国王，西家鬪胜。

师徒们，一见了，胆战心惊。

赌割屠，下油锅，柜中猜物。

排銮驾，送出城，又往西行。

蜘蛛精，红孩儿，神通广大。

大鬼力，掳唐僧，无处跟寻。

徒弟们，无投奔，嚎啕大哭。

多感谢，南海岸，救苦观音。

半空中，常引着，目叉使者。

太白星，指引路，护持唐僧。

若不是，师徒们，神通广大。

---

① "船"，底本作"关"，甲本作"般"，据文意改。

谁敢去，佛国里，取得真经。

三藏师，一路行，忧愁不尽。

方缠到，佛国里，大觉雷音。

到灵山，见圣容，殷勤礼拜。

入雷音，观佛境，霞光曜明。

师徒们，在佛前，和班礼拜。

愿我佛，发慈悲，转大法轮。

佛如来，就吩咐，惠眼圣者。

大唐王，曾三藏，来取真经。

连忙去，开宝藏，从头交点。

与唐僧，就收什，即便回程。

取得经，回至到，十数余里。

遇妖精，拦截路，抢夺真经。

众弟子，神通大，腾云驾雾。

把妖精，灭除了，方取真经。

将真经，方展开，无有一字。

师徒们，一见了，十分忧愁。

急回首，世尊前，从头告诉。

说惠眼，开经时，问说金银。

把假经，到东土，不能超度。

枉费了，师徒们，六年辛勤。

佛来到，唤惠眼，跪在面前。

将数珠，轮在手，分说缘因。

你如今，心缠动，迷心不醒。

把咽喉，来锁定，要丧缠生。

惠眼师，连忙去，从头拨点。

付唐僧，见明白，龙车驼经。

上驮着，法华经，真经八部。

中驮着，妙莲经，七卷真经。

猪八戒，横担着，楞严诸品。

大母佛，金刚经，药师灵文。

离东土，正行了，六年光景。

白日走，夜间行，不曾住停。

过千山，并万水，城池百里。

方缠到，雷音寺，观见真经。

辞佛祖，登云路，还回本国。

暂时间，香风起，来到东京。

唐王主，得知道，急宣文武。

排銮驾，焚香案，迎接唐僧。

唐太宗，一见了，沙门三藏。

皇殿上，开经卷，放大光明。

睁龙眼，仔细看，祥云霭霭。

舒玉手，展真经，紫气腾腾。

唐王主，发善心，修寺建塔。

施真经，与尼僧，道俗人伦。

若不是，三藏师，齐天大圣。

谁敢去，佛国里，取得真经。

满国人，齐向善，持斋唸佛。

见真经，超凡圣，度脱众生。

唐王主，告天地，颁行天下。

［（目＊目）/万］地中，把罪人，都赦残生。

三藏师，登金身，旃檀佛位。

孙行者，得正觉，菩萨之身。

火龙车，得正果，天龙八部。

众师徒，都成道，度死超生。

猪八戒，龙华会，净土使者。

沙和尚，阿罗汉，七宝之身。

开宝藏，展奥典，十王科仪。

赴今霄，宣经卷，度脱亡魂。

劝大众，志心听，同声应和。

愿法界，闻佛说，二利沾恩。

正官圣，太宗主，明君掌管。

满朝人，勒赐侯，唐僧师徒。

众五人，往西天，求取真经。

回东土，救众生，度脱亡魂。

唱　兜率天宫击法鼓，安阳国内撞金钟。

极乐国中谈妙法，娑婆世界演真经。

七祖闻经悟大乘，菩萨行座有功能。

普化摇铃归西去，都是超凡入圣僧。

降龙禅师吕洞宾，黄龙山下发善心。

弃舍道袍归三藏，击碎金冠却为僧。

我佛西天卧石盘，照彻三千及大千。

生死病死佛留下，我佛不免见阎君①。

老君住在万阳山，烧丹炼药鬼心寒。

金木水火土留下，老君不免见吾常。

父母恩深不可量，高如须弥德难忘。

子报父母恩深处，同证十王大道场。

十王宝卷初展开，诸佛菩萨降临来。

天龙八部闻经卷，保佑孝门常清吉。

---

① "君"，甲本作"罗"。

戒香定香惠香解脱知见香。一炷信香，焚在金炉上。香烟启处，遍满十方，诸佛菩萨降道场。入题刚　抚尺说

昔日唐王去取经，一去十万八千程。

过了千山并万水，流沙河内最难行。

白日妖怪群群过，夜间鬼哭闹沉沉。

思量三藏多受苦，白马驼来度亡魂。

白马驼来一卷经，一会拈来又重新。

蒙师请问经题目，十王道场一卷经。

案上经文，请师敷扬。入仪　仪止，接吟偈①

上录《十王斋科》中唐僧西天取经的文字，与《佛门取经道场》相比，有一定减少。

首先是少了大段主要以"昔日唐僧去取经"为引句，②被车锡伦称为"夹竹桃"式的唱词。③

其次是与《佛门取经道场》相对应文字中，有三个地方的文字略有删减。一是开头部分内容有所删减，由八句偈变为四句偈。④二是唐僧等人返回时，白马所驮经中少了《华严经》《孔雀经》等经。⑤三是在老子无常文后，少了"聪明智慧文宣王，亘古亘今教文章。留下仁义礼智信，圣人不免也无常"⑥一类文字。由于在另外的首残《十王斋科》抄本中，老子无常文后这段文字并不缺少，故这种情况仅在上录抄本中存在。

综合比较二者共有内容，可以看出尽管它们分别流传于广西和四川这两个不同的地方，相互间文字也有一定出入，但大都能相印证。甚至某些读起来

---

① "入题刚……接吟偈"，甲本作"兑题刚毕，接入仪"。

② 王熙远：《桂西民间秘密宗教》，桂林：广西师范大学出版社，1994年，第493—494页。

③ 车锡伦：《中国宝卷研究》，桂林：广西师范大学出版社，2009年，第105页。

④ 王熙远：《桂西民间秘密宗教》，桂林：广西师范大学出版社，1994年，第494页。

⑤ 王熙远：《桂西民间秘密宗教》，桂林：广西师范大学出版社，1994年，第496页。

⑥ 王熙远：《桂西民间秘密宗教》，桂林：广西师范大学出版社，1994年，第497页。

可能属于听音记字而不易理解的文字，如"从东土，到西天，千万余里"，"猪八戒，龙华会，净土使者"，都是一样的。这从一定程度上说明它们有共同的来源。

二、《佛门取经道场》的性质

那么，该如何理解并见于乾隆抄本《十王斋科》和《佛门取经道场》中的文字呢？在回答这个问题之前，且先将此前从湖北收集到的《佛说十王生天道场全卷》中唐僧西天取经文字录文如下：

　　昔日唐僧去取经，惊动南海观世音。惠眼遥观见，神通无比论，净瓶常在手，嘱咐四龙君。八爪金龙来助力，化疋白马送唐僧。

　　昔日唐僧去取经，安排鸾驾送唐僧。玉手搭肩背，亲口问唐僧。寡人亲嘱咐，早早便回程。能念我朝一块土，莫念他国万两金。

　　昔日唐僧去取经，抬头观见一山林。峨眉山又高，妖怪好惊人。石头绊马脚，火焰自然生。若是此山过不去，回来难见圣明君。

　　昔日唐僧去取经，流沙河内水又深。波浪千层起，洪水两边分。远观八百里，无舟怎能行？若还此河过不去，回来难见圣明君。

　　昔日唐僧去取经，抬头望见一妇人。青春年又少，守节在门庭。满身穿孝服，礼拜告唐僧。自从我夫身亡后，那见佛门一卷经。

　　妇人礼拜告唐僧，请僧转诵大乘经。行者观仔细，看见本相形。戒刀拈在手，便要斩妖精。化乐天宫都不去，唐僧独坐在山林。

　　唐僧西天见世尊，琉璃殿上一坦平。四时花不卸，八节草长春。风吹香喷鼻，瑠璃砌阶庭。若在西天过一日，胜似东土几千春。

　　白日妖精坠坠走，夜间鬼使满山林。恶蛇横满路，猛虎卧林间。邪魔并妖怪，鬼火闹沉沉。思量三藏曾受苦，白马驮经度亡魂。

　　白马驮经到五台，金山寺里法筵开。未说孙行者，三藏实可哀。西天

219

去见佛，白马驮经来。仰白道场诸善众，忙把洪名忏展开。举香赞

启运慈悲道场忏法

上录文字，与《佛门取经道场》中被车锡伦称为"夹竹桃"式唱词[1]，但未见于《十王斋科》的文字大同小异。也就是说，在《佛门取经道场》中先后出现的唐僧西天取经的文字，分别出现在《佛说十王生天道场全卷》和《十王斋科》中。重新审视王熙远录文整理的《佛门取经道场》，可以发现它实际上分两个部分，只不过王熙远录文整理时，将它们合二为一而已。由于它们分别出现在《佛说十王生天道场全卷》《十王斋科》中，表明它们与王熙远录文的《佛门西游慈悲道场宝卷》一样，都是抄录在十王道场科仪前面的文字。换句话说，王熙远在《桂西民间秘密宗教》一书中，录文整理了两个十王道场的科仪文本，每个科仪文本前面都抄有唐僧西天取经的仪节，《佛门西游慈悲道场宝卷》是其中的一个，而《佛门取经道场》实际上是两个唐僧西天取经仪节的文本。其中一个并见于《佛说十王生天道场全卷》，另一个并见于《十王斋科》。

中国宗教仪式文献可以分作展演性较强的道场仪和主要以张挂或表白方式表述仪式功能或意旨的道场文。前者包括经、忏、变文、科仪、宝卷等仪式文本，后者包括榜文、诫勖文、挂吊、斋文、愿文、疏文等各类表述仪式功能或蕴含斋意的文字。[2]不论是《佛门取经道场》还是《佛门西游慈悲道场宝卷》，它们与经、忏、变文、科仪、宝卷等仪式文本一样，都是道场仪。但如果将道场仪分主体文本或核心文本的话，则在十王道场仪中，《十王科》是主体文本或核心文本，《佛门取经道场》《佛门西游慈悲道场宝卷》则属于附从文本。如果知道斋供仪式文献中存在大量从属于道场仪的唐僧西天取经文献，无疑可以对此有清楚的了知。

---

[1] 车锡伦：《中国宝卷研究》，桂林：广西师范大学出版社，2009年，第105页。

[2] 侯冲：《中国宗教仪式文献中的斋意类文献——以佛教为核心》，《世界宗教文化》第6期，北京：世界宗教研究杂志社，2019年。

三、其他唐僧西天取经文献

在笔者近年搜集到的唐僧西天取经文献中，内容与上引相同或相近的仍有数种，其中不乏像《佛门请经科》这样单独成册而且在湖南、湖北、山东、广西、贵州、甘肃等地的代表性文献。鉴于《佛门请经科》的整理文本及专文讨论已经发表，[①] 这里仅选取其他见于仪式文本经首、忏首和科仪首等的代表性唐僧西天取经文献进行介绍，以展现这类文献的复杂性和多样性。

（一）经首

见于经首的目前以《地藏本愿经》较有代表性。该书至今在孔夫子旧书网上仍能搜到。[②] 为便于比较，迻录其文如下：

> 推开龙藏，捧出琅函。起经密言，谨当唱和。
>
> 昔日唐僧去取经，安排銮驾送行程。御手搭肩上，吩咐与唐僧。寡人亲嘱咐，早去早回程。但守家中一片土，莫恋他乡宝和金。
>
> 其二随缘
>
> 昔日唐僧去取经，惊动南海观世音。净瓶垂杨柳，甘露洒群迷。惠眼遥观见，神通妙无穷。八爪金龙来助力，化作白马去驮经。
>
> 其三所遇
>
> 昔日唐僧去取经，前头遇见一山林。野火风又起，青雾接孤松。石头伤马足，无火自烟生。若在此山过不得，回朝难睹圣明君。
>
> 其四复逢
>
> 昔日唐僧去取经，八佰流砂水又深。渐渐过不得，浮水好浸人。一去

---

① 侯冲、王见川主编：《〈西游记〉新论及其他：来自佛教仪式、习俗与文本的视角》，台北：博扬文化事业有限公司，2020年。

② http://book.kongfz.com/355817/2261283532/，最后访问日期：2022年5月1日。

八百里，阔狭一般匀。倘在此河过不得，回朝难见圣明君。

其五得到

昔日唐僧去取经，往到西天见世尊。和风吹鼻孔，玛瑙砌阶心。四时花不谢，八节草长春。若在西天住一日，胜过东土度百春。

其六回白

白马驮经到五鏊，五台山上白云遮。会说孙行者，三藏受苦哉。世尊亲说法，经句取将来。仰白道场诸大众，琅［王*函］玉轴此时开。

手挥金锡，掌托骊珠，香花虔诚，一心奉请幽冥教主本尊地藏愿王菩萨摩诃萨

若人散乱心，入于塔庙中。一称襄谟佛，皆共成佛道。

举此经偈，仗佛毫光，皇坛摄召当资亡者□□□魂下旁，在皇坛闻经听忏，领果超升求托化。

南无三藏法师菩萨摩诃萨 持鱼法师启白

佛国三千界，金炉万寿香。

法门无漏我，同共寂珠光。

传香真言，谨当持诵。打赞或唱香焚在上方，瑞霭金炉内之赞。由人喜作。

梦云洞道人作

下接持诵《地藏地藏本愿经》的香赞及偈文，故上录文字，就是佛经正文前唐僧西天取经的仪式文本。与上录《佛说十王生天道场全卷》中唐僧西天取经同类文字比较，显然略有删改；仪式文本类文字中，则增加了真言的内容。但二者均有相同的性质，即均属于附从文本。

（二）忏首

见于忏首的文本较多，一种是与忏文接抄在一起。如民国丁巳年（1917）傅通玄（名文臣，字斌志）抄《灵宝观音大忏》（两卷），虽然封皮题署中的"灵宝"二字，显示其为道教灵宝派用书，但就其内容来看，显然为佛教观音

忏。该书上卷卷首文字是：

取经偈章

上卷

三声妙谐实难量，一念皈依大法王。

帝释钦崇看内院，龙宫沾经海中藏。

五千贝叶灵文轴，十二琅［王*函］金口张。

惟愿经书开宝藏，降临法会放毫光。

大慈悲开宝藏菩萨摩诃萨

手打铙钹口念经，从头听我说原因。

真（贞）观殿上说唐僧，发愿西天去取经。

满朝文武各官宰，大排銮驾送唐僧。

御手搭肩亲嘱咐，取经早早转朝门。

辞了唐王离大殿，晓夜行住不留亭（停）。

孙行者，他便是，齐天大圣。

沙和尚，江河里，广运神通。

朱八戒，逢恶山，开条大路。

旷野山，无人走，唬了人魂。

到西天，离东土，千万余里。

发南方，火龙车，白马驼经。

到西天，见圣容，殷勤礼拜。

开宝藏，取真经，使（便）要回程。

上驼着，《金刚经》，瑜伽大教。

八十一，《华严经》，七卷灵文。

辞了西天回东土，流沙河里仔细经。

又来到，西廊下，长安大国。

报皇王，排銮驾，接入京城。

有唐王，选高僧，资冥大会。

请唐僧，开宝藏，紫雾腾腾。

圣明君，封高官，全然不受。

旃檀佛，成正觉，好个唐僧。

大慈悲开宝藏菩萨摩诃娑

慈悲救苦救难观音灭罪宝忏（下略）

　　一种是与忏文分开抄，先抄唐僧西天取经文献，再另外抄忏文。[1]亦有单独抄写唐僧西天取经文献的情况。如佚名清代旧抄《交忏拜赞》，其文字作：

交忏拜赞

东土中，唐圣僧，一心法（发）愿去取经。

唐天子，紫微星，中华国内圣明君。

大国师，玄装僧，只有一卷般若经。

祈祥会
荐亡人，度众生，摩诃般若波罗密。

有魏征，悞斩金龙，逐日逐夜寻圣君。

每日里，淡圣心，得染妖星不安宁。

唐天子，宣众卿，文武百官两边分。

金銮殿，伴当今，扶助吾王万万春。

有徐绩，观星斗，金角龙王命归阴。

勅旨下，修斋诚，西天去取大乘经。

仗洪福，有道君，哪怕邪魔外道精。

金殿上，赐御盛，即日登程去取经。

瑜伽焰，金刚经，七卷法华度众生。

赐钵盂，披道襟，即便登程上路行。

---

① https://book.kongfz.com/394421/4795824842/1651358377/，最后访问日期：2022年4月30日。

五台山，悟空僧，齐天大圣不非轻。

猪八戒，妙圣僧，悟净悟沦是天星。

在途中，遇难星，全仗三人救吾身。

去之时，到雷音，步行十万有余程。

传佛旨，宣圣僧，俯伏低头不做声。

望佛祖，传真经，留下东土度众生。

佛旨下，赐真经，腾云驾雾转回程。

有童子，随东土，大显法力讲经文。

蒙佛祖，传真经，仗佛慈悲度众生。

佛放毫光现……佛放毫亮度有缘。

普忏罪菩萨　　三称　　给引出坛焚

回坛忏罪毕

虽然录文后没有接忏文正文，但与其他文本比较后，可以发现唐僧西天取经文献都在忏首或科仪首，故上引《交忏拜赞》文字，如果在忏仪中出现的话，当见于忏首。

（三）科仪首

不少佛教科仪卷首都可以看到唐僧西天取经文献。其中清代丁未年（1907？）四川冉如□抄《关申慈圣母裱香书式卷》卷首文字是：

三藏偈

真（贞）观唐王勅旨宣，江流和尚往西天。程途路幽远，且要放心坚。千辛万苦。

南无释迦牟尼佛

钵盂锡杖领通关，唐僧□□自行难。有个僧行者，住在花□山。齐天大圣。

南无释迦牟尼佛

沙僧和尚猪八戒，火龙白马随身带。西方路上行，降尽妖魔怪。神通广大。

南无释迦牟尼佛

西天十万八千程，三年六月到雷音。三藏十二部，白马半空腾。香风一阵。

南无释迦牟尼佛

唐僧师徒西天去，亏□□者多费力。取的是琅［王*函］，□□僧偈谛。超生度死。

南无释迦牟尼佛

关申慈母（下略）

不仅在佛教科仪卷首，在道教和巫教使用的科仪卷首，亦有唐僧西天取经文献。笔者通过孔夫子旧书网收集到的赵太真（炳章）抄《灵宝五品经会启演科》即其中之一。①其卷首有关唐僧西天取经的文字是：

灵宝五品经会启演科　　赵炳章

启经赞

昔日一唐僧，西天去取经。取得真经转，东土度众生。念千辛万苦。

立滴檐前水，收了白马精。沿山八十里，劫劫伴唐僧。念白马驼经。

流沙河下去，遇着一沙僧。眉青真目秀，担担往前行。念天蓬大将。

云间猪大将，长嘴耳大神。名叫猪悟伦，劫劫使钉耙。念卷帘大将。

五台山前过，偶遇孙悟空。手执金箍棒，劫劫降妖精。念降魔大将。

火焰山前过，猛火烧人身。一把芭蕉扇，搧息◇里城。念罗刹公主。

① https://book.kongfz.com/217643/1017304688/，最后访问日期：2022年4月30日。

一到西天去，一去有半年。取得真经转，东土度厶人。念普度亡人。

来到长安地，唐王接经文。展开毫光现，说法瑞气腾。念冥明普度。

大圣流传宝经大尊二合　咏满江红

（下略）

巫教所用的如清道光七年（1827）四川附子元（派守清）所抄科仪文本，其卷首文字是：

十劝送圣仪

稽首皈依　念求忏悔

昔日唐僧敕旨宣，命僧只到大西天。路途须遥远，两路费心坚。念十磨九难。

萍（贫）僧法力小，难去取真经。好个孙行者，住在花菓山。念齐天大圣。

猿侯（猴）法力镇干［坤］，降尽世间诸妖怪。变化显无边，灵应一真君。念扫除归正。

又有猪八戒，他是妖魔怪。菩萨怜悯心，唐僧随顺带。念神通广大。

火龙三太子，行雨有差迟。玉皇亲敕旨，同去取经来。念皈依三宝。

行到流沙河，撞见大妖魔。上帝卷帘将，在此路难过。念经过验（险）路。

西天多少路，十万八千里。三年零六月，只到大雷音。念西天梵语。

我佛释迦尊，唐僧告元因。今奉唐玉（王）敕，特来取真经。念东土唐语。

唐僧辞告佛，师徒转东土。一阵大风响，送到玉帝庭。念唐王梵语。

三藏西天去，费尽心勤力。取的是琅［王*函］，波罗僧揭谛。念救苦众生。

齐天大圣者，卷帘大将军。火龙三太子，八戒是将军。念各来正职。

听念三藏偈，道感惊天地。佛力广无边，过化生天去。念来接引。

一劝本境老龙神，伽蓝土地侧耳听。请命师人今日到，十劝龙神拨莲经。念龙神领愿信……

从科仪名来看，清代道光三十年（1850）杨文斗书《新集取经拾劝悔拨回向科仪》，与上书性质相同，尽管抄写时间稍后，但其卷首文字比上文似更多更准确。其文作：

新集取经拾劝悔拨回向科仪

启坛取经赞

锣鼓叮当响，梵音震如云。

施主发虔心，西天请唐僧。

大众至诚，赞扬请举。

稽首皈依，来念取经。

昔日唐僧敕旨宣，命僧只到大罗天。路途须遥远，两路费辛□。念十磨九难。

贫僧法力小，难去取真经。好个孙行者，住在花菓山。念齐天大圣。

猿猴法力振乾坤，降尽世间诸妖怪。神通广大化无边，原是灵应一真君。念扫邪归正。

又有猪八戒，他是妖魔怪。菩萨怜悯心，唐僧随顺带。念神通广大。

火龙三太子，行雨有差迟。玉皇亲勅旨，同去取经来。念皈依三宝。

行到流沙河，撞见大妖魔。上帝卷帘将，在此路难过。念经过验（险）路。

西方多少路，十万八千程。三年零六月，只到大雷音。念齐天梵语。

我佛释迦尊，唐僧告原因。今奉唐王勅，特来取真经。念东土阐言。

唐僧辞告佛，师徒转东土。一阵大香风，送到玉帝廷。念唐王梵语。

三藏西天去，费尽辛勤力。取的是琅[王*函]，波罗并谒谛。念各来正职。

齐天大圣者，卷帘大将军。火龙三太子，八戒是天蓬。念救渡众生。

听念三藏偈，道感惊天地。佛力广无边，过化生天去。念佛来接引。

举*南无取经藏菩萨摩诃萨*

举*南无转经藏菩萨摩诃萨*

拾劝龙神赞偈（下略）

相比较来说，上引唐僧西天取经文字，比道光七年巫教抄本的意思显然更容易理解。

四、唐僧西天取经文献出现的时间和意义

近年来，笔者通过孔夫子旧书网搜集到的唐僧西天取经文献已经有相当数量。此前已对其中的《佛门请经科》有过部分整理，对其中与玄奘从取经僧人变为形象大使有过一定讨论，[①]但仍有可以继续介绍和讨论的空间。上录唐僧西天取经文献，此前大都未见介绍和讨论。那么，如何理解这些文献呢？

鉴于这是一个需要继续进一步梳理相关数据，对其作全面录文介绍后才能有较好把握的论题，故这里仅基于云南阿吒力教经典中相关数据，从其出现时间和意义两方面来展开讨论。

（一）明初是唐僧西天取经文献开始具备地域广泛性的时间点

所谓云南阿吒力教经典，其实是明初佛寺三分为禅、讲、教后，在明初即传入云南的教僧所用经典。[②]这一结论的得出，既与云南历史发展有直接关系，亦与明初朱元璋的佛教政策有直接关系。[③]当然，笔者最初接触云南阿吒力教经

---

① 侯冲，王见川主编：《〈西游记〉新论及其他：来自佛教仪式、习俗与文本的视角》，第33—62页，台北：博扬文化事业有限公司，2020年，第357—496页。

② 方广锠主编：《藏外佛教文献》（第六辑），北京：宗教文化出版社，1998年；侯冲：《云南阿吒力教经典研究》，北京：中国书籍出版社，2008年。

③ 侯冲：《白族心史:〈白古通记〉研究》，昆明：云南民族出版社，2002年（云南人民出版社，2011年）。

典时所看到的唐僧西天取经文献，亦能证明这一点。

笔者1997年在云南省大理州剑川县阿吒力僧所用佛教仪式文献资料中，注意到了其中保存的三则唐僧师徒西天取经的材料：

1.

　　开宝藏菩萨摩诃萨

　无上甚深微妙法，昔日老唐僧，西天去取经。念云何于此经。
　开宝藏菩萨摩诃萨

　百千万劫难遭遇，昔日孙杏者，西天去取经。念究竟到彼岸。
　开宝藏菩萨摩诃萨

　我今见闻得受持，有一猪八戒，西天去取经。念愿佛开微密。
　开宝藏菩萨摩诃萨

　愿解如来真实义，昔日沙和尚，西天去取经。念广为众生说。
（《观音忏》一）

2.

　大众志诚心，同赞开金（经）偈：
　取金藏菩萨摩诃萨

　昔日老唐僧，西天去取经，程途路遥远，举步费辛勤。念十魔九难。
　唐僧法力小，难去取经文，有一孙杏载，住在花菓山。念齐天大圣。
　有一猪八戒，他是妖魔怪，西天路难行，唐僧随身带。念我佛慈悲。
　行到沙流河，撞见大妖魔，上帝卷帘将，在此路难过。念蒙恩授记。
（《观音忏》二）

3.

　　有一孙信者，住在花菓山。念齐天大圣。

　　有一猪八戒，他是妖魔怪，西天路难行，唐僧随身带。念经过险路。

　　行到沙流河，撞见大妖魔。上帝卷帘将，在此路难过。念蒙恩授记。

　　唐僧去取经，十万八千程。三年六个月，径到大雷音。念千辛万苦。

　　参了释迦佛，唐僧说原因。宣动唐帝旨，特来取真经。念我佛慈悲。

　　听唱取经偈，白马驮经去。参了释迦佛，离别雷音寺。念东土唐言。

（《佛门杂偈》）

　　将这三则材料与上录并见于湖南、湖北、山东、广西、贵州、甘肃等地的唐僧西天取经文献作比较，可以发现它们大都能相互印证，这一方面说明它们有明显的地域广泛性特点，另一方面则意味着它们有共同的源头。那么，在中国佛教史上，什么时候对佛教仪式文献有过统一，并让它们在全国都有传播呢？可以肯定的时间点，只有明初。

　　明朝建立之初即对佛、道教科仪作过一次规范。洪武七年（1374）朱元璋《御制玄教斋醮仪文序》称：

　　朕观释、道之教，各有二徒。僧有禅，有教。道有正一，有全真。禅与全真，务以修身养性，独为自己而已。教与正一，专以超脱，特为孝子慈亲之设，益人伦，厚风俗，其功大矣哉……官民之家若有丧事，非僧非道难以殡送。若不用此二家殡送，则父母为子孙者是为不慈，子为父母是为不孝，耻见邻里。此所以孔子云"西方有大圣人，不教而治"，即此是也。

　　今之教僧、教道，非理妄为，广设科仪，于理且不通，人情不近。其愚民无知者，妄从科仪，是有三、五、七日夜讽诵经文……观其仪范之设，于中文讹字否，达者遂讥毁之……勅礼部会僧、道，定拟释、道科仪格式，

231

遍行诸处，使释、道遵守。①

不过，洪武七年将佛教二分为禅、教的模式，在洪武十五年（1382）有所变化，佛教被三分为禅、讲、教。按当时的解释："其禅不立文字，必见性者方是本宗；讲者务明诸经旨义；教者演佛利济之法，消一切见造之业，涤死者宿作之愆，以训世人。"②这种三分法与元代将僧人分为禅、教、律三类，"禅尚虚寂，律严戒行，而教则通经释典"③不同。二者的区别在于，元代"通经释典"的"教"，在明代是指专门开设应供道场，从事"演佛利济之法，消一切见造之业，涤死者宿作之愆"的瑜伽教。

替人举行法事活动的瑜伽教尽管不是明代的始创，却是明代最先纳入佛教分类。为了规范瑜伽教僧的活动，朱元璋首先在洪武十五年以僧行果为左阐教，如锦为右觉义，"前去能仁开设应供道场。凡京城内外大小应付寺院僧，许入能仁寺会住看经，作一切佛事。若不由此，另起名色私作佛事者，就仰能仁寺官问罪。若远方云游，看经抄化及百姓自愿用者，不拘是限。"④其次在洪武十六年（1383）又下命令给僧录司官：

> 即今瑜伽显密法事仪式及诸真言密咒，尽行考较稳当，可为一定成规，行于天下诸山寺院，永远遵守，为孝子顺孙慎终追远之道，人民州里之间祈禳伸情之用。恁僧录司行文书与诸山住持并各处僧官知会，俱各差僧赴京，于内府关领法事仪式回还习学。后三年，凡持瑜伽教僧赴京试验之时，若于今定成规仪式通者方许为僧；若不省解读念且生，须容周岁再试；若善于记诵，无度牒者试后就当官给与。如不能者，发为民庶。⑤

---

① 《道藏》（第9册），北京：文物出版社，上海：上海书店，天津：天津古籍出版社，1988年，第1页。
② 葛寅亮：《金陵梵刹志》，何孝荣点校，天津：天津人民出版社，2007年，第53页。（标点略异。下同）。
③ 刘仁本：《送大璞玘上人序》，见《羽庭集》卷五，《四库全书》文渊阁本。
④ 葛寅亮：《金陵梵刹志》，第53页。
⑤ 葛寅亮：《金陵梵刹志》，第54页。

最后，还对洪武十六年"定成规仪式"的结果作了肯定，在洪武二十四年（1391）的《申明佛教榜册》中再次强调："显密之教，仪范科仪务遵洪武十六年颁降格式。"①

综合这些信息，可以知道明洪武十五年以后，佛教被三分为禅、讲、教（瑜伽教僧）。教僧在替人举行应供法事或得度牒之前，或者曾经在南京能仁寺接受过专门的培训学习，或者洪武十六年后在地方学习过由各地僧官派人于内府关领的法事仪式，并在习学满三年且通过读念验试后，才有成为教僧的资格。洪武十六年颁降的瑜伽显密仪范科仪的权威性，在洪武二十四年再次被官方强调。正是在这个意义上，可以推定具有地域广泛性特点的、包括《佛门请经科》在内的唐僧西天取经文献，它们被传到湖南、湖北、山东、广西、贵州、甘肃、四川、云南等地的时间，就是明洪武年间。

（二）唐僧西天取经文献的意义

对于唐僧西天取经文献出现在斋供仪式文献中的意义，如果知道这些文献中称唐僧所取经的某些细目，以及斋供仪式文献中对这些文献的释读，可以有一个较为明确的认识。

那么，唐僧从西天取回了什么经呢？从湖北鄂州搜集到的清光绪十七年（1891）抄本《佛门请经开忏科》中，有如下问答的文字：

　　问：唐僧因何取经？

　　答：因前朝李世民君身游地府，只见一十八重地狱，无限饿鬼，俱是长枷扭手，悲悲凄凄，久埋沉沦，未获超升。不凭我佛经忏，何须修来之因，故命唐僧，拜佛求经。

　　问：唐僧又如何去得？

　　答：他有徒弟孙行者、朱八戒、沙和尚同往西天去取经。

① 葛寅亮：《金陵梵刹志》，天津：天津人民出版社，2007年，第61页。

问：去了几年几月？

答：去了一十三载寒暑。

问：多少路程？

答：共有十万八千里。

问：取的甚么经？

答：取的《大乘经》、《弥陀经》、《波惹经》、《观音经》、《了仪经》、《地藏经》、《血盆经》、《胎骨经》、《受生经》、《药师经》、《救苦经》、《度人经》、《生天经》。

问：取的甚么忏？

答：《梁皇忏》、《千佛忏》、《药师忏》、《观音忏》、《六根忏》、《血盆十王忏》。

问：共有多少经？

答：经三藏，忏三藏，陀罗神咒共三藏，取回东土，救度众生。①

上引文字所说唐僧所取经，与历史上玄奘从印度所取经出入太大，并非真实的历史记述。需要进一步讨论的，是上引文字对经的解释。

上引关于唐僧所取经问答的最后一问是："共有多少经？"回答是："经三藏，忏三藏，陀罗神咒共三藏。"那么，所答是否所问呢？云南阿吒力教经典中的《请仪法事》为理解这个问题提供了线索。

在云南省剑川县阿吒力僧赵沛霖先生（已故）处有旧抄本《佛门召值、迎黄、启祖、启白全部》，内容包括召请三界往来土地值符使者法事、迎黄道法事、启祖法事、开坛法事、传诚晶榜、洒净法事、启白法事、请仪法事、开科法事、张榜法事。其中《请仪法事》对"请仪功德"作了详细说明：

切以钞而解疏，高僧贯传昔贤心；论以释经，大士发挥诸佛意。故无

① 侯冲，王见川主编：《〈西游记〉新论及其他：来自佛教仪式、习俗与文本的视角》，台北：博扬文化事业有限公司，2020年，第397—398页。

着得口传于弥勒，而阿难能领会于释迦。马鸣、龙树及天台，皆有功于圣教；澄观圭峰兼知觉，总并力于法门。古德实多，先圣不一。莫不钩深致远，昭彰鹿苑之初谈；竭蕴阐幽，呈露鹤林之终命。盖为众生，不牟于根器；欲归一揆，同悟于菩提。至于后世之相传，乃有诸斋之所设。日作日述，皆宗金口之亲宣；或集或编，悉祖玉毫之所演。使凡辈易知于趣向，令群情不惮于跻攀。言言随类于应机，句句接方而检药。度出爱河之巨筏，照开长夜之明灯。如昙钵之一开，似甘霖之普霆。岂谓丈于枝叶，实皆究乎本源。可同经律论藏以并行，堪与大中小乘而常运。所谓谤疏即同谤佛，当生信敬之心；请仪便是请经，宜启奉行之想……欲期像教之流通，全藉鸿仪而开演①。

这段文字表明，斋供仪式文献尽管是由历代僧人编集而成，但都是应机而作，通于大中小乘，与佛所说经律论藏等同，当信敬奉行。

将这段文字结合唐僧西天所取经的具体名目来看，"请仪便是请经"，"经三藏，忏三藏，陀罗神咒共三藏"，都是唐僧所取经。这意味着，在斋供仪式文献中，经、科仪、忏和咒有相同的地位，没有高低贵贱或正宗非正宗的区别。

问题是，为什么要将它们都说成是唐僧所取经，是唐僧从西天取回来的呢？这无疑跟斋供仪式文献的正统性与效验性需求有关。毕竟像《梁皇忏》《千佛忏》《药师忏》《观音忏》《六根忏》《血盆十王忏》一类的忏仪和科仪，都是中国僧人编撰的。如果在其卷首有一个它们是唐僧从西天所取经的说明，有一个它们被使用后有效验的说明，自然可以免除信众对它们神圣性和有效性的怀疑。这无疑就是唐僧西天取经文献出现在斋供仪式文献中的意义。相应地，这类文献普遍存在于斋供仪式文献中，正是它们作为斋供仪式文献神圣性和效验性的标签之一。

---

① 侯冲：《云南阿吒力教经典研究》，北京：中国书籍出版社，2008年，第183—184页。

五、结语

对中国宗教仪式研究来说，在资料欠缺时，需要广泛搜集资料，解决"巧妇难为无米之炊"的困难；在面对海量数据时，则需要解决如何切入、如何释读、如何分析研究的问题。本文以斋供仪式文献中的唐僧西天取经文献为例进行了尝试，指出唐僧西天取经文献与《佛门请经科》一样，普遍存在于斋供仪式文献中，是中斋供仪式文献神圣性和效验性的标签之一。对于与唐僧西天取经有直接关系的小说《西游记》的研究来说，这一认识无疑提供了新的思路，为结合相关资料研究《西游记》的版本、成书过程等奠定了基础。鉴于这已非本文研究对象，容另文再作探讨。

论藏传佛教格鲁派关于经量部的"二谛"说

牛　宏[①]

摘　要

藏传佛教宗义类文书以分析探讨印度佛教晚期四大部派的佛教义理思想为主，其中格鲁派的宗义书对于其中经量部"二谛"说的讨论具有独特的认识和讨论。本文以格鲁派宗义书中的材料为主，论述格鲁派关于经量部"二谛"说的基本主张和独特内容。

关键词：宗义书；经量部；二谛

藏传佛教宗义类文书中有一个共性的讨论命题就是佛教的"二谛说"，认为一切存在的事物，无论是常住法，还是无常法，都不会超过世俗谛和胜义谛的表述范围。

在藏传佛教宗义书中一般将佛教宗派分为小乘的毗婆沙（Vaibhsika）和经量部（Sautrantika），大乘的中观（Madhyamika）和唯识（Cittamatra）四派。这四派的宗义教理中，都一致认为一切认知事物若非"胜义谛"，就是"世俗谛"。

本文根据格鲁派宗义书中的内容，来判断分析经量部"二谛"说的内容，并进一步从自相说和共相说展开其独特的学说内容，为深入了解佛教"二谛"说展开一个层面。

---

① 牛宏，上海师范大学哲学与法政学院哲学系教授。

一、经量部"二谛"说的内容

关于经量部的"二谛"说，即对于"胜义谛"和"世俗谛"的认识，在格鲁派宗义书中首先判明，"随教行经量部"的主张与"毗婆沙宗"相同，都是依据《俱舍论》中的经义思想而来；而在此重点介绍"随理行经量部"的主张，认为此分派主要依据《释量论》（rnam vgrel）中所说的"胜义能作义，是此胜义有，余为世俗有，说为自共相"①的偈言为主，来定义并阐释关于"二谛"的主张②。

此派对"二谛"所下的定义为：不必依待言词和概念的施设（btgs pa），自身存在的原理（rang gi sdod lugs）经得起理智（rigs pa）直接观察，此法就是"胜义谛"；而自身存在的原理是从他义所作（gzhan pavi yid byed）的言词和概念中建立起来的法或自身存在的原理唯由它方言词和概念中的自性能够证明的法，称为"世俗谛"③。根据此定义，认为"实法"（dngos po）、"自相"（rang mtshan）、"能作义法"（有功用）（don byed nus pa）是"胜义谛"的同义词；"无实法"（dngos mes kyi chos）、"共相"（spyi mtshan）、"不能作义法"（don byed mi nus pa）是"世俗谛"的同义词。

"世俗谛"一名是在宗义书系统内特定指称被胜义识或思泽识认为不实的那些事物。而在经量部中，世俗谛也称为"名言谛"，因为对于概念思维来说，世俗谛是谛实的。另一方面，世俗谛又被认为是"覆蔽谛"，因为思维识受到其对象世俗谛之覆蔽，无从全貌地觉知胜义谛④。

这种性相的安置，在格鲁派宗义书中说是根据宗喀巴二徒的著作中来说的，认为对于"二谛"主要是从事相上（mtshan gzhi）来说的，而不是从性相

---

① "don dam don byes nus pa gang,，de vdir don dam yod pa yin；gzhan ni kun rdzob yod pa ste，de dag rang spyivi mtshan nyis bshad"；见法尊编译：《释量论略解》卷五，第三颂，台北：佛教出版社，1984年，第137页。
② 见章嘉·若贝多吉：《宗教流派论（章嘉教派论）》（藏文），北京：中国藏学出版社，1998年，第70页。
③ 章嘉·若贝多吉：《宗教流派论（章嘉教派论）》（藏文），北京：中国藏学出版社，1998年，第70页。
④ 见章嘉·若贝多吉：《宗教流派论（章嘉教派论）》（藏文），北京：中国藏学出版社，1998年，第70页。

（mtshan nyid）上来说的。如他们说瓶是在世俗谛上建立的，而此派认为瓶有自相从而在胜义谛上建立等。因此，此派认为胜义有（don dam par yod pa）和胜义谛二者是完全等同的，而世俗有（kun rdzob tsam du yod pa）和世俗谛二者是完全等同的[①]。此派说法与《俱舍论》中所说截然不同。

二、经量部"二谛"说的展开——自相法和共相法

经量部进一步对"二谛"的自相法和共相法作出解释说："共相法者，是世俗谛所说，它们是在世俗的心态上呈现为真，此为世俗心的推察，由自相实取境（rang mtshan dngos su gzung yul）所作而成，所以是世俗谛；自相法者，是胜义谛所说，它们在胜义的心态上呈现为真，此为胜义心的内境无乱之智（snang yul la ma vkhrul bavi shes pa）"[②]。以这种定义来判断，像"虚空"等无为法，纯属概念，是共相法；还有"总"、"同位"（gzhi mthun）、"分别"、"一"、"异"、"相关"、"能立"、"所立"等增益法（sgro btags pavi chos）都是共相，因为这些增益法都是互相观待而施设的概念，并无自存的特性，所以是自相法。但是并非所有的增益法都是共相，这一点差别应该分清，如"补特伽罗我"是人为的概念，但由于"补特伽罗我"根本不存在，所以谈不上"自相"和"共相"[③]。

经量部还从"因相"（rgyu mtshan）上来推论，认为"从因相上推察，现境（dngos yul）的自身反不是自相，而是自相上推察的现境，这并不矛盾。"如对金瓶，从执瓶的推察中，金瓶是瓶现（bum par snamg）自己的实所取，这是瓶现。所显现的是含有"意义"的，二者相杂的显现，虽然和真实显现没有差

---

① 章嘉·若贝多吉：《宗教流派论（章嘉教派论）》（藏文），北京：中国藏学出版社，1998年，第70页。

② 章嘉·若贝多吉：《宗教流派论（章嘉教派论）》（藏文），北京：中国藏学出版社，1998年，第70页。

③ 关于"自相"、"共相"的解释，详见恭却晋美旺波著，陈玉蛟译：《宗义宝鬘》，台北：法尔出版社，2000年，第73页。

别，实际是掺杂了假相合为一的显现；……①。上述这种认识，吕澂先生总结为是"心法缘境的带相说"，也就是说，认为境映于心变现为一定的表象后再加了别，他们以为心法生时必定变带所缘境界的表象，成为心法的相分②。所以说经部从"因相"上所推论出来的"显现"，是将"纯然意识转变为充满表象的意识"③，即心法缘境根本上是以表象为凭证的，是掺杂了这种"自相"的一种反映观。

经量部这种独特的"自相"反映观，在格鲁派宗义书中是大加批判的，说："如这种瓶的名言由自己的性相显现的主张，说它的义理是合理的，不仅在唯识派看来是迷乱的，而从区分了义不了义者和旁的观察者都认为是不正确的"④。并举例驳斥这种理论，说，"若此符号（brtav）熟悉的补特伽罗性自在作（dbang du byas pa），则此符号不熟悉的凡夫自在作的体性，于差别的声假立法的自执的安置等唯识教理如何安置？从何观瓶所说声的入事执理无而瓶的平等推察沉着性为自在作？补特伽罗此派的推察，此声的名言（sgravi tha snyad）为何未依推察？而说瓶的名称和瓶的色平等的差别的句子中声的名言依何推察？名称和句子的声的名言是他依的推察吗？……"⑤。实际上，上述批驳中，主要是针对经量部对"二谛"的认识中所提出的"自证说"，此说法以为心法生起之时都自然地显现出它自身和境界⑥，因此，这种说法得到了中观学者们的大力批驳。

---

① 章嘉·若贝多吉：《宗教流派论（章嘉教派论）》（藏文），北京：中国藏学出版社，1998年，第71页。

② 吕澂：《略述经部学》，《现代佛学》1955年12期，转引自《吕澂佛学论著选集》（四），济南：齐鲁书社，1991年，第2395页。

③ 舍尔巴茨基：《佛教逻辑》，宋立道、舒晓炜译，北京：商务印书馆，1997年，第260页。

④ 章嘉·若贝多吉：《宗教流派论（章嘉教派论）》（藏文），北京：中国藏学出版社，1998年，第72页。

⑤ 章嘉·若贝多吉：《宗教流派论（章嘉教派论）》（藏文），北京：中国藏学出版社，1998年，第72页。

⑥ 吕澂：《略述经部学》，《现代佛学》1955年12期，转引自《吕澂佛学论著选集》（四），济南：齐鲁书社，1991年，第2397页。

三、小结

经量部的"二谛"说是经量部主张中最重要的部分，因为在对"二谛"认识中，经量部提出了独特的"带相说"和"自证说"，这些学说都在后来大乘瑜伽系的陈那的著作《集量论》中得到发展，从而影响很大。而格鲁派宗义书中除了介绍了经量部"二谛说"的基本义理外，更是借用中观学者的著述，特别是克珠杰的《因明七部除暗庄严疏》（sde bdun yid kyi mun sel）及《量备忘录》（tshad mavi brjed byang）等著作来大力批驳了经量部的这种说法。

径山寺现存宋孝宗御碑及其史事考索

王招国（定源）[①]

摘 要

寺院赐额是古代政权加强佛教管理的重要举措，也是寺院取得政治合法性的标志之一。"径山兴圣万寿禅寺"作为杭州径山寺行用最久的寺额，传统认为是乾道二年或开禧年间开始起用，但通过考察，实际是乾道九年（1173）宋孝宗所赐并书。此寺额与当时住持僧蕴闻将寺院奏请为"祝圣寿道场"有关，表达了寺僧对高宗及孝宗圣寿无疆的祝延心愿，契合南宋初期强化"圣政"的意涵。寺额御碑立石于开禧元年（1205），碑阳新发现的《谢表》一文是住持僧元聪为答谢宁宗御笔"皇帝御书"碑额及赐许立碑而撰。碑阴刻有四明文人楼钥于嘉泰三年（1203）撰写的《径山兴圣万寿禅寺记》一文，详细记录了庆元五年（1199）径山寺灾后重建经过以及作者与径山寺僧人的交往情况。本研究深化认识了南宋径山寺历史，揭出御碑代表的政治文化对寺院发展的深远影响。

关键词：径山寺；孝宗御碑；赐额；元聪；楼钥

---

① 王招国（定源），上海师范大学哲学系副教授。

杭州余杭径山寺始建于唐天宝元年（742），迄今已有一千两百多年历史。此寺历代高僧辈出，文化底蕴深厚。南宋时期作为大慧宗杲（1089—1163）提倡看话禅的根据地和"五山十刹"之首而名播中外。降及明代，因此寺刊刻《径山藏》而在大藏经刊刻史上占有一席之地。然而，星移斗转，世事变迁，留存至今的径山寺历史实物寥寥无几，其中树立在寺院山门外的宋孝宗赐额的碑石，即所谓孝宗御碑，恐怕是最古老的文物了。

御碑为沉积岩，碑帽已残，碑身长350厘米（含赑屃高85厘米），宽155厘米，厚40厘米。四周绘刻龙纹。碑额篆书"皇帝御书"四字，碑阳正中楷书"径山兴圣万寿禅寺"八字。碑阴刻南宋文人楼钥（1137—1213）撰《径山兴圣万寿禅寺记》。现已列入杭州市重点文物保护对象。

这方御碑是中国佛寺赐额碑刻的历史遗存，不仅标志着孝宗对佛教扶持的态度，也见证了径山寺自南宋迄今的发展过程，有着不同寻常的历史意义。关于此碑，在地方志书（包括寺志）以及文人游记等文献中多有提及。然而，翻检史料得知，传统文献的某些记载未必符合事实，而且隐藏在御碑背后的相关史事也鲜为人知。值得注意的是，碑阳下方新发现刻有多行小字。查其内容，它是一篇《谢表》，可资探讨御碑立石之始末。有鉴于此，今不揣浅陋，仅就御碑相关史事，略陈所见，以为增进了解南宋径山寺历史及其与政治文化互动之一端。若有不妥，诚请方家指正！

一、宋孝宗赐额的历史背景及政治义涵

寺院之名，是为寺额，古代寺院名称由来有多种渠道，山川地理、帝王年号、佛经文句、佛号塔名乃至民间典故等均可能成为寺额取材的来源。而取名之主体，帝王赐额，寺僧自取，文人命名，不一而足。其中尤以帝王赐额对佛寺的发展影响巨大，意义深远，它既是古代政权加强佛教管理的重要举措，也是佛教中国化的特征之一。

径山寺自唐天宝元年开山以来，寺名屡经更改。法钦禅师创建之初，因山得

名，曰"径山寺"，唐僖宗乾符六年（879）改称"镇国院"，北宋大中祥符元年（1008）赐额"承天禅院"，政和七年（1117）更名为"径山能仁禅院"（或作"径山能仁禅寺"）①。南宋孝宗始赐名曰"径山兴圣万寿禅寺"。降及清代，康熙皇帝一度赐以"香云禅寺"额，随后恢复孝宗所赐旧额，并一直沿用至今。可以说，在径山寺一千两百多年历史长河中，"径山兴圣万寿禅寺"额行用最久，影响最大。

径山寺为何长期使用孝宗所赐寺额？"径山兴圣万寿禅寺"额的义涵何在？在此需先了解南宋政权，尤其是孝宗与径山寺的关系。

北宋至道年间（995—997）径山寺已受到宋廷的恩顾，宋太宗赐予御书与佛骨舍利。元祐五年（1090）苏轼第二次知杭州，将径山寺革"子孙"为"十方"，即由原来师徒相承的住持制改为任人唯贤，这为径山寺后来选取住持提供了制度性保障。果然到了南宋时期，径山寺高僧辈出，法幢高树，以致位居"五山十刹"之首。

宋室南迁，在高宗治下的约近四十年间（1127—1162），径山寺迎来承上启下的转折时期。绍兴七年（1137），宗杲应朝廷高官张浚（1097—1164）之请住持径山寺，彼时四方衲子，翕然相从者甚多。四年后，即绍兴十一年（1141），宗杲因不满秦桧投降金人的和议政策，被诬与张九成"谤讪朝政"，夺去衣牒，配发衡州（今湖南衡阳）、梅州（今广东梅县）等地。绍兴二十五年（1155）蒙恩北还，二十八年（1158）再次诏住径山，重振道场。从宗杲被逐至再次归还共约十七年，径山寺先后又有真歇清了、照堂了一、妙空佛海等诏补法席，加之后来宗杲的再度振兴，至高宗绍兴晚期（1158—1162），径山寺"法席大兴，众将二千"，发展到前所未有的鼎盛阶段。

高宗在位期间，他是否到过径山寺，目前尚不清楚。绍兴三十二年（1162）高宗退位后去过径山寺，是可以肯定的。如楼钥《径山兴圣万寿禅寺记》载"显仁皇后在慈宁宫、高宗皇帝在德寿宫时，皆尝游幸，就书'龙游阁'扁

---

① 嘉泰《会稽志》卷七载"政和七年，上后土号曰承天，效法厚德，光大后土皇地祇。诏天下承天僧寺皆改为能仁寺，盖避后土号也"。由此可知，径山寺从"承天禅院"更名为"能仁禅院"，乃因避讳而改。

榜"①。表明高宗和他母亲显仁皇后一起驾幸径山。与此相关记载也见于宋人叶绍翁《四朝闻见录》"高宗既御北内,得以游幸山间,以妙喜故,赐吴郡田万亩。驾幸越二年,始建龙游阁"②。据明人宋奎光编《径山志》,龙游阁建于乾道四年(1168)。可知高宗游幸径山是在乾道二年(1166),并为宗杲赐田万亩,作为寺产。另外,径山寺山门正前方有一座御爱峰,此因高宗游幸径山时曰"此峰可爱"而得名。这也说明高宗的确到过径山。

稍习宋史者都知道,高宗唯一的儿子赵旉于建炎三年(1129)去世,为解决皇储问题,他并未在自身所属太宗一系选择合适的皇位继承人,而是从太祖后裔中挑选了赵瑗和赵璩。绍兴三十年(1160),赵璩改称皇侄,立赵瑗为皇子,改名赵玮,晋封建王。两年后高宗退位,正式立赵玮为太子,改名赵昚。绍兴三十二年(1162)六月赵昚受高宗之禅登基继位,是为孝宗。

在南宋诸帝中,孝宗是一位极其崇佛的皇帝,经常驾幸临安及周边寺院,并与当时僧侣往来甚密。至于孝宗与径山寺的关系,可上溯至被立太子之前,他在普安潜藩时,先后派遣内都监黄彦节访诣宗杲,请求上堂说法。宗杲为其撰写偈颂,其中有"大根大器大力量,荷担大事不寻常。一毛头上通消息,遍界明明不覆藏","豁开顶门眼,照彻大千界。既作法中王,于法得自在"。表面上看,这些偈语只讲佛法要意,仔细揣摩其内容,则隐含深意,如"法中王"云云透露出宗杲对赵昚在政治上寄予将荷担大事的期许。这对当时尚未正式立为太子的赵玮(即孝宗)而言,无疑是一种莫大的安慰和鼓励。赵玮晋封建王后,"复遣内知客请师山中,为众说法,亲书'妙喜庵'大字,及制真赞寄师"③。绍兴三十二年孝宗即位,随后敕宗杲为"大慧禅师"。然而,就在孝宗登基后第二年,即隆兴元年(1163)八月十日,宗杲在径山遽尔去世,孝宗为之

---

① 宋奎光《径山志》(第7卷),载《中国佛寺史志汇刊》第32册,第628页。
② 唐宋史料笔记《四朝见闻录》,北京:中华书局,2012年,第34页。同书甲集有"光尧幸径山"条,开篇有"光尧幸径山,憩于万木之阴"云云。"光尧"系指宋高宗,盖因宋高宗退位后,孝宗上尊号为"光尧寿圣太上皇帝"而故称。此亦可证,高宗退位后到过径山。
③ 张浚撰:《大慧普觉禅师塔铭》,载《中国佛教金石文献》,上海:上海书店出版社,2018年,第1653—1655页。

嗟惜不已，旋即诏其所居之明月堂为妙喜庵，赐谥曰"普觉"，塔曰"宝光"。

曾有学者指出，孝宗与宗杲的彼此投合，或与两人在政治上主张抗金，锐志北伐有重要联系，他们之间的交往，对孝宗后来愈加亲近佛教亦有一定影响[1]。诚然，宗杲圆寂后，孝宗与径山寺僧人的交涉的确愈加密切。比如，乾道二年（1166）二月幸驾径山[2]，同年八月赐径山妙喜庵刊行大慧语录[3]，表明孝宗对宗杲的尊重程度。随后孝宗是否再临径山，史乘有缺，不得而知。以下根据相关史料，略加梳理孝宗在位期间（1162—1189）径山住持的迁任情况，以窥见孝宗与径山寺关系之一斑。

乾道五年（1169）宗杲弟子蕴闻被旨住持径山，同年十一月诏入选德殿，问佛法大意。乾道七年（1171），蕴闻上书请求《大慧宗杲语录》编入藏内（指《福州藏》），受赐刊刻流通。

淳熙四年（1177），密庵咸杰奉旨住径山，同年召对选德殿，问佛法大要。三年后，始从径山迁灵隐。[4]

淳熙七年（1180）五月，别峰宝印诏住径山。七月，孝宗降使请入禁中，引对选德殿。淳熙十年（1183）二月，孝宗赐《御注圆觉经》予径山，命宝印作序刊布行世。淳熙十五年（1188）冬，宝印因疾奏乞退居。[5]

宝印退居后，径山虚席。淳熙十六年（1189）二月，临安守臣请无锡华藏寺涂毒智策受命来山。同年，孝宗禅位给光宗赵惇，步高宗后尘，成为南宋第

---

[1] 请参见彭琦：《南宋孝宗与佛教》，《浙江学刊》2002年第5期，第95页。

[2] 原文"乾道二年二月，孝宗游幸"，明代宋奎光《径山志》卷十二"殿字"类目下"径山兴圣万寿禅寺"条，见《中国佛寺史志汇刊》第32册，第1005页。

[3] 此事可通过现存高丽刻本《大慧普觉禅师语录》之跋文可知，即其跋文云"乾道二年岁次丙戌八月/勅赐径山妙喜庵刊行"。此高丽刻本为韩国国立中央图书馆藏。我曾经利用这条材料论述过大慧宗杲著作在径山妙喜庵刊刻的情况，可参见王招国：《宋代径山寺藏书与刻书》，载《大藏经的编修·流通·传承》，杭州：浙江古籍出版社，2017年，第36—47页。

[4] 详情参见葛郋：《密庵杰禅师塔铭》，载《中国佛教金石文献》，上海：上海书店出版社，2018年，第1695—1696页。

[5] 详情参见陆游：《别峰禅师塔铭》，载《中国佛教金石文献》，上海：上海书店出版社，第1705—1707页。

二代太上皇。①

综上可知，在孝宗"乾淳之治"期间，径山寺严格推行敕差住持制，先后受旨住持径山寺僧人有蕴闻、咸杰、宝印、智策等人，他们均曾召入选德殿，问答佛法，受到孝宗的极大敬重。尤其宝印住持径山期间，孝宗将《御注圆觉经》赐予径山。寺僧改西阁名为"圆觉阁"，并请陆游作记，赞曰"天下丛林拱称第一"。

孝宗与径山寺的关系大体如上，那么"径山兴圣万寿禅寺"之额具体是孝宗哪年所赐？有何背景呢？

一般认为，孝宗赐"径山兴圣万寿禅寺"额是在乾道二年（1166）。这种观点是从《径山志》等文献记载孝宗于乾道二年幸驾径山推测而来。其实，乾道二年孝宗虽然幸驾径山，但不能证明赐额也在同一年。相反，如后所述，迟至乾道八年径山寺仍称"径山能仁禅院"。换言之，乾道二年赐额之说不足为凭。

除此而外，明代吴之鲸《武林梵志》、王在晋《径山游记》、万历《余杭县志》、宋奎光《径山志》、嘉庆《余杭县志》以及《浙江通志》等文献记载：孝宗御书并赐"径山兴圣万寿禅寺"额是在开禧年间（1205—1208）。这种记录乃是一种讹误，因为开禧是宋宁宗年号。绍熙五年（1194）孝宗驾崩，孝宗岂能在驾崩之后赐额御书？这种常识性错误，唯独嘉庆《余杭县志》在"开禧年间"四字后注云"开禧乃宁宗年号，似误"②。那么，后世文献为何普遍将孝宗赐额御书时间误为开禧年间，事出有因，具体情况容后再述。

如前所述，在孝宗赐额之前，寺名乃是"径山能仁禅院"。既然孝宗赐额之后才可能出现"径山兴圣万寿禅寺"之名，那么若能够在历史文献中查明"径山能仁禅院"最晚的使用年代，或者说"径山兴圣万寿禅寺"最早的使用年代，这就可以限定孝宗赐额的大致年代范围。循此思路，我在宗杲弟子蕴闻上呈孝宗《谢降赐大慧禅师语录入藏奏札》文末看到"乾道八年正月日径山能仁禅院

---

① 详情参见楼钥：《径山涂毒禅师塔铭》，载《中国佛教金石文献》，上海：上海书店出版社，第1708—1709页。

② （嘉庆）《余杭县志》（第15卷），民国八年重刊本，第9页。

住持慧日禅师臣蕴闻奏札"的自署。可见晚至乾道八年（1172）正月，孝宗并未赐额，否则蕴闻断不敢在孝宗赐额后自称"径山能仁禅院住持"。此外，继蕴闻之后，淳熙四年（1177）密庵咸杰受旨来山，后由崇岳、了悟等人将其师当年在径山上堂说法内容编辑取名为"临安府径山兴圣万寿禅寺语录"。由此说明，孝宗赐额时间只能限定在乾道八年至淳熙四年之间。事出巧合，就在这一时期内，曹勋撰《径山续画罗汉记》一文载：

> 今住持闻公禅师，实嗣法大慧，有诏令继大慧法席。父子接武，道俗归向，龙天作礼，学者辐凑，惟恐其后。上圣知师道价，屡召入内殿，从容禅悦，机缘纯熟，发明大要，神动天随，扬厉般若之益，如水赴壑，特赐慧日禅师，一时荣耀，四方衲子，咸知尊仰……。闻公住持踰五载，圣上宠渥，锡（赐）赍异常，念莫能报国恩，乃祈以本院专为祝圣寿道场。寻奉俞（纶）音，仍特赐寺颜为"兴圣万寿禅寺"，免诸州场务商税并平江府和义庄，除纳正税外，非时科敷，悉蒙蠲免，皆异恩也。……乾道癸巳季夏望日记。①

此文撰于乾道癸巳季夏望日，即乾道九年（1173）六月十五日。文中所言"闻公"，系指宗杲弟子蕴闻，他于乾道五年（1169）任径山寺住持，故上文称"闻公住持踰五载"。蕴闻住持径山期间，孝宗闻其道价，召入殿内，礼遇有加，故而特赐"慧日禅师"之号。蕴闻为了报答"圣上宠渥"之恩，将径山寺乞请为"祝圣寿道场"，因之孝宗特赐予"兴圣万寿禅寺"之额。同时，敕许径山寺除正税外，享受免纳非时科税。

由此可知，"径山兴圣万寿禅寺"之额是孝宗应蕴闻之请而赐，属于先请额，后赐额之例，赐额时间是在乾道九年，说明"径山兴圣万寿禅寺"只能从乾道九年之后才开始使用。

蕴闻之所以将径山寺乞请为"祝圣寿道场"，并非偶然之举。孝宗赐额之

---

① 曹勋《松隐集》（第30卷），文渊阁四库全书本。

乾道九年，高宗已六十七岁，正以太上皇身份颐养德寿宫。以蕴闻为首的径山寺僧人乞请寺院作为圣寿道场，其祝延对象首先当是高宗，同时应包含对今上皇帝孝宗的祝延。正如前揭宝印呈孝宗之谢表所言"谨以赐本，锓板传之无穷，上以祀延两宫圣寿无疆"①，所谓两宫，是指高宗和孝宗而言。由此观之，赐"兴圣万寿"寺额蕴含了孝宗对高宗的祝延，表达了径山寺僧人对高、孝二宗万寿无疆的祈愿。

高宗退位当年，孝宗尊高宗为太上皇，上尊号"光尧寿圣太上皇帝"，意指高宗之光辉堪比尧帝，颂扬其主动禅位之德。实际上，在孝宗赐额以前的隆兴元年（1163）三月，陆游受命为太上皇高宗修纂《中兴圣政草》，明确赞颂高宗的"圣政"。乾道二年十月，孝宗摹勒御制《光尧寿圣太上皇帝圣教序》，同样高度肯定高宗因顺应民意而称帝，为宋代江山奠定的中兴大业。综合而言，应蕴闻之请，孝宗于乾道九年赐"径山兴圣万寿禅寺"额，正好契合孝宗朝初期强化中兴与认可高宗禅位所创造的"圣政"义涵。对径山寺而言，孝宗赐额是提高作为官寺地位的最佳表现，可以加强寺院与南宋政权的互动关系，无疑为后来成为"五山十刹"之首，持续获得官方支持奠定了坚固基础。

二、御碑立石时间——基于新见《谢表》一文的考察

如前考述，孝宗赐额时间是在乾道九年，但这并不意味着御碑立石也在同一年。御碑立石时间，传世文献未见记载。但如本文开篇所言，碑阳下方新发现的一篇石刻文字，对于考察御碑立石的时间多有裨益。以下拟先按原石现存格式移录文字，之后再作讨论。需要说明的是，石刻首尾稍残，个别文字辨识不清，以下录文时，残泐部分以"□……□"示之，字划残存而不易辨别者则以"◇"示之。根据字迹，结合上下文意能推断该字者则在"◇"后以括号内的文字表示。

---

① 《续藏经》（第10卷），第152页上栏。

□……□月初一日

□……□宣示

□……□仍制碑额

□……□日甲子良辰揭之寺门者

逢于

幸骇目洞心，臣诚惶诚恐，顿首顿首。洪惟

皇帝陛下

稽古图书

研几笔砚

洒梵天之微号

纵睿圣之多能

与日月争光辉

◇昭回于云汉

共山川相映发

矫飞动于龙鸾

体势如神

点画应手

超绝八法

自成一家，眷

寿皇作之于前，惟

陛下继之于后

阴阳出乎

天性

德业同乎

祖风。唐太宗之秘兰亭，何其陋矣！柳诚悬之形笔谏，无

以尚之。鲁公漏雨之迹，右军画沙之作。◇焉敛衽，由是

包羞。岂持永为五峰双径之

荣观，盖将交庆千载一时之

大遇。虽蒲柳之年七十，傲霜傲雪，未能忘

佛法之心；而椿松之岁八千，为春为秋，尚效祝

吾君之寿。臣无任感

恩荷

圣①，激切荣跃之至，谨奉表称

谢以

◇（闻）

□……□

这篇文字虽有残损，但大体文意清楚。从文书内容及格式，并结合文末"谨奉表称谢以（闻）"的行文来看，显然是一篇自称臣者呈给皇帝的《谢表》，表达了对今上皇帝宣示特制碑额，择良辰以将碑石揭于寺门的感激之情。

现存御碑碑阳从上到下由三部分文字组成，最上方是碑额，稍残，现被水泥覆盖，仅见篆体"□帝□书"，实为"皇帝御书"四字；中间则有"径山兴圣万寿禅寺"八个楷体大字；最下方是为前揭《谢表》石刻。

《谢表》开篇称"仍制碑额"，其所指应该包括"皇帝御书"碑额及寺额"径山兴圣万寿禅寺"两部分。"径山兴圣万寿禅寺"之额是孝宗所赐御笔，这一点已无疑问。然而，尽管孝宗贵为九鼎之尊，按常理而言，不大可能径称自己书法为"皇帝御书"。也就是说，碑额"皇帝御书"四字难以认为是孝宗自笔，而是别人对其御笔的尊称。

详审前揭《谢表》内容，对皇帝御笔充满赞颂和感谢之情，如其文云"洒梵天之微号，纵睿圣之多能"，称其书法"体势如神，点画应手，超绝八法，自

---

① 此句正确的表述应该是"臣无任感荷圣恩"，今照录原刻石文字顺序，未作订改，特此说明。

成一家"。并将御书比作唐代柳公权、颜真卿以及东晋书法家王羲之之书法，且有过之而无不及。同时，比附唐太宗秘藏王羲之《兰亭序》真迹，以衬托呈表者对皇帝御赐天恩之情。由于"皇帝御书"四字并非孝宗御笔，而上呈《谢表》的对象又是皇帝，那么这位皇帝是谁呢？关于这一问题，首先需要分析《谢表》"眷寿皇作之于前，惟陛下继之于后。阴阳出乎天性，德业同乎祖风"一文。所谓"寿皇"，系指孝宗。淳熙十六年（1189）孝宗传位给光宗，当年光宗上孝宗尊号为"至尊寿皇圣帝"，此"寿皇"之称，由此而来。所谓"寿皇作之于前"，是指孝宗此前已赐"径山兴圣万寿禅寺"额。确认这一点，再看"陛下继之于后"一句，其文意便不难理解了，即意指继孝宗之后今陛下又赐"皇帝御书"四字。由此可以肯定，《谢表》所称"陛下"，必然是指孝宗之后的某位皇帝。

继孝宗之后登基皇位，成为南宋第三代皇帝的是光宗。不过，熟知宋史者知道，光宗患有精神疾病，受此影响，他在位前后五年（1190—1194）就禅位给了宁宗，改年号为"庆元"。了解这一点之后，再详细揣度《谢表》"阴阳出乎天性，德业同乎祖风"一文，则不难看出表中称谢的"陛下"与孝宗的辈分，不可能是父子关系，而是祖孙关系。也就是说，这位"陛下"绝不是孝宗的儿子光宗，而是孝宗的孙子宁宗。由此可以肯定，碑额"皇帝御书"四字是为宁宗所题。当然，这仅是根据《谢表》所见"寿皇""祖风"等词汇所做的推断，事实与否还可进一步论证。

论证的思路是，如果可以考出这篇《谢表》的作者，便可以其为时代坐标，判定《谢表》的撰写年代，那么就可以确认《谢表》所言"陛下"到底是哪位皇帝。

按照一般体例，《谢表》文末当有呈谢者署名及上呈表文的时间，遗憾的是，现存《谢表》石刻首尾均残，缺失了这一关键信息。不过，我们关注到表中"虽蒲柳之年七十，傲霜傲雪，未能忘佛法之心；而椿松之岁八千，为春为秋，尚效祝吾君之寿"一文，是在表达作者对佛法的拳拳之心和对当今陛下圣寿的祝愿。由此推定《谢表》作者是一位僧人无疑。另从"蒲柳之年七十"一句分析，撰写表文时这位僧人刚好七十岁。面对帝王，僧人自己称臣，在古代帝制时代并不足怪。《谢表》作者既然是一位僧人，那应该是径山寺僧人，因为《谢表》是代表径山寺向皇帝表达赐许立碑之恩，请他寺僧人代笔的可能性不大，而且为了代表径山寺立场，作者绝非等闲之辈。《谢表》称"岂持永为五峰双径之荣观，盖将交庆千载一时之大遇"，说明皇帝御赐足以光耀山门，流露出千载一遇的欣庆之情。

那么，《谢表》究竟是哪位径山寺僧人所作？考察的突破口仍需从御碑本身入手。现存御碑除了碑阳之外，碑阴镌有一篇《径山兴圣万寿禅寺记》。如后所述，这篇碑记是径山住持元聪请楼钥撰写的。如此看来，《谢表》有没有可能就是元聪执笔的呢？对此不妨先考察元聪的生平。

关于元聪（1136—1209）生平，资料散见于《枯崖和尚漫录》《续指月录》《增集续灯录》等禅籍，但最详细的记录当推宋卫泾撰《径山蒙庵佛智禅师塔铭》①。根据塔铭，元聪俗姓朱，福州长乐人，十九岁出家，嗣法于晦庵慧光，为临济杨岐派僧人。他一生先后两次住过径山，第一次是淳熙四年（1177）跟随密庵咸杰来到径山，任首座。第二次是庆元三年（1197）夏天因径山寺虚席，受宁宗御旨从福州雪峰寺迁住径山寺。再次迁任径山两年后，即庆元五年（1199）十一月，元聪行化浙西，其间径山寺不幸遭遇了一场特大火灾，包括龙王殿在内，烧失殆尽。灾后元聪矢志重建，复建后，卫泾撰《塔铭》载云：

> 元聪新之，视旧观有加焉。寺既复，元聪引去，上复以住持命之，且为御书寺额及"蒙庵"二字赐之，仍赐号曰"佛智禅师"。②

据此可知，元聪复建寺院后，原本有意退居，但宁宗仍以住持命之，且为"御书寺额"并赐"蒙庵"及"佛智禅师"之号。值得注意的是，此"御书寺额"云云，正好可以与前文推论宁宗赐额"皇帝御书"之事相互参证。

前揭《塔铭》载，宁宗御书寺额的时间是在元聪复兴径山寺之后。元聪重

---

① 参见卫泾《后乐集》（第18卷），文渊阁四库全书本。
② 同上。

建径山的起讫时间，楼钥《寺记》称"经始于六年之春，成于嘉泰改元之夏"，前后仅一年有余。换言之，宁宗御书寺额时间必然在嘉泰元年（1201）之后。再看元聪生平，他于嘉定二年（1209）十一月去世，享年七十四岁。由此进一步推算，宁宗御书寺额时间只能限定在嘉泰元年至嘉定二年的共约九年时间当中。

根据前面推论，记载宁宗"御书寺额"的表述实际并不准确。严格来说，宁宗仅仅题写了碑额"皇帝御书"四字而已。因为孝宗御赐寺额在先，作为孝宗孙子的宁宗不可能再赐以相同寺额。由于只有在宁宗御书碑额之后，才有必要上呈《谢表》，而依《谢表》自称"蒲柳之年七十"，再结合元聪的生卒年进行推算，元聪七十岁时是为开禧元年（1205）。这一时间正好符合以上推断宁宗御书碑额的时间范围。

行文至此，我们有理由相信，这篇《谢表》的作者实际就是径山寺住持元聪，是他为了答谢宁宗御书碑额而撰写的，撰写时间在开禧元年（1205）。既然如此，现存《谢表》首行残留的"月初一日"，当然就是开禧元年某月初一日，而将御碑揭"甲子良辰揭之寺门者"，也应该是在同一年。

元聪住持径山期间，与宁宗之间的交涉情况，卫泾《塔铭》载："主上待遇臣子恩全始终，其施于元聪者犹若此。元聪以寂灭为学，至其垂没，必以祝圣人寿为言，于以见君臣之兴，穷天地而不可泯者如此。"可见卫泾对元聪的评价颇高。结合前揭《谢表》一文来看，似乎更加容易理解元聪在《谢表》中表达的作为一位臣僧的心情，充分看到宁宗对元聪礼遇有加的态度，以及他们两人之间的"君臣"关系。

基于以上论述，再看前节提到吴之鲸的《武林梵志》、宋奎光的《径山志》等文献之所以将孝宗御书赐额的时间误传为开禧年间，其原因已不难理解。因为孝宗与宁宗相继为径山寺御书赐额。相比之下，孝宗所赐寺额影响较大，而宁宗只是御书碑额而已。随着时间推移，后世将开禧元年树立御碑一事，误冠在了孝宗御书赐额之上。加之元聪所作《谢表》一文，其刻石经长年风雨之后，字迹渐损，久而久之逐渐被人淡忘。所以，明代以来出现像《武林梵志》等文献那样的误传，也就不足为怪了。所幸这篇《谢表》赖御碑而得以留存，让我们在千载之下仍能得知立碑的时间及其相关历史始末，可谓是幸中之幸。

三、楼钥撰写《寺记》的经过及相关问题

以上讨论的是碑阳文字及其相关史实，作为御碑的重要组成部分，有必要再考察碑阴内容及其相关问题。

清代阮元编《两浙金石志》卷十对此御碑有著录，他在抄录碑阴全文后，另附按语云：

> 右在余杭县径山兴圣寺，宋孝宗御书。碑阴正书二十九行，字径一寸，额正书十二字。按：寺在天目之东北，肇始唐国一禅师法钦，初名径山。乾符间改为"镇国院"。宋大中祥符间改"承天禅院"。政和间改"径山能仁禅寺"。孝宗时御书，额赐"径山兴圣万寿禅寺"。文中历叙兴替，典赡详明。越庆元己未冬，龙王殿灾，精庐佛宇，一夕而烬。僧元聪治故而复新之，于是遗书四明楼钥乞记其事。题衔下名已泐。宣献以宁宗时，与林大中奏留彭龟年于经筵，迕侂胄，遂出外，寻复夺职告老。此题衔所以书"提举江州太平兴国宫"，文云"相寻于寂寞之滨"也。[①]

上文以著录碑阴信息为主，至于碑阳除了提到寺额是孝宗御书外，对《谢表》刻石未着一言。揣之以情，这或许是该刻石字体较小，且经长年风雨剥蚀，不易察觉所致。所谓"额正书十二字"者，是指碑阴最上方由楼钥所撰"重建径山／兴圣万寿／禅寺之记"的碑题而言。

楼钥其人，《宋史》第395卷"列传"有载，袁燮撰《絜斋集》卷十一收

"资政殿大学士赠少师楼公行状"所载尤详。他字大防，明州鄞县人。隆兴元年（1163）进士，应第时蒙考官胡铨（1102—1180）激赏，称其有"翰林之才"，敕令删修"淳熙法议"。绍兴初任考功郎兼礼部中书舍人兼直学士院。嘉定元年（1208），任知枢密院事，官累至参知政事。晚年自号攻媿主人，有文集《攻媿集》120卷传世。去世后，谥曰"宣献"。

楼钥出身名门望族，属于宋代四明楼氏家族的重要成员。四明楼氏从楼钥祖辈楼皓、楼异开始就与佛教结下深厚因缘。楼钥在自己的文章中，多次宣称"余非学佛者，未尝参禅"，但从《攻媿集》所收为数不少的佛教相关序跋、疏文、寺记、塔铭以及与僧人唱和的诗歌来看，他不仅阅读佛典、手书佛经，而且常游佛寺，与僧人尤其禅宗僧人交往密切。《径山兴圣万寿禅寺记》（以下简称"《寺记》"）是楼钥撰写的大量涉佛文字中的一篇而已。

楼钥与径山寺的关系，《寺记》称"予尝登含晖之亭，如踏半空，左眺云海，视日初出。……为别峰宝印赋诗有'百万松楸双径杳，三千楼阁五峰寒'"[1]。含晖亭为径山古迹名胜之一，具体位置即今之御碑亭处。此处可眺望晴川，远含朝晖，故而得名。楼钥曾登此亭，并有赋诗赠予宝印。可见楼钥在撰写《寺记》之前初游径山时，正是宝印居住径山时期，即大约淳熙七年宝印奉旨住持径山，至淳熙十五年冬退任这一时期内。

楼钥曾游径山的经历，后来他在《寺记》中追忆到"是时新创大阁，丹腥未施，上下一色，如凝霜雪。涉二十年，犹属梦境"[2]。"涉二十年"云云表明他撰写《寺记》时距早年游历径山已过二十年光景。如后所述，《寺记》一文撰于嘉泰三年（1203）五月。依此推算，楼钥赋诗赠别僧宝印的时间当在淳熙十年（1183）。

继宝印之后，楼钥与径山寺僧人有直接交往的还有佛照德光。佛照德光于绍熙四年（1193）受旨迁住径山，庆元元年归老阿育王寺。为此楼钥写过一首《次仲舅韵寄拙庵》诗，曰"明月堂前玉几山，倦游双径却来还，舅甥相与成三

①②　宋奎光：《径山志》（第7卷），《中国佛寺史志汇刊》第32册，第633页。

隐，城郭山林等是闲"①。"拙庵"是德光自号。此诗必然写于德光从径山归老阿育王寺之后。诗中楼钥将自己与德光、仲舅汪大猷合称"三隐"，侧面表达了他赋闲居家的心境。

就在德光退任径山不到两年，蒙庵元聪从福州雪峰受旨迁住径山。再经两年，即庆元五年十一月元聪行化浙西时，径山寺遭遇一场巨大火灾。殿堂楼宇，一息而烬。次年春天，元聪着手重建，"百工竞起，众志孚应"，前后未满两年，就将原来的瓦砾之地变成一大宝坊，所谓"禅房客馆，内外周备。像设雄尊，金碧璀璨。法器什物，所宜有者纤悉必具"。灾后鼎兴，古刹重辉，实乃众缘之所成就，不可无记。而楼钥当时颇负盛名，且与佛教以及径山有着深厚因缘。因此，记录径山寺重兴的文章由楼钥执笔，无疑是最佳人选。然而，元聪究竟在什么情况下邀请楼钥撰写这篇《寺记》？这一问题记文本身已有交代：

> 聪忽以书相寻于寂寞之滨，属以记文，遣僧契日携书来见，备道始末。辞之曰："年侵学落，笔力随衰。子之师愿力宏深，成如许大佛事，不求于重望雄文之士，而为此来，何其舛邪！"求之再三，拙庵又助之请。遂檃括其语，为之大书。②

开篇的"聪"，系指元聪。可知这篇《寺记》是元聪派遣僧人契日持书邀请楼钥书写的。楼钥虽以"年侵学落，笔力随衰"为由再三推辞，但最终在拙庵，即德光的助请下欣然提笔。德光是元聪前任的径山寺住持，他退老四明阿育王寺后，依然关心径山的灾后重建，对元聪努力复建径山的前后过程应有所了解。因此，当元聪派遣寺僧持书邀请楼钥撰文时，德光主动出面促成此事当在情理之中。

受元聪之命持书请楼钥撰文的僧人契日，或为元聪门人，亦未可知。从元聪派遣契日持书请文一事来看，记文并非楼钥在径山所撰。元聪与楼钥之间是

---

① 参见《攻媿集》（第81卷），文渊阁四库全书本。
② 宋奎光：《径山志》（第7卷），《中国佛寺史志汇刊》第32册，第634页。

否有过晤面，以及他们之间关系如何？元聪方面没有留下任何记录，而楼钥在《聪老语录序》中则有所交代：

> 余顷投闲，门可罗爵，有僧以径山聪老书来求寺记甚勤，再三辞之，不惟与聪无半面，身隐言逊，何能属文。径山之名甲于东南，一燔之后，欲兴瓦砾为宝坊，两宫赐予，檀施山委，旧观鼎新，又大过之，宜得玉堂金闺（阙？）之英，为之登载。顾乃访老朽于寂寞之滨，何耶？僧曰：寺倚神龙为命，率众致祷，肸蠁昭答，欲以属公。余感其意而为之辞。晚归朝行，始与之识，退然老衲也。再相过，忽已亡矣。①

透过上文可以掌握两点比较重要的信息：第一，楼钥应邀撰写记文之前，与元聪并不相识；第二，楼钥后来复职归朝后，见过元聪一面，但已是元聪晚年。其后，楼钥再到径山时，元聪已经故世。因为楼钥撰写《寺记》之前没有见过元聪，亦未亲眼见到径山复兴后的盛况，所以记文才会不无遗憾地称"今则土木之盛，何止十倍，恨未能一寓目也"。

楼钥《寺记》极度赞扬了径山重建后的建筑，所谓"雄壮杰特，绝过于旧，按图而作，井井有条"。建成后，每年举办春秋二期法会，"来者益众，奔凑瞻仰，如见化城。惊惧踊跃，称未曾有"。《寺记》能如此详细描述径山的复建经过以及殿堂的配置情况，其信息当有所本，应来自元聪书信或契日口述，记文所言"遣僧契日携书来见，备道始末"可证实这一点。巧合的是，元聪俗姓朱，与径山寺开山法钦禅师同姓，故时人认为元聪是开山法钦的转世。这一说法，楼钥将其载入《寺记》，且在《聪老语录序》中也不忘提及此事，并对元聪加以赞叹云"聚徒说法三十年，自雪峯来此山，法席大振，复成金碧之区，人谓为国一后身，则师之所得者可知矣，读者其自参之"②。充分反映出楼钥对元聪中兴径山的高度评价。

① 楼钥：《攻媿集》（第53卷），文渊阁四库全书本。
② 楼钥：《攻媿集》（第53卷），文渊阁四库全书本。

需要指出的是，楼钥《寺记》现存碑阴文末仅见"三年重午日，显谟阁直学士，通议大夫，提举江州太平兴国宫（下缺）"，而没有明确交代具体撰写于哪一年。查考相关史料，《寺记》一文除了收入楼钥文集——《攻媿集》卷五七之外，万历《余杭县志》、明净《径山集》、宋奎光《径山志》、嘉庆《余杭县志》、康熙《余杭县志》、阮元《两浙金石志》以及《全宋文》等多种文献均有收入。其中唯有嘉庆和康熙《余杭县志》具体记载"嘉泰三年重午日"，即《寺记》撰写于嘉泰三年五月五日。

前已述及，《寺记》一文是在德光助请下由楼钥撰写而成。德光是嘉泰三年三月二十日示寂于四明阿育王寺。同年五月楼钥撰成《寺记》，正是在德光生前助请之后不久。

至于楼钥在什么处境和心情下撰述了这篇《寺记》，文中"聪忽以书相寻于寂寞之滨，属以记文"一句有所透露。他如此自叹，其原因在前举阮元《两浙金石志》按语中已有言及，具体而言，楼钥在宁宗登位之初，官为吏部尚书，不久因与林大中一起上疏奏乞朱熹、彭龟年、赵汝愚等人留于经筵，而遭到权相韩侂胄（1152—1207）打压，最终以显谟阁学士提举江州太平兴国宫之职，告老归还四明，闲居在家，时间大体是从庆元元年五月至开禧三年末，前后约十三年。元聪遣僧持书邀请楼钥撰写记文，正是楼钥"投闲""身隐"在家之时。同样的心境，楼钥在《聪老语录序》中也有流露，如他反问寺僧契日"访老朽于寂寞之滨，何耶？"

此外，据《径山集》所录记文末尾"食邑五百户楼钥记并书"，楼钥不仅撰述记文，还亲自书写。同时，在嘉庆《余杭县志》以及前揭《两浙金石志》所录《寺记》文末还可以看到"修造僧慧球、法然，都监僧（下缺）"。这段文字虽是碑阴原有的文字，但并非《寺记》内容。如上所示，《两浙金石志》明确记载"碑阴正书二十九行"，而现存碑阴文字仅二十八行，文末未见"修造僧慧球、法然，都监僧（下缺）"字样。说明这行文字属于第二十九行的缺损部分，而且阮元当年著录此碑时尚可寓见。这行文字尽管不多，但可以了解到慧球与法然二人曾经参与过修造御碑的事实。

慧球与法然二人的生平情况均不清楚。日本所藏《五山十刹图》"径山海会堂戒腊牌"嘉定十五年（1222）戒一栏见有一位"然上座"。这位然上座与修造僧法然，从两人的生活时间上看，可能是同一人，但目前还难以断定，附记于此，以备后考。

无论如何，从《寺记》撰写于御碑立石之前的这一时间顺序来看，碑阴文字可能与碑阳文字一起上石。也就是说，开禧元年树立御碑时，碑阴文字业已刻好。若真如此，作为修造僧的慧球与法然，应该就是元聪住持期间的径山僧人。总之，诚如阮元在《定香亭笔谈》卷四所言"径山诸碑最古者，宋孝宗御书万寿禅寺额，楼攻媿重建万寿禅寺记二种"①。因此，对径山寺而言，御碑的文献和文物价值由此可见一斑。

四、结语

综上所论，本文内容大致可以总结以下几点。

（1）孝宗赐"径山兴圣万寿禅寺"额的时间并非传统认为的乾道二年，而是乾道九年。寺志等文献记载开禧年间孝宗御书赐额之事，不足凭信，这一记录实际是把树立御碑时间误作了御书赐额时间。

（2）孝宗赐额的直接背景是宗杲弟子蕴闻住持径山期间，将寺院乞为"祝圣寿道场"，以祈高宗和孝宗两宫之万寿无疆，为此，孝宗应蕴闻之请赐以"径山兴圣万寿禅寺"额。这一赐额既是孝宗对蕴闻此举的高度认定，也有赞颂高宗"圣政"之意，契合孝宗一朝强化南宋中兴与认可高宗主动禅位的政治义涵，同时也是宋室南迁以后，南宋初期政权与径山寺互动的标志性举措。

（3）碑阳《谢表》的作者是径山寺住持元聪。此文是元聪七十岁那年，为答谢宁宗御书碑额"皇帝御书"四字，恩许树立御碑而作，故知御碑立石时间是开禧元年，此时上距孝宗赐额已隔三十二年。

① 阮元编：《定香亭笔谈》（第4卷），清嘉庆五年扬州阮氏琅嬛仙馆刻本，第122页。

（4）碑阴《寺记》撰于嘉泰三年五月五日，是元聪派遣寺僧契日持书前往四明邀请楼钥所撰。楼钥当时夺职闲居老家，虽然再三推辞，但最终在原径山寺住持、时已归老阿育王寺德光的助请下诺然提笔。此文记录了径山灾后由元聪重建的前后过程，极其赞叹元聪为复建径山所做的功绩，成为今天我们研究南宋径山寺历史的珍贵史料。

（5）楼钥在宝印住持径山期间到过径山，他在应邀撰写《寺记》之前，与元聪并不面识。《寺记》成文后，两人之间至少有过一次见面。

（6）由于《寺记》撰写在前，树立御碑在后。所以，本文认为碑阴《寺记》很可能在御碑树立之前业已刻好，当时参与修造御碑者有慧球和法然等人。

总体而言，通过本文的考察不仅纠正了长期以来某些文献对御碑史事的错误记录，也丰富了我们对径山寺历史文化的认识。

唐宋以来，敕赐寺额制度的推行，一方面体现了统治者对佛教的重视态度，采取扶持并利用佛教，颂扬德化，以达到维护社会稳定、巩固政权的政治需要。另一方面，寺院通过赐额在政治上取得合法性，提高知名度，进而推动寺院的发展。现存径山寺这方孝宗御碑，可谓是南宋初期政权与佛教之间友好互动、和谐融洽的集中体现，不仅在当时有着很大影响，对后来径山寺的发展无疑也奠定了非常重要的政治基础。值得注意的是，南宋理宗时期，径山寺被评为"五山十刹"之首，这与前期通过赐额及树立御碑所确立的政治地位或许不无关系。

需要指出的是，宋元以后，历代寺僧为了保护御碑，在其上建亭以覆，并有"圣碑亭""御碑亭"或"碑亭"之称。此亭作为径山寺的历史文化景观之一，已是历代游山者时常驻足观瞻的名胜所在。比如，明隆庆二年（1568）九月三日慎蒙撰《游径山记》中有载录云：

> 顷之，步至寺门外，则有碑记者三，中一石，既大而巍然独峙者，即前寺题名，勒宋孝宗御书于石也。碑之北向者，乃宋蔡襄所为记。又一碑，低狭仅可三尺，乃东坡苏老亲书三游径山诗，曰"来游"、曰"再游"、曰

"重游"也。虽苔藓昏翳，予以手摸读之，尚可讽咏。公之胸次，卓越飘然，身世两忘，亦可以想见于千百载之下矣。[1]

可见，最晚在隆庆二年以前，御碑亭中不仅有御碑，另有北宋蔡襄《记径山之游》刻石和苏轼三游径山诗的碑石。宋奎光《径山志》卷十二"圣碑亭"条载"宋孝宗免税碑，及苏轼诗，蔡襄记碑藏此"[2]，此所谓孝宗免税碑，当指此御碑而言。关于蔡襄游记与苏轼三游径山诗的两方碑石，根据阮元在《定香亭笔谈》卷四中说是"元人重刻"。目前，苏轼诗刻原石已不知去向，蔡襄游记碑可惜已残破成为多块碎石，且已不在御碑亭中[3]。唯独这方御碑屹立原址，任人追怀，不仅见证了径山寺近千年来的兴衰历程，它所代表的政治文化和历史意义亦颇为深远。

---

[1] 宋奎光：《径山志》（第7卷），《中国佛寺史志汇刊》第32册，第692页。
[2] 宋奎光：《径山志》（第12卷），《中国佛寺史志汇刊》第32册，第1011页。
[3] 蔡襄的《游径山记》碑石今尚存寺中。据笔者考察，的确为元代石刻。有关此碑之相关史事，拟另文探讨。

社会认识中的经验主体与诠释

——也谈超越结构主义和诠释学的文化润疆

吴　雁①

摘　要

文化润疆最好的表达是一种社会认知的内化，这就更强调经验主体与经验在其中的理解与诠释作用。而这种经验主体自身的认知作为最"自由"的文化是主体由自身经验出发，理解、诠释认知对象的过程，同时认知主体在此过程中也达成了被其自身建构的这种文化浸润和影响的结果。

一般来说，社会中的人们对待自身主体经验的态度历经三种不同表达阶段：从"无用而自由"最终达到"有用的自由"——经验在后者的诠释阶段既被依赖又不被依赖，从而诠释既是接近"真实"存在的，同时又是表现为广泛存有的现象化事物。这时达成了对于结构主义和诠释学的真正超越，也是诠释学发展的高级阶段：主体较圆满建构自身的"全人"化阶段。

诠释说到底是主体的诠释，是具有人类学价值的诠释。只有在后现代的"时隐时显"的理性中心域中充分地了解主体诠释学，才可以

---

① 吴雁，上海师范大学哲学系副教授。

更好地把握社会科学与自然科学的需求并个体发展方向，建构有益于人类思维、社会、国家、民族、地区发展的理论文化。

关键词：文化润疆；无用；有用；"全人"主体；主体诠释学

文化润疆最好的表达是一种内化的社会认知，这就更强调经验主体与经验在其中的理解与诠释作用。而这种经验主体自身的认知作为最"自由"的文化是主体由自身经验出发，理解、诠释认知对象的过程，同时认知主体在此过程中也达成了被其自身建构的这种文化浸润和影响的结果。

理解与诠释很多时候被视为同一，甚至被认为理解就是诠释，因为没有理解就没有诠释。然而二者之间存在着结构（意识结构）的中介，终归不可以如此粗暴地产出结论。故而应当仍然视其为思维的两个重要相关环节，即它们都是诠释学缺一不可的研究对象。诠释只可能表达着理解,而不是相反①。如果说理解并不意谓着诠释，理解是复杂的，而诠释则是对于复杂材料作为现象的建构、重构。并且，如果说理解更多依赖于经验主义的原则，而诠释则更强调对于经验的脱离，从而使得创造的灵感四溢。这里显然需要一个恰当的态度对待经验，才可以使得理解与诠释仍然可以成为一个"与经验同在"的完整认知过程。

人们对待经验的态度历经三种不同表达阶段，出发于"无用而自由"，终达至"有用的自由"——经验在这个诠释阶段既被依赖又不被依赖，从而诠释既是接近"真实"存在的，同时又是表现为广泛存有现象的。这时达成了对于结构主义和诠释学的真正超越——"全人经验"，这是诠释学发展的高级阶段：主体全人化阶段。

一、独立于经验的自由

"自由而无用"，经常有人用其来描述思想的状态。不过如果用在诠释学领

---

① 在这一点上，是与伽达默尔以来的哲学诠释学思想有所不同的。

域，则它更意谓着独立于经验的诠释学——这里首先涉及如何表述"自由"①。

如果说"自由是整个存在的一个基本规定"②，那么这整个"存在"被"自由"先天地标记了，也即这种"存在"缺乏实践性，从而也是完全脱离于经验的非经验"存在"。"存在"不代表它的存有，所以这里作为"单纯的普遍概念"③的存在本身，它对于人的生活是无益的。

对于作为存有的人的主体而言，这样一种"自由"是无法成为其属性的。存有的人作为主体的同时，它也是事实，这就意谓着其"先天地"具有经验性。从这个意义来讲，它的"自由"需要表现为它的完全的经验性。同样，在这个意义上，"自由而无用"的诠释学显然并不能脱离开经验领域。既然这种诠释学要以其经验性表达其"自由"的属性，那么，"无用"的经验意谓着什么呢？一般有两个意义：①不能用，不实用，用不着；②不用，不使用，搁置的。其中①所表达的诠释，往往不是真正的经验，流于表面的、空泛的、感性的，不能予实践以启发和指导的虚假经验——仍属于经验现象范畴。而对于②的情况，有一种隐匿的、沉默的、不屑的这一类的可能性，基本有一种理论前设：如果一旦变"无用"为"有用"，就是对于"自由"的亵渎和拒斥，是对"自由"的伤害。当然，以人为主体的诠释学来讲，"自由"是它展示其经验性的属性，一旦这种来自事实的经验性回归到事实，"自由"多少会被掩蔽，虽然化"无用"为"有用"了。所以，这种诠释宁可"无用"而保有其"自由"属性。但"无用"同样有最大的弊端：一旦"无用"，也便意谓着经验性的不在，而经验性的不在也不再能够保有"自由"的存在了。这就是一个悖论。

事实上，对于哲学诠释学来说，这是一个很尴尬的时期，要么"无用"地停滞下来，要么浮在对于"真理"和事实的探寻之上、摇摆之隙、感官之外。这时候的主体不是经验主体。看上去是极宏大的诠释，事实却上是极广泛的虚无。所以，从其作为"自由"的心理机制，是有益的，从其作为"无用"从而

---

① 即它前设地认为如果诠释与事实有关系，便不再称得上"自由"了
② 马丁·海德格尔：《谢林论人类自由的本质》，薛华译，沈阳：辽宁教育出版社，1999年，第34页。
③ 谢林：《近代哲学史》，先刚译，北京：北京大学出版社，2016年，第277页。

不用的事件来说，则是非社会化和非经验式的——现在常常将经验主义与绝对主义视为一对相对的概念。但非经验主义未必一定是绝对主义，后者只是前者的一端，除此以外，还可以有虚无主义和自由主义，当然还有浪漫主义。

但是，精神和意识可处于经验主体对立面的时期非常短暂，只是认知过程中一个极短暂的时期，特别是社会精神现象。随后就会因其自身的极度空乏从而寻求理性及其经验，从而进入到认知的另一个层级，也即理解与诠释的科学（经验）阶段。

二、科学作为有用经验的诠释

理性与理性主义随着科技文明的发展，至今表现众说纷纭。但不可讳言，理性思维依然是众多思维工具中最可堪用的工具。科学经验显然是后现代科技社会中极重要的经验，而科学学科的建立无疑是对于"有用"经验的最有力诠释。

卢卡奇认为谢林的"理智直观"是"非理性主义的最初表现形式"[①]。然而正好相反，应当将"理智直观"视为理性主义的最初表现形式，也是非理性主义的尾声。科学的经验不是一蹴而成的，在其主体"理智直观"到某种规律/本质的存在时，如果证实它？当然不是凭借着感性或其他。就如现象之最初的观察方法不外于感性，继而达于直观，从而理性从直观结果回溯，实现了理性思维的占位。这是现代科学一步步发展而来的经验历史，也是自然哲学诠释学的发展路径。科学理性的普遍社会性表达着其实用属性，科学经验更是成为诠释最好最明确的证据。人们发现了一个新的世界：人类似乎可以更"自由"，只是人类需要充分的运用理性。以理性去经验，理性经验的程度与作用决定了人们"自由"的多与广。科学经验成为实现"自由"的前提，对于主体诠释学来说，这是一个令人兴奋的阶段，但却如此短暂。

---

① 卢卡奇：《理性的毁灭》，王玖兴等译，济南：山东人民出版社，1988年，第109页。

因为同样也在这个进程中，人们发现：科学理性成为工具理性的现实性的程度越来越高——诠释，以科学经验为前提与内容的诠释使得人的主体性发生了转换——理性的规定性取代了人性规定性，理性经验的规定性取代了在其之外的其他规定性——主体"异化"或许能表达一部分这种情况，但更多的却是主体性的不再与主体的不断丧失，这已经是与"自由"的背道而驰。也即，人们发现理性经验的主体化，不但遏制了主体的"自由"，而且不再较之前那么"有用"。

事实上，这种情况表明着如下三点：

（1）经验主体开始成为非经验主体——由于理性的滥觞。经验是完整的经验，而理性经验只是其中一部分，远远不能够表达经验作为事实的本身。但如果被视为经验的全部，这意谓着虚假经验主体的产生，也即经验主体与非经验主体发生了转换。而诠释则成了不能够"说真话（福柯）"[①]的诠释——因为已经不可能存在完全的"真话"了，所以也就不能说出完全的"真话"。

（2）主体的诠释不再是主体自身的诠释。对于主体来说，主体性是重中之重。如果主体不再是完全的主体，那么主体的诠释当然不再是主体自身的诠释。这是存在意义层面的不完全，是只能于哲学形而上学的视角来洞彻的。由理性发端的理性经验，其规定性完全超出了既有的主体的理性规定性。此时的主体是"异化"（理性经验）的主体。现在，人们经常在讨论一个问题：人工智能机器是否可以取代人？但是在这之前，是否先要焦虑：人是否变成了人工智能机器？

（3）主体的诠释成了主体"自由"的边界。在主体真实或虚假的前提下，其诠释以真实或虚假的现象表达着主体诠释，也表达着主体经验所到达的边界。或者可以说，主体的诠释，只要是诠释，就不会离开诠释本身的所在，同样是受诠释的规定性所规定的，除非它超越了诠释和结构本身。这样一来，主体的"自由"被其诠释的局限性所界定。

---

① 借用福柯的词汇表达一种共通的概念。

可见，诠释可以有它更高层级的阶段，那就是对于诠释与结构的超越，也即诠释学对于结构主义的超越。

三、超越结构主义和诠释的"全人"

当诠释不再囿于诠释之时，诠释就成了"过程中主体"[①]的诠释，主体自身的诠释，主体即诠释。这样一来，因为主体不再对于意识对象作出诠释，而是主体化其客体经验成为主体（虽然后者较前者更接近思维意识本身），所以诠释面临着危险——意识结构的规定性的局限。这种意识结构可以理解为经验的结构，也可以理解为肉身作为实体的结构。[②]何时就再不需要考虑后者了呢？当主体有限的经验把握了自身无限的思维之后。[③]这种把握往往并不是长久的和特殊性的，而是短时的和普遍性存在的，这种时刻称为"全人"时刻。

在经验主体化的"全人"时刻，作为客体结构的规定性不再对其形成阻碍，反而成了与主体"同一"的那个对象，这可以视为它对于此种实体结构的超越。可见，机体机制可以使之通过它然后超越它，但是却不能完全否定它，因为这样意谓着主体的消减。

这样看来，成为"全人"[④]主体的"全人性"成为最好的主体诠释，因为它意谓着主体的"随心所欲而不逾矩"[⑤]的诠释——"自由"的同时也"有用"的。它体现的是"过程中的主体"的主体性"全"与"在"。当然这里也有的预设就是：诠释的主体是人。

---

① 借用克里斯蒂娃称谓，但定义完全不同。

② 参看吴雁：《宗教心理学作为一种结构现象学——中国民俗信仰文化相象意识结构研究》的实相实体概念——实相实体作为肉身本身就是一种规定性，它既是机体的规定性，也是属于此机体的精神和意识的规定性。

③ 这在心理哲学上称为"自性化"，此处不再赘述。这种把握的事例在科学理性的诠释阶段比比皆是，现代科技发展就可成为其明证。

④ 此处"全人"不同于教育学的"全人教育"的"全人"，也不同于中国儒学追求的三不朽"完人"。这里是经验属性主体"全人"，可见正文。

⑤ 引处出自《论语·第二章·为政篇》："子曰：'吾十有五而志于学，三十而立，四十而不惑，五十而知天命，六十而耳顺，七十而从心所欲不逾矩。'"

（一）"全人"

"全人"首先是相对于经验而言的"全人"，但却不是占有所有经验事实和遍经世事的所谓经验，前者需视为一种理想化的臆想。"全人"是指最大程度突破"自我"（机体作为精神规定性实体所规定的"我"）规定性的人。这样一来，主体经验的本身只是经验，而被经验在此同时成了主体。对于"全人"主体来说，其经验就是其实践行为，而其实践行为就是主体存在着的过程。

（二）"全人性"

"全人性"的"全"在于它对于主体人之为人的属性的完全包容，这种包容下的属性在对于"全人性"意识结构的依从中彼此顺势调谐，共生共存。这也意谓着，在此结构中并不存在只是纯粹的感性、理性、直觉……的思维，在这里统统转化为"全人性"思维与认知。

其"全人性"的"在"意谓着这种全人经验在过程中的存在。既然如此，全人经验不能是片断的和平面的。这涉及现象学的时间与空间，但又不属于时间和空间的问题。或者可以说，当主体完全地客体化了，同时客体完全地主体化了，那么这就是"全人性"的"在"之所在，也是"全人"主体经验的达成之时。

（三）超越结构和诠释的"全人"主体

不言而喻，结构（包括机体机制之于精神、经验之于主体）作为规定性是对于主体及其意识的桎梏，同样也是诠释的边界所在。如何超越结构进行诠释？如何超越结构主义和诠释学而"诠释"？

诠释对于结构的超越是可以思维的问题，而诠释对于诠释的超越则不应该再由思维来决定，而是由主体来决定，故而表现为主体诠释的诠释。主体自身机体的机制结构与经验对主体的结构表达着一个相互的否定性，否定的结果则是主—客体的同一，即"全人"的结果。

主体"全人"的"全人性"作为主体性不同于语言和言语行为。如果说语言和言语当其成为诠释之时，它就会成为自身的主体。那么"全人性"则是主体本身的诠释，是对主体诠释的诠释，简单地说，是主体诠释时的主体性表现，是主体性表现的极致。

以"全人"的名词表达，更多强调的不是语言文字本身，强调的是主体和状态，主体处于完全"自由"的经验展示、展现。从这个意义上讲，这个主体是一种构成性主体，是由普遍的经验与主体性的同一构成的主体。这种主体有一个最大的特点，可以最大限度地超越结构和诠释去"自由"诠释，同时却依然是最具实践性的，即"有用"的——认识事物与回归自身同一、经验与主体同一——"有用而自由"，这个"有用"既是恰当的，也是适时的。

可以说，因为"全人"是经验与主体同一的主体，它不必一定是对于语言的使用，但却一定是一种以主体的身体和精神作为中心构造的系统诠释。这种系统具有"自由"的属性，凡所经验必是主体的经验，凡所诠释必是主体性的完整诠释——"全人性"是对主体的维护与增强，更是"自由"的弥散与深刻的实践。在某种意义上，它与"自由而无用"那里阐述的"自由"相类——形式的相类，却是内容完全虚无。那么按照黑格尔的理解，这个"自由"已是从原地的上升。虽然还是那个属性，但却俨然是完整经验的属性，是具有这个完整经验的经验个体的完全"自由"的主体性呈现。

在这里，"自由"与经验系统并不相悖，后者之所以存在，并以此存在的原因是由"自由"的属性所决定的。而"全人性"的主体此在的主体性将与被"全人"化的客体同一为一体，这也即是"全人"的意义所在。也可以说，"全人"表达的此刻主客一体化的"身在其中""其于身中"……，留下的唯有"自由"尽致的诠释，没有规定性的规定，没有结构的诠释，只有"全人"本身。看上去是"随心所欲"，然而却是经验的最大实用性本身。

至此，诠释学进入了新阶段：有用而自由的阶段，也即"全人"主体的诠释阶段，这是主体作为诠释的最理想阶段。这样的诠释事实上是对于结构主义和诠释学的超越。

四、结语

诠释学说到底是主体的诠释学，或者说最根本的是主体的诠释学，这种诠释是诠释中最具有人类学价值的诠释。只有在后现代的"时隐时显"的理性中心域中充分的了解主体诠释学，才可以更好地把握社会科学与自然科学的需求，并朝了解个体方向发展，建构有益于人类思维、社会、国家、民族、地区发展的理论文化。

以人民为中心传承中华优秀传统文化

——基于冯契文化哲学观的考察

伍　龙①

摘　要

当前，传承和发展中华优秀传统文化，需坚持以人民为中心的工作导向，这与冯契的文化哲学观不谋而合。20世纪40年代，冯契提出"以人民为本位"的观点，主张辩证的文化哲学观，期望人民回归精神家园。如何回归的问题要在历史中，由人民来解决。承继六届六中全会的指导思想，冯契认为新时期的文化，应具备"民族风格"和"中国气派"。唯有如此，才能为老百姓喜闻乐见。实现中华优秀传统文化的继承与弘扬，不仅是为人民服务，而且要以人民为主体，这一点也为冯契所注重。这内在地要求文化在给人民带来幸福感的同时，也要由人民来传承与发展。

关键词：中华优秀传统文化；冯契；人民

在中国的历史文化观中，很多人认为士大夫阶层是中国传统文化的历史传承者，他们担负着历史的使命，书写着历史的篇章。立足于"二十四史"的内

---

① 伍龙，上海师范大学哲学与法政学院哲学系副教授。

容，普通大众没能列入传记的书写对象。相比于帝王将相，历代的士大夫未能正视普罗大众作为一个"群"，在承载传统文化中的意义和价值。但事实上，文化载体的真正主体乃是广大人民群众。这里的"人民"不是普遍化的公民概念，也不是一个政治概念，它更多地指向实际的个体，是鲜活而具体的。这一点被马克思自觉，并在马克思主义传入中国后，被当代中国知识分子所接受。冯契便是如此，他注重人民的作用，看重人民在传承中华优秀传统文化中的主导地位，并认为真正好的文化成果，应为人民所喜爱，同时具有民族特色与中国气派。在这个意义上，冯契的相关理论是马克思主义中国化的成果。立足中国哲学的视域，结合"人民"概念的注重与阐发，其相关理论又呈现中国化马克思主义的特点。

一、让人民回归精神家园

冯契（1915—1995）是中国当代著名的哲学家，哲学史家。他汇通中西马，在哲学史和哲学原理的研究上，均留下了浓墨重彩的一笔。从前者来看，冯契是中国当代为数不多，以一人之力写就中国哲学史的人。从后者来看，他的《智慧说三篇》[1]，形成了富有原创性的"智慧说"哲学体系。可以说"冯契是20世纪少有的建立了自己独到风格并且比较完整的马克思主义的哲学体系的哲学家"。[2] 在进行哲学研究的过程中，冯契一直有一种"天下兴亡，匹夫有责"的爱国情怀和民族精神。在20世纪40年代，他就鲜明地提出"以人民为本位"的观点，主张站在人民的立场，建立新时代的中国文化。

当时的中国正处于战乱之中，人们对于自身文化有着彷徨和怀疑，要么全盘西化和要么中国本位的思想，冲击着当时中国人的精神世界。面对时代的问题，冯契认为要在新时代建立新文化，这种"文化变革"有其自身的特征，其

---

① 具体指《认识世界和认识自己》《逻辑思维的辩证法》《人的自由和真善美》三本书。

② 陈来：《冯契德性思想简论》，《华东师范大学》（哲学社会科学版），2006年第2期，第38页。

中最首要的便是"人民本位的，至少是要求人民本位的"。[①]同时，建立新文化还要有坚定的立场。"站在中国人民的立场，我们所要建立的新文化，就一定是新时代与新中国的。……进一步说，也只有站在中国人民的立场，以中国人民为原动力，新时代的中国文化才可能建立起来。"[②]无论是"人民本位"，还是"站在人民的立场"，都体现出冯契"以人民为目的"的坚持与态度。

任何一种文化形态的形成和文化态度的确立，都是为了满足人民的需求，以人民为导向，这在冯契的论述中一再被强调。他主张在新时期建立新的文化，要注重形式和内容上的统一，这一切最终都是为了服务人民，满足人民的需要。"不但需要在作法（形式）方面投合中国人民的口胃，而且行动的实际内容，也必须是中国人民所迫切期待的。"[③]之所以一直将人民的期待和需求放在首要的位置上，是因为从根本上说，一切文化的继承与创新都要以人民为目的，造福于人民。唯有如此，才能保持正确的方向，具有持续而强大的生命力。

事实上，一方面，我们传承和发展优秀传统文化，是为了满足人民的需要。这即是说，我们对于文化的创新与发展，都要以人民为目，将人民的期待和要求作为工作的导向；另一方面，人民的呼声与要求，又成了我们积极传承、发展中华优秀传统文化的动力。这即是说，人民迫切渴望走出精神困境，解决精神问题的需求，成了我们传承、发展中华优秀传统文化的重要动力之一。冯契说："传统是力量，我们不但不易抛弃，而且应该继承。"[④]五千多年绵延不断、博大精深的中华文化，积淀着中华民族最深沉的精神追求，它对激励中华儿女维护民族独立、反抗外来侵略，发挥了十分重要的作用。

20世纪40年代，中国正处于民族存亡的危难关头，人们面对外来的船坚炮利，面对西方技术文明的冲击，自身的精神家园正土崩瓦解，到哪里去寻找出

① 冯契：《冯契文集》（第九卷），上海：华东师范大学出版社，2016年，第62页。
② 冯契：《冯契文集》（第九卷），上海：华东师范大学出版社，2016年，第64页。
③ 冯契：《冯契文集》（第九卷），上海：华东师范大学出版社，2016 1，第61页。
④ 冯契：《冯契文集》（第九卷），上海：华东师范大学出版社，2016年，第58页。

路？在哪里能寻觅精神的力量和理论的资源？是摆在当时中国人面前的迫切问题。中华优秀传统文化无疑担负起了这一重要的历史使命。冯契认为："儒家通过教育，培养出一批为真理和正义献身的志士。孟子讲'养浩然之气'，后来文天祥在《正气歌》中也讲天地之间有'浩然正气'的存在。这种说法使得人在道德上很坚定，最后达到以身殉道的崇高境界。今天，浩然正气已成为中华民族爱国主义的代称。儒家在教育中，提高了民族文化水平和人的素质，增强了民族的凝聚力，无疑是积极的。"[1]

发展和弘扬中华优秀传统文化，是为了服务于人民，让人民回归属于自己的精神家园。冯契当时所处的时代：民族危亡，国难当头，一批仁人志士能挺身而出，以身殉道，体现出大无畏的爱国主义情怀，正是中华优秀传统文化对人的滋养和熏陶。与之相应，高扬中华优秀传统文化，在危急关头给予人力量，是为了争取民族解放，国家独立，最终还是为了人民。从冯契以上的论述中，我们看到了一种文化自信和民族自豪，这彰显着冯先生的爱国主义情怀：他将自己的命运和国家、民族、人民的命运结合在一起。在哲学研究的过程中，始终坚持"以人民为本位"的立场：爱自己的祖国和爱自己的人民本就是相辅相成，互为因果的。

当前，我们正在大力推进传承和发展中华优秀传统文化，从根本上说，是为了实现中华民族伟大复兴的中国梦。习近平总书记指出："中国梦的本质是国家富强、民族振兴、人民幸福。"[2]中国梦归根到底是人民的梦。从这一点出发，传承和发展中华优秀传统文化也是为人民更好的幸福生活服务。中共中央办公厅、国务院办公厅曾印发《关于实施中华优秀传统文化传承发展工程的意见》（以下简称"《意见》"）。不难看到，国家将其视为一项"工程"来看待，体现了这一工作的长期性、系统性和深入性等特征。党的十九大报告也指出："中国特色社会主义文化，源自于中华民族五千多年文明历史所孕育的中华优秀传统文

① 冯契：《冯契文集》（第九卷），上海：华东师范大学出版社，2016年，第450页。
② 参见中共中央宣传部：《习近平总书记系列重要讲话读本》（2016年版），北京：人民出版社，2016年，第8页。

化。"①在《意见》的指导思想中，曾明确指出：将中华优秀传统文化的传承和发展作为一项工程来实施，要始终"坚持以人民为中心的工作导向"②。由此看来，上述工程的推进与展开，是为了满足人民需求，实现人民幸福。

其实，我们现在所倡扬的中国梦正是国家情怀、民族情怀、人民情怀的统一，它将国家的追求、民族的向往和人民的期望融为一体。由此可见，冯契关于"人民本位"的论述，与《意见》中"坚持以人民为中心的工作导向"③的指导思想相契合：在传承和发展中华优秀传统文化的过程中，要始终"以人民为目的"。这个"以人民为目的"，在冯契的文化哲学观中表述为"以人民为本位"，在《意见》中表达为"以人民为中心"。在弘扬、学习、发展中华优秀传统文化的过程中，我们得以逐步树立起文化自信，发自内心地认可自己的国家和民族，其最终落脚点还是服务人民，解决当下人们切身的困惑和迫切的问题，让人民心有所依。

此外，《意见》还指出在实施这一系统工程的过程中，要明确几点基本原则，其中之一便是"坚持以人民为中心的工作导向。坚持为了人民、依靠人民、共建共享，注重文化熏陶和实践养成，把跨越时空的思想理念、价值标准、审美风范转化为人们的精神追求和行为习惯，不断增强人民群众的文化参与感、获得感和认同感，形成向上向善的社会风尚"。④其中提到的"文化熏陶和实践养成"，除了冯契在其文化哲学观中有所强调外，冯友兰也十分注重这一点。

冯友兰认为"儒家墨家教人能负责，道家使人能外物。能负责则人严肃，能外物则人超脱。……严肃而超脱，使人对于尽道德底责任时，对有些事，可

---

① 习近平：《决胜全面建成小康社会夺取新时代中国特色社会主义伟大胜利——在中国共产党第十九次全国代表大会上的报告》，北京：人民出版社，2018年，第41页。

② 中共中央办公厅、国务院办公厅：《关于实施中华优秀传统文化传承发展工程的意见》，《人民日报》2017年1月26日，第6版。

③ 中共中央办公厅、国务院办公厅：《关于实施中华优秀传统文化传承发展工程的意见》，《人民日报》2017年1月26日，第6版。

④ 中共中央办公厅、国务院办公厅：《关于实施中华优秀传统文化传承发展工程的意见》，《人民日报》2017年1月26日，第6版。

以‘满不在乎’。"①既严肃地对待自己担负的责任，又能对一些事有一种超脱，这样的人便是"数千年底国风养出来底真正‘中国人’"②。可以看到，相比于注重士大夫在文化传承中的主要作用，冯友兰无疑关注到了，作为整体的"中国人"在这一过程中的主导地位。被这种"国风"熏陶出来的中国人，在当时担负起了民族解放的重任，在今天则将促使向上、向善的社会风尚的形成。这一风尚影响着当下人们的精神家园。回归这一风尚，说到底也是为服务人民。进言之，一方面，对中华优秀传统文化的了解、学习和吸收，是为了实现"两个一百年"奋斗目标，为了国家富强和民族复兴；另一方面，伴随着国家富强，实现中华民族伟大复兴的中国梦，最终是为了人民幸福。

二、为人民所喜闻乐见

能为百姓"喜闻乐见"的文化，才能不断满足人民的精神需求，充实人民的精神世界，真正服务于人民。那么，怎样的文化才能为"人民所喜爱"呢？要"坚持创造性转化、创新性发展，坚守中华文化立场、传承中华文化基因，不忘本来、吸收外来、面向未来"③。这里值得注意的是，首先要对已有的传统文化进行转化和发展，并且要坚守中华文化的立场，同时还要积极吸收外来文化的合理资源，不断丰富自身。如此形成的文化才能真正属于中国，才能具有民族的标识，为人民所喜爱。早在1938年10月，毛泽东在中共扩大的六届六中全会上的政治报告中便指出："洋八股必须废止，空洞抽象的调头必须少唱，教条主义必须休息，而代替之以新鲜活泼的、为中国老百姓所喜闻乐见的中国作风与中国气派。"④这一讲话本是探讨马克思主义中国化的问题，但其内容放之于优秀传统文化的继承与发扬上，仍具有指导意义。

①② 冯友兰：《三松堂全集》（第四卷），郑州：河南人民出版社，2001年，第323，331页。
③ 中共中央办公厅、国务院办公厅：《关于实施中华优秀传统文化传承发展工程的意见》，《人民日报》2017年1月26日，第6版。
④ 毛泽东：《中国共产党在民族战争中的地位》（1938年10月14日），《毛泽东选集》（第2卷），北京：人民出版社，1991年，第534页。

承接着这一指导思想而来，冯契在20世纪40年代末，也在文章中提到了两个概念："民族风格"和"中国气派"。在谈到文化变革的三个特征时，他说："在人民本位这一立场上，文化工作者为了要完成反帝国主义的任务，就得讲民族风格或中国气派。"①面对外来文化的冲击，我们要站在人民的立场，寻求文化上的民族风格或中国气派。当时的中国正处于民族存亡的关键时刻，反对帝国主义的侵略，需要我们对国家和民族有一种认同。从文化的角度出发，冯契认为如果我们所建立的新文化能具有"民族风格"和"中国气派"，那么，就能为人民所喜爱，得到人民的认可、接受和拥护，从而在面对外来的文化冲击时，坚定立场，守住阵地，充满自信，战胜强敌。"民族风格"和"中国气派"并不是对自身文化盲目自大的表述，而是在全面合理地对待传统文化的基础上形成的。

所以，我们要始终"不忘本来，吸收外来，面向未来"②，要取其精华，去其糟粕。冯契指出"中国的文化遗产也有革命的与反革命的"③的两个部分，对待不同的部分要持不同的态度。他认为"在对于这个革命传统（包括民间的与保存在典籍中的）的学习过程中，新文化工作者就会形成所谓中国气派或民族风格"。④可见，要形成上述两个特征，在他看来需秉持全面而合理的文化哲学观：既不能一味接受，也不该一概排斥。要将其中合理的、优秀的部分传承下去。这一点和现在实施中华优秀传统文化传承发展工程中的工作中，所需坚持的原则，有着高度的一致。"坚持创造性转化和创新性发展。坚持辩证唯物主义和历史唯物主义，秉持客观、科学、礼敬的态度，取其精华、去其糟粕，扬弃继承、转化创新，不复古泥古，不简单否定，不断赋予新的时代内涵和现代表达形式，不断补充、拓展、完善，使中华民族最基本的文化基因与当代文化相适应、与现代社会相协调。"⑤全面合理地对待传统文化，既取其精华，又去其糟粕，同

① 冯契：《冯契文集》（第九卷），上海：华东师范大学出版社，2016年，第62页。
② 中共中央办公厅、国务院办公厅：《关于实施中华优秀传统文化传承发展工程的意见》，《人民日报》2017年1月26日，第6版。
③④ 冯契：《冯契文集》（第九卷），上海：华东师范大学出版社，2016年，第66页。
⑤ 中共中央办公厅、国务院办公厅：《关于实施中华优秀传统文化传承发展工程的意见》，《人民日报》2017年1月26日，第6版。

时在此基础上不断继承和创新，才能使中华优秀传统文化获得持久的生命力，才能真正为人民所喜爱。

值得注意的是，冯契认为"民族风格"和"中国气派"，需要在自身优秀的传统文化中生长和形成，它是中华优秀传统文化在发展和创新的过程中形成的特征。其实，唯有"中国气派"和"民族风格"的文化才能扎根于中国自身的文化土壤中，才能更容易被人民所接收，为人民所喜爱。当然，随着时代的发展，这两个词被赋予了新的意义。"中国气派"从"气派"一词来看，即凸显出一种"自信"。它从中国文化自身的土壤中生长出来，融入于中国人的血液和命脉，彰显出一种气象和派头。显然，这种文化意义上的"中国气派"和我们现在所说的"文化自信"相关联。因为对自身的文化拥有一种自信，所以，中华文化才能在继承和发展的过程中真正形成一种"中国气派"。这种"中国气派"根基于某种"民族风格"，换言之，唯有民族的才能真正展现"中国气派"。从这一点看，"中国气派"与"民族风格"本密不可分。民族的才是世界的，当我们坚守中华优秀传统文化的阵地，形成了具有"民族风格"的文化，才能帮助我们树立正确而牢固的"文化自信"。

从本质上看，新的文化在形成"民族风格"的过程中，也促使"文化自信"逐步形成和巩固。这种"自信"不是妄自尊大，而是可以引进来，又可以走出去的自信。是敢于直面外来文化，也勇于反省自身文化的自信。在这种"文化自信"的树立过程中，我们也进一步亲近和认同自己的民族。具有"民族风格"的新文化，让我们拥有了文化上的"中国气派"，这即是说：在文化认同的基础上，我们逐步对自身民族、国家予以认同，在文化层面产生一种自信心和自豪感。在冯契看来，具有"民族风格"和"中国气派"的文化，才能为老百姓所喜爱。"这样，新文化……将为中国老百姓所喜爱。"[1] "才能投合中国人民的胃口，才是中国人民所迫切期待的。"[2]

新的文化需要兼顾形式和内容两个方面。"所谓地域性的特殊或民族风格，

---

[1] 冯契：《冯契文集》(第九卷)，上海：华东师范大学出版社，2016年，第66页。
[2] 参见冯契：《冯契文集》(第九卷)，上海：华东师范大学出版社，2016年，第61页。

决不只是形式方面的问题而已。……假使一篇文艺作品够得上说中国气派，那不但说它的形式是民族形式，而且它的内容也必定取自中国的现实。"①具有"民族风格"或者"中国气派"的作品，一定要立足于中国的现实，生发于中国的传统，否则就谈不上形成上述品格，更不可能为人民所喜爱。由此可见，在形成"为人民所喜爱"的文化形态的过程中，我们既要批判地继承中华传统文化，又要坚守自身的文化立场。从大众媒体角度来看，现在的很多文艺节目，如《中国诗词大会》《国家宝藏》等，之所以为老百姓喜闻乐见，都是因为具备了上述两方面的特点，即兼顾"民族风格"和"中国气派"。由此看来，要真正成为人民乐于接受的文化节目，就要既具有中国的民族特色，又内蕴着正确的文化自信与方向。

冯契认为"中国古代哲学的优秀传统，在近代史上已起了重要影响。在我们的民族处于灾难深重的时候，那灌注在中国传统哲学中的非常深厚的爱国热忱和不屈不挠地为真理而战斗的精神，激发了无数志士仁人前仆后继地寻求救国救民的真理"。②对"中国古代哲学的优秀传统"的认同和赞扬，可以看作是一种对中华优秀传统文化的认同。其实，唯有坚守自身文化的立场，新的文化才能从自身的文化传统中生长出来，才能具有"民族风格"和"中国气派"。这和全面合理地处理自身文化与外来文化的关系并不矛盾，因为只有确立了自身的立场，才能更好地吸收外来，不随波逐流。立足于现时代，这种从文化中生长出来的"风格"和"气派"，一样起着非常重要的作用。

如果说中国古代哲学的优秀传统，在近代史上是激励仁人志士寻求救国救民的真理，那么，立足当代，中国正处于中华民族伟大复兴，建设社会主义文化强国的重要阶段，具有"民族风格"和"中国气派"的中华优秀传统文化，能有效地帮助我们树立文化自信心和民族自豪感，形成一种爱国情怀。具有"民族风格"和"中国气派"的中华优秀传统文化，将在文化的意义上，为中国人作为中华民族的一员，提供内在的规定性，从而更好地为精神家园寻找归宿，

---

① 冯契：《冯契文集》（第九卷），上海：华东师范大学出版社，2016年，第61页。
② 冯契：《冯契文集》（第八卷），上海：华东师范大学出版社，2016年，第138页。

化解自身的精神矛盾，走出现有的精神困境，助力每个人实现自己的中国梦。也正因如此，这样的文化才能被人民所接受，为人民所喜爱。

人民是中国梦的创造者和享有者，所以，一方面要以人民为主体，另一方面要为人民所喜爱。实现人民幸福是发展的目标和归宿。由此出发，弘扬和发展中华优秀传统文化，其最终的成果，也要为人民所喜爱。由此看来，"为人民所喜爱"又回归了本文一开始提到的，中华优秀传统文化的弘扬和发展，最终是以人民为目的，让人民获得幸福：能使人民获得幸福的文化自然会为人民所喜爱。

三、由人民传承民族血脉

冯契在20世纪40年代末提到要建立新文化，这个新文化属于新时代和新中国。立足当时的时代背景，冯契认为："是新中国的，所以我们要反对全盘西化。……是新时代的，所以我们也要反对中国本位。"[1]这展现出一种辩证的文化哲学观：既不能全盘西化，也不能无条件地接受旧传统，要正确、合理地对待它。对中国的旧文化应予以扬弃，冯契说："新文化工作者无疑也要扬弃中国旧文化，但扬弃却包含否定、保存与提高三重意义。"[2]那么，"坚守中华文化立场"的同时，积极参与世界文化交流的主体是谁呢？换言之，谁来完成这一文化重任呢？如前所述，立足于文化史，很多人认为是代表精英的士大夫阶层。但历史表明，这一重任的实践主体是人民。回归到冯契的文化哲学观，"由人民做主体"就是由人民自己处理好中西马的关系，处理好自身文化传统与西方文化资源之间的关系。

冯契先生具体认为"反革命的必须否定"，"革命的"则要保存和提高，这里的"提高"可以理解为提升和发展。这段话虽有着深刻的时代烙印，但它所表达的对于"传统文化"的辩证态度，却有着超越时代的启示，与我们

[1][2] 冯契：《冯契文集》（第九卷），上海：华东师范大学出版社，2016年，第65页。

现在面对传统文化的基本原则不谋而合。面对传统文化，糟粕的应坚决否定，优秀的应积极保留，并在此基础上进一步弘扬和发展，从而让中华优秀传统文化展现出新的生机和活力。在冯契看来"扬弃"的实践主体是文化工作者，而转化后的文化形态，是为了得到老百姓的喜爱。事实上，如上所述，在继承和发扬中华传统文化的过程中，"人民"既是服务的对象，又是实践的主体。

在冯契的文化哲学观中，他主张："反封建也在于学习西洋。西洋的革命传统，特别是这传统的结晶——社会主义的潮流，在中国化的前提下，我们却非接受不可。"[1]在冯契看来，西方的各种思潮中，最应学习和借鉴的是社会主义的潮流，在坚持继承和发展中华优秀传统文化的基础上，融合中国化的社会主义思潮，将成为新中国新文化的主要内容。立足当代，面对西方的外来文化，我们也应秉持正确的态度："坚持交流互鉴，开放包容。……既不简单拿来，也不盲目排外，吸收借鉴国外优秀文明成果，积极参与世界文化的对话交流，不断丰富和发展中华文化。"[2]

虽然辩证地对待中国传统文化和西方社会思潮，是冯契文化哲学观的底色，但他对传统文化的同情了解与深切关怀，却一直贯穿在自己的相关理论中。早年的冯契就曾多次提到，中国传统文化中有很多可借鉴、传承、学习的地方。"简单地宣布孔子的哲学是胡说，把它一棍子打死，那是形而上学的办法。我们如用辩证唯物主义来对孔子的哲学进行具体分析，就看到它不是没有根基的，它包含有人类认识的辩证运动的一个特征或一个必要环节，即理性的能动作用。孔子对这个环节做了初步的考察，提出了一些可贵的见解，值得我们批判地加以吸取。"[3]更辩证、温情地看待孔子的观点和思想，是对孔子的尊重，也是对自身文化的尊重。

---

[1] 冯契：《冯契文集》（第九卷），上海：华东师范大学出版社，2016年，第65页。
[2] 中共中央办公厅、国务院办公厅：《关于实施中华优秀传统文化传承发展工程的意见》，《人民日报》2017年1月26日，第6版。
[3] 冯契：《冯契文集》（第九卷），上海：华东师范大学出版社，2016年，第291页。

立足于当下的社会现实，不难看到，随着我国对外开放日益扩大，西方各种社会文化思潮大量涌入，一定程度上出现了以洋为美、以洋为尊，甚至贬低、漠视优秀传统文化的现象。之所以如此，从根本上说，是因为我们对自身的文化缺乏认知和了解，同时又不能正确地对待外来文化，最终引发了人们精神世界的困惑和矛盾。无论是在民族危亡的时刻，对自身文化的底气不足，还是当下，在面对西方各种社会文化思潮，产生的崇洋媚外的心理，从实质上说，都是人民的精神生活出现了困境，发生了问题。所以，前面我们才一再强调，要通过学习与弘扬中华优秀传统文化，让人民回归精神家园。

那么，如何回归呢？首先要坚守中华文化立场，同时积极吸收外来的优秀文化成果。如前所述，文化的"扬弃"工作在冯契看来是文化工作者的任务，这样的界定还可以进一步深化。从根本上说，它应该由人民自己来认知了解，判断选择。唯有如此，上述问题才能真正得到解决。中国梦是国家的梦、民族的梦，也是每一个中国人的梦，它必须紧紧依靠人民来实现，所以，中华优秀传统文化的继承和发扬也要由人民来实现。换言之，人民才是传承民族血脉的主体，唯有如此，这一血脉才能真正为人民服务，对人民有益，为人民喜爱。进言之，这需要我们在自身的文化中找寻出路，正确处理好自身文化与外来文化之间的关系，从而走出当下的精神困境。可见，对于传统文化无论是继承发扬，还是批判创新，人民始终是主体，起着不可替代的主导作用。

从更为实质的层面来看，中华优秀传统文化的继承和发展既是为了服务人民，也要紧紧依靠人民。它必须由人民作主，靠人民实现。其实，唯有以人民为主体来开展上述工作，才能真正满足人民的需求，使人民获得幸福。当前，随着改革开放的不断深入，外来文化与本土文化的交流、交锋、交融势不可挡，如何正确地对待自己的传统文化，逐步树立起文化自信？"不忘本来、吸收外来、面向未来"[1]是重要的方法。一方面要"坚守中华文化立场"，站住脚跟；另

---

[1] 中共中央办公厅、国务院办公厅：《关于实施中华优秀传统文化传承发展工程的意见》，《人民日报》2017年1月26日，第6版。

一方面，要积极吸收外来的优秀文化，为自身文化的发展提供资源。"坚持交流互鉴、开放包容。以我为主、为我所用，取长补短、择善而从，既不简单拿来，也不盲目排外，吸收借鉴国外优秀文明成果，积极参与世界文化的对话交流，不断丰富和发展中华文化。"①

值得注意的是："不忘本来""以我为主"提示我们，在交流互鉴的过程中，应首先以自身的优秀文化传统为基础，再吸收借鉴国外优秀文明成果，如此才能牢固树立文明根柢，在对话交流的过程中，不随波逐流，人云亦云。同时，"坚守中华文化立场"并非故步自封，停滞不前，而是在世界文化相互交流的过程中，"取长补短，择善而从"，积极参与世界文化的对话交流。如此才能真正做到"不断丰富和发展中华文化"。回归冯契的文化哲学观，一方面，从相关的理论探索中汲取营养，可以帮助我们更好地理解当下，有关中华优秀传统文化继承与发展的方向与政策；另一方面，冯先生关于文化的相关论述和观点，与现代社会对待文化的态度，及发展的方向，有契合之处，这也有助于我们理解冯契文化哲学观的意义与价值。

四、小结

冯契的文化哲学观展现着冯先生在民族危亡的时代背景下，对"中国向何处去"的问题，在文化层面进行的理论回应，是中国文化现代化的一种探索。这与当代中国文化反省，文化自觉与文化自信密切关联。"文化反省"涉及对传统文化的自我批判，冯契一直都不是全盘接收，极力维护传统文化的"保守主义"，他主张辨证而合理地看待传统文化的内容与作用，主张以人民为中心，为人民所喜爱。"文化自觉"联系着文化的方向，关联着本来、外来、未来三个方面。如何立足本身的文化土壤，合理吸收外来的文化资源，从而走出一个适合于中国未来的文化方向与文化形态，一直是冯契所关注的问题。无论是哪一个

---

① 中共中央办公厅，国务院办公厅：《关于实施中华优秀传统文化传承发展工程的意见》，《人民日报》2017年1月26日，第6版。

方面，都统一于"不忘初心"：自身的文化土壤是根基与归属，而文化现代化的道路，其形成、发展与传承，最终都要交由人民来实现。秉承着一以贯之的，对自身文化的自信，冯契运用"中国气派"与"民族风格"等概念，对新时代文化的探索，展现为马克思主义中国化的成果，又呈现为学术化的理论形态，这或将成为一种可供借鉴的理论探索。

凶神、虚耗与虫蚁：
安龙谢土仪式中的"安镇五方"研究[①]

伍小劼　刘　芸[②]

绪言

本文主题所涉及的"安龙谢土仪式"，有论者认为"安龙为安镇土府龙神"，主要流行于广西东南部的客家人中。[③]"谢土"指酬谢土地神祇。[④]笔者最近录文并整理了有关安龙谢土仪式文献，在阅读分析的过程中，发现安龙谢土仪式并不是客家人独有，同样也流行于云南、贵州、湖北、江西等地。此外，"谢土"的内容并不单单指的是酬谢土地神祇，更多地包含有忏悔、道歉或谢罪的意思。概括来说，安龙谢土指安镇土府龙神，为了消愆而向土地神祇忏罪所举行的法事活动。

安龙谢土仪式是民间常做的仪式，学术界已有相关研究，萧放从民间信仰多元性的角度出发，探讨湖北地区的民俗信仰，在自然信仰一节中，作者认为群众盖房动土，要用桃弓柳箭射向四方，其行为体现了湖北居民对桃的信仰，

① 本文系国家社科基金重大项目"汉文大藏经未收宋元明清佛教仪式文献整理与研究"（17ZDA236）和教育部人文社科重点研究基地重大项目"中国民间流传佛教仪式文献整理与研究"（16JJD730007）阶段性成果。
② 任小劼，上海师范大学哲学与法政学院哲学系副教授；刘芸，上海师范大学哲学与法政学院2022届研究生。
③ 胡孚琛主编：《中华道教大辞典》，北京：中国社会科学出版社，1995年，第1540页。
④ 吕锤宽：《安龙谢土》，台中：文建会文化资产管理处筹备处，2009年，第12页。

他认为桃具有神奇的驱邪法力。①罗明辉从探讨剑川白族道教"奠土"的仪程这一角度出发，阐述了道教"奠土"仪式的进行程序主要是布置坛场、咒三光水、出土、拜表、谢五方、安土、敕五方凶神和封土。其中"敕五方凶神"这一环节即是用桃弓柳箭射凶神。②寸云激在田野调查的基础上，从安龙奠土的仪式过程出发，考察大理白族房屋营建的过程。作者提出安龙奠土仪式程序分为请水、接祖、谈经、祭神、绕（灰）城、谢土和起土七个环节。在"谢土"这一环节中，男主人用桃弓柳箭射向纸衣，代表着凶神，以安镇五方。③杜瑞娟以撒梅人的建房习俗为主要研究对象，在奠土安宅仪式这一节中，提出其基本程序主要为洒净、悬挂、张贴、瘗埋，他认为奠土科仪的基本程序就是插五方五色旗，五行符贴于屋内五方，桃弓柳箭射五方来安告土府。④

港台方面，王秋桂和王天麟提出台湾无论正一派还是灵宝派的安龙科仪，通常包含敕请法宝、龙神开光、祝告土地、献酒祈赦、奠安龙神、射五方虫蚁、分散五谷、送逐白虎的过程。⑤吕锤宽的《安龙谢土》一书中，提到了"射虫蚁神"这一环节，主要见于"安龙送虎"仪式中，此仪式所用到的科仪书为《太上正一安龙玄科》，其中就涉及"射土"，也就是"谢土"。一方面是告谢土地神明，另一方面是将可能危害建筑物的虫蚁等射死，以保护木质结构为主的房屋或庙宇。关于这一环节，萧进铭从台湾南、北部道教分别举行的"庆成"和"安龙奠土"两仪式为主题，仔细剖析两种仪式的过程和内涵，并进一步阐述其所蕴含的土地观及现代意义，其中提到古代的庙宇住宅，是由土木所建造，其最怕鼠蚁蛀蚀，在安镇龙神之后，用桃弓柳箭射向五方，以驱逐隐藏的老鼠及虫蚁。⑥李丰楙提出谢土安龙仪式体现了触犯与安镇的文化心理，展示了定期恢

① 萧放：《尚巫·重道·敬神·事鬼——湖北民俗信仰多元性论析》，《湖北大学学报》（哲学社会科学版）1992年第1期，第109页。
② 罗明辉：《剑川白族道教"奠土"仪式与音乐》，《宗教学研究》1999年第3期，第70页。
③ 寸云激：《从"安龙奠土"仪式谈白族的土府神信仰》，《大理学院学报》2015年第5期，第3页。
④ 杜瑞娟：《官渡区阿拉撒梅人建房习俗研究》，云南大学2015年硕士学位论文，第41页。
⑤ 王秋桂，王天麟：《安龙与出煞：安龙科仪初探》，《民俗曲艺》，1995年第94—94期。
⑥ 萧进铭：《连接根源、重建秩序及对于土地的忏谢：台湾道教"奠土"仪式的"土地观"及其现代意涵》，《真理大学人文学报》2007年第4期，第5页。

复的深意。① 韦锦新从香港新界客家地区的田野调查出发，探讨安龙仪式展演的流变，提出安龙已经成为一项与建醮结合的仪式，祭煞、射虫蚁、普度、送坺等功能类似但对象不同的环节。②

如上学术界已经对安龙谢土仪式有过一定的研究，但对仪程中的核心"安镇五方（射凶神）"缺乏专门研究。上海师范大学侯冲教授近年推进"汉文大藏经未收宋元明清佛教仪式文献整理与研究"的课题研究，在侯教授安排下，笔者对安龙奠土仪式文本进行了整理与研究。笔者发现有17种文本清晰地称之为"射凶神"或"射虚耗"，有的文本则称为"射五方"，笔者将其统称为"安镇五方"，本文即是对安龙谢土仪式这一核心内容的研究。具体是根据搜集到的材料，先将有关"射凶神""射虚耗"的仪式抄本进行叙录，然后对"射凶神""射虚耗"和"射虫蚁"的来源、宗教内涵及相互关系进行阐述，再探讨台湾所见相关仪式的流变。

一、安龙谢土仪式文献叙录

笔者整理了17本有关安龙谢土仪式中"射凶神"和"射虚耗"的文本，叙录如下。

（一）补龙谢土科

线装，一册。封面署"补龙谢土科"。无首题，尾题作"科终"。首行作"将当坛内，命我人间，登上瑶坛，科演 早午 晚 ，朝拜进谢"，末行作"元始安镇天尊，不可思议功德"及"科终"。尾题后有题记"乾隆四十六年八月十三抄写谢土科书部应供十方""职蒋清静书"，"乾隆四十六年"为1781年，因此此科为1781年8月13日抄写谢土科书部。

① 李丰楙：《祭煞与安镇：道教谢土安龙的复合仪式》，Edited by Florian C. Reiter，*Foundations of Daoist Ritual：A berlin Symposium*. Germany：Harrassowitz Verlag，2009，pp.47-70.
② 韦锦新：《安龙——香港新界客家社群的节日与仪式初探》，《宗教人类学》（第五辑），2014年，第273页。

此科的仪式过程主要为开坛、请神、酒行三献、诵土府八阴经、焚香请神、安镇五方（射凶神和虚耗、撒五谷）和回向。

（二）佛谢土科

线装，一册。封面署"佛谢土科"。首题作"僧人谢土科"，无尾题。首行作"去门要往桃源洞，回头要往宝山门。有车还要随"，末行作"鸣再三声，起马登程"。首题前有题记"民国十四年"，即1925年。题记后有八卦图。

此抄本在仪式开始前，简单介绍了请僧人做法事的原因，前文有诸多方言词汇，推测为口述记录。仪式过程主要有六个部分，即洒净、上香、请神、酒行三献、射五方虚耗、诵释谈章和回向。

（三）谢土科（周净真腾箓）

封面左上角署"谢土科"，中下部署"周净真腾箓"。首题作"谢土科"，无尾题。首行作"虎在深山吼一声"，末行作"叹蚕宣疏，疏宣毕，送圣化财"。末行后有题记"中国十四年岁次甲辰孟秋月望一日，弟子周净真在家内忙中抄写谢土科书一部，见着休晒十方应用字墨不功"，"民国十四年"为1925年，可知此书是1925年农历7月周净真抄写。文中有"大中国贵州省"，可知为贵州省的抄本。

此书内容主要有七个部分，即洒净，请神，酒行三奠，燃灯供养诸神，传箭五方（射虚耗），念《太上老君说土子八阳妙经》和回向。

（四）太上老君流传解冤释结科

线装，一册。封面无题，有插图。此书内容主要有两个部分。

第一部分首题作"太上老君流传解冤释结科"，尾题作"太上老君流传解冤释结科仪终"。首题前有诗句。首行作"旋步云罡上，天风飒耳吹"，末行作"不可思议功德"。仪式过程主要有请水解秽，请神，念金光神咒，焚香告召诸神，酒行三献，解冤和回向。斋主为消灾保命，从而解冤，以祈求增福寿。

第二部分首题作"太上正乙安奠五龙土府科仪",无尾题。首行作"法事登坛,勅水洒净,入二坛燃灯",末行作"安龙喜逢家声振,奠谢正遇泰运来"。仪式过程主要为洒净,请圣,安镇五方(撒五谷、射凶神),诵起土、解土神咒,扫坛。后有题记"民国卅七年冬月初二日",即1948年11月2日。

(五)土府科仪全集

线装,一册。封面左上署"土府科仪全集",中部署"三□堂□□培记记"。扉页左上署"补谢科仪",中部有题记"民国三十八年己丑岁孟月下浣职常玉培志有用千家有请万户来迎","民国三十八年孟月下浣"即1949年某月下旬,可知此书是1949年某月下旬常玉培记。无首尾题。首行作"奠安会启,补谢宏开,大众虔诚,皈依三宝",末行作"兑下断,离中虚,坎中庸"。

此书内容主要有九个部分,即上香、洒净、请神、诵八阳妙经、燃灯供养诸神、酒行三奠、安镇五方(撒五谷,射虚耗)、宣疏、诵释谈章。修建补谢道场目的是消愆忏罪。

(六)安慰土府神祇法事

线装,一册。封面署"安慰土府坤祇法事",中间用蓝色水笔署"奠土法事,庶俾存殁以均安"。无首尾题。首行作"岳渎山川,祇神后土,地道无疆立玉帝",末行作"共计二十二篇"。

法事内容主要包括八个部分,即宣奠土偈、上香、请三宝作证盟、洒净、请神、诵普庵咒(绕宅坟安慰)、安镇五方(撒五谷、射凶神)、回向。法事结束后有题记"公元一九八二年九月十一日抄完",由此可知,本册是1982年9月11日抄写。根据仪式过程可以得出,此抄本是一项完整的安龙奠土法事。

(七)谢土科书

线装,一册。封面署"谢土科书",扉页署"谭心全十方应用"。首题作

中国式现代化的理性探寻：学术论坛论文集

"谢土"，无尾题。首行作"佛法僧三宝，众生量福田，若人皈敬者，感果定无边。一两"，末行作"诸般六种土中出，不见凡民敬吾神"，后附"解冤家之结"。

此书主要仪式过程为请三宝作证盟，上香、洒净、请神、酒行三献、安镇五方（撒米果、射虚耗）、诵《佛说奠安补谢土府妙经》、酒行三奠、宣疏和回向。文中"大清国贵州"说明此书是清朝时期贵州省的抄本。

（八）新录奠土一科全卷

线装，一册。封面署"新录奠土一科全卷"。首题作"新录奠土一科全卷"，无尾题。首行作"广内尊神驭，土司赴土坛"，末行作"覃恩不可思议功德，口白　奠土事毕，祈保合家清吉"，后有奠土表式。

此书主要内容有九个部分，即焚香，请神，酒行三献，安镇五方（撒五谷、射五方凶神），请神解谢，念《太上元始安镇说安宅真经》和《太上老君说补土八阳真经》，诵释谈章和释谈章句，请神并钱送，回坛奠谢。后附题记"大中国云南省迤西蒙化县南涧克下里△村"，由此可知，此书是民国时期云南省迤西蒙化县的抄本，在此修建太上正乙酬恩补土保安奠谢法事。

（九）先天五雷奠土科

线装，一册。封面署"先天五雷奠土科"。首题作"先天五雷奠土玄科"，尾题作"先天五雷奠土科终"。尾题后有题记"嗣教弟子李光泰，法名常吉敬抄，共计十八篇"，可知此科书为李光泰抄录。还有疏文"今领据　中华国云南省楚雄府楚碰县人氏"，可知此书是民国时期云南省楚雄府楚碰县的抄本。首行作"伏念信礼，无上后土蘂珠宫"，末行作"良因，稽首称念，元始安镇天尊，不可思议功德"。

此书共有九个部分，即上香，请圣，宣表文，献酒，安镇五方及土木诸神，请神，酒行三献，安镇五方（射五方凶神），宣疏。主要讲述了斋主从起盖楼房到续建后楼，触犯阴阳，因此设醮来旺宅兴居。

（十）谢土科仪仙记

线装，一册。封面左上署"谢土科仪"，中部署"仙记"。又一封面左上角署"谢土科仪罗制"，中部署"谢土科"。此书主要分为五个部分。

第一部分首题作"谢土科仪"，无尾题。首行作"祈祥会启，启白筵开"，末行作"上来礼请圣众，已沐云临，大众志诚，嗪经"。第二部分首题作"佛说安谢八阳经"，无尾题。首行作"尔时天尊曰：'土府九垒高皇大帝部下，二'"，末行作"清水洒净，净灶，开坛散花，宣意化文歇坛"。第三部分首题作"赞灯科仪"，无尾题。首行作"南无灯光藏菩萨"，末行作"种智"。第四部分首题作"安谢五方仪"，无尾题。首行作"祈祥海会佛菩萨"，末行作"安谢木德龙神生欢喜"。第五部分首题作"耗神不八南方仪"，无尾题。首行作"谨依佛敕，遣东方耗神之鬼，姓鲁名丘生"，末行作"天神归天界，地神返阴邦"。后附谢土疏式"大民国　住居奉"，可知此书为民国时期的抄本。

（十一）安谢科仪

线装，一册。封面缺失。首题作"安谢科仪"，无尾题。首行作"南无安隅地菩萨"，末行作"西方 西方"。

此抄本的仪式过程主要有上香、请神、洒净、安灶并宣疏、念咒安谢诸神、开经偈、念普庵祖师大德释谈经章、陀罗尼咒和心经、燃灯供养诸神、叹花、安谢五方（射五方）。抄写时间不详。

（十二）佛门安龙奠土法事

线装，一册。封面有"安土符""雷符土府"，并用蓝色水笔署"佛门安龙奠土法事"。首题作"释门安龙奠土科仪"，无尾题。首行作"太宁后土众龙神，中宫太岁九皇尊"，末行作"安慰得土府保平安菩萨"。

此书的仪式过程主要有七个部分，即请三宝作证盟、洒净、请神、安镇五方（射五方）、诵普庵神咒并释谈灵章（绕宅安慰）、回向、宣疏。举行法事的原因是斋主因动土而触犯了大地，沾染上了眼疾，所以请僧人修建安龙奠土法事。疏文"云南剑川县沙溪区△△村居住，奉"可知，举行法事的地点是云南省剑川县沙溪区，斋主所住的村子。抄写时间不详。

（十三）佛门奠土法事仪

线装，一册。封面署"佛门奠土法事仪"。首题作"佛门奠土法事科仪""锦山赵斗量记"，无尾题。首行作"天垂宝盖，十方诸佛下灵山；地涌金"，末行作"消灾增福寿，安谢五方龙土事毕，斋信平身"。

此书的主要内容有八个部分，即上香、请三宝作证盟、请神、洒净、诵普庵祖师释谈灵章（绕宅）、供养诸神、安镇五方（撒五谷、射凶神）、回向。举行法事的原因是斋主因兴工动土，冒犯坤宫，积累了过错，因此举行法事并备斋，以表示奠谢的诚意。抄写时间不详。

（十四）释式奠土科（全部）

线装，一册。封面署"释式奠土科全部"。首题作"释式安龙奠土科"，无尾题。首行作"黄金妙相满月，慈容天上　善信叩首"，末行作"消灾障菩萨圆满藏菩萨"。

此科内容主要有十一个部分，即上香，请三宝作证盟，开经偈，念经，洒净，奉请诸神，念消灾神咒、功德神咒，酒行三献，燃灯供养诸神，安镇五方（撒谷豆、射五方），回向。内容讲述的是斋主因兴工动土而冒犯土皇，为了消愆，因此补谢。抄写时间不详。

（十五）慰土科仪

线装，一册。封面署"慰土科仪"。首题作"重钞奠谢龙土紫宸灯科"，无尾题。首行作"南无土宿王菩萨"，末行作"南无保平安菩萨"。

此书内容主要有七个部分，即宣奠土偈、上香洒净、请三宝作证盟、请神

293

供养、诵普庵神咒（绕宅）、安镇五方（撒五谷、射凶神）、回向。文中"谨择吉于大中华△年△月△日"，可知是民国抄本。主要讲述斋主因动土冲犯太岁，所以选择吉日，请僧众到斋主家，安慰土府以消愆。抄写时间不详。

（十六）玄门□□□□全套

线装，一册。封面署"玄门□□□□全套"。此书主要分为五个部分。

第一部分首题作"道门开启科"，无尾题。首行作"稽首皈依道，道在虚无中，玄元开宝偈，金"，末行作"群仙缭绕朝太上，太上弥罗无上天"。第二部分首题作"道门谢土科"，无尾题。首行作"岳渎山川诸灵贶，此间土地众龙神"，末行作"常时礼念天尊号，转步飞身上太罗"。第三部分首题作"赞灯科"，无尾题。首行作"松柏梅桃杨柳枝，江湖河海波浪池"，末行作"大圣福生无量天尊"。第四部分首题作"迎龙科"，无尾题。首行作"奉请东方寅卯龙，九炁青龙守宅庭"，末行作"不可思议功德"。第五部分首题作"敕符射箭"，无尾题。首行作"臣闻乾坤上象，宫位高真，艮宫土神，巽宫星"，末行作"来增福，保安康，安谢后，鸡犬鹅鸭满池塘"。第六部分首题作"念土地咒"，无尾题。首行作"元始安镇天尊东南中西北方，安谢向后，降大吉祥"，末行作"凡有不祥等事，尽皆除之"，后有土府表。其仪程主要有开坛、洒净、上香请神、赞灯、安镇五方和宣疏。抄写时间不详。

（十七）谢土科

线装，一册。封面署"谢土科"。无首尾题。首行作"坛场洁备，补谢筵开，善众"，末行作"诸佛返回宫"。

此书主要内容有十五个部分，即请三宝作证盟，上香、洒净、奉请三宝及诸神、备斋、净灶、回向、补谢筵会、酒行三奠、燃灯供养诸神、安镇五方、酒行三奠、射五方虚耗、宣疏和回向。抄写时间不详。

综上可知，安龙谢土的仪程大体为：上香、洒净、请神供养、酒行三献、

（念经）、安镇五方（撒五谷、射凶神或虚耗）、（念经）、宣疏或回向。有些抄本的仪程还包括请三宝作证盟以及念诵普庵咒，在安镇五方这一环节的前后诵普庵咒，即是为了镇宅驱邪。通过仪程发现，安龙谢土仪式的斋意即是因兴工动土而触犯当地土府龙神，为了消愆忏罪，斋主特地选择某个吉日，来安镇五方土地龙神，遣走凶神或虚耗，以保家宅清吉平安。

二、"射凶神""射虚耗"的仪式内涵及其渊源

从上述科仪本叙录可见，"射凶神""射虚耗"为安镇五方的核心内容，下文即是对其的具体研究。

（一）"射凶神"

"凶神"，东汉王充《论衡·四讳篇》^①中提到"宅家言治宅犯凶神，移徙言忌岁月，祭祀言触血忌，丧葬言犯刚柔，皆有鬼神凶恶之禁"。意思是说，住家宅的主人认为修建房屋要忌犯凶神。

关于"射凶神"这一环节，所见仪式文本有《佛门安龙奠土法事》《佛门奠土法事仪》《安慰土府神祇法事》《慰土科仪》等。如《佛门安龙奠土法事》中所体现的"射凶神"的具体内容为：

> 安镇东方（或入东方端座随意），仰启东方青帝主，甲乙木德主方神。我今安镇到东方，青帝将军降吉祥。诣于东方土神位前（唱礼，九叩首，化财）。东青九，南赤三。奠土会启，忏罪筵开，谨请中方黄帝五炁天君，西白七，北黑十一。土公土母，土子土孙，土家一切等众。词下投纳，谨具钱财一分，土符一道。今将五谷撒虚耗，桃弓柳箭射凶神。广开土炁，大辟方隅，庶使往来土道。

---

① 黄晖：《论衡校释》，北京：中华书局，1990年，第966页。

《佛门奠土法事仪》有关"射凶神"的内容为：

> 伏为安龙奠土，保泰信士某等，犹恐起盖房屋，整筑墙垣，兴工动土，冒犯天星地曜，土府龙神。今择黄道良辰，总伸奠谢。奉请 東南中西北／方央方／青赤黄白黑 帝镇宅大将军，修造动土冒犯神。今将五谷撒虚耗，桃弓柳箭射凶神。东南中西北／方央方 土公（母）土于（孙）土太岁，可曾 安正不安正／喜欢不喜欢。

安镇五方后，需要念诵普庵咒并绕宅，其作用是为了镇宅，以求吉祥平安。《安慰土府神祇法事》所体现的"射凶神"的环节与上述基本一致，不过与《佛门安龙奠土法事》不同的是，该本在安镇五方前念诵普庵咒，以求五龙安镇，家宅安宁。

文本中用桃弓柳箭射五方凶神，是因修盖房屋，兴工动土，冒犯了五方土府，特选择良辰吉日，向土府龙神忏罪，目的是安镇五方龙神，祈保家宅平安。

（二）"射虚耗"

体现"射虚耗"内容的文本主要有：《佛谢土科》《土府科仪全集》《谢土科仪仙记》《补龙谢土科》《谢土科书》《太上老君流传解冤释结科》《谢土科》等。本文以前四本文献为例，《佛谢土科》文中提到了"虚耗"的特征，具体内容如下：

> 大圣东方青帝龙神，谨遣东方虚耗之神，生于甲乙，身挂青衣，虎头兔首，入人宅内，变现妖怪，竹木乱鸣，吾今遣送，速出门庭。神弓神箭射东方，射去东方春吉祥。如是艮宫曾有犯，吾今安谢保平安……谨遣南方虚耗，生于丙丁，身挂赤衣，马形蛇头，入人家庭，兴灾作祸，吾

今遣汝，急急登程。神弓神箭射南方，射去南方夏吉^①祥。如是巽宫曾有犯，吾今奉奠保荣昌……谨遣西方虚耗，生于庚辛，身挂白衣，鸡形猴身，入人家宅，变人争论，是非多端。吾今推送，速速行程。神弓神箭射西方，射去西方秋吉祥。如是坤宫曾有犯，吾今安谢大吉祥……谨遣北方虚耗，生于壬癸，身挂黑衣，猪形鼠身，入人宅内，人口虚惊，或乱人心。吾今遣汝，速出天庭。神弓神箭射北方，射去北方冬吉祥。如是干宫^②曾有犯，吾今奉送保安康……谨遣中央虚耗，生于戊己，身挂黄衣，羊形牛身，入人宅内，住址不宁，坏人酒醋，损人兹牲。上遵佛勅，生火奉行。神弓神箭射中央，黄帝龙君不动尊。戊己勾陈居本位，安人估物保荣昌。

《佛谢土科》中"虚耗"的特征为"虎头兔首""马形蛇头"等，《土府科仪全集》中"虚耗"的特征与《佛谢土科》的有所不同，其内容如下：

谨请东方虚耗之神，生于甲乙，青衣青裤，化为兔头虎形，入人家中，作事不祥。今日仰请青帝将军，手执神弓圣箭，直射虚耗之神，速去千里，高飞海外，永不为殃……南方虚耗之神，生于丙丁，赤衣赤裤，化为马头蛇形，入人家中，损人六畜。仰请赤帝将军，手执神弓圣箭，直射虚耗之神……西方虚耗之神，生于庚辛，白衣白裤，化为鸡头狗形，入人家中，损人五谷。今请白帝将军，手执神弓圣箭，直射虚耗之神……北方虚耗之神，生于壬癸，黑衣黑裤，化为猪头狗形，入人家中，人口不安，造酒不成。仰请黑帝将军，手执神弓圣箭，直射虚耗之神……中央虚耗之神，生于戊己，牛头人身，入人家中，家缘不遂。今请黄帝将军，手执神弓圣箭，直射虚耗之神……

《佛谢土科》中的五方虚耗之神分别为东方虚耗生于甲乙，青衣青裤，化为兔头虎形入人家中；南方虚耗生于丙丁，赤衣赤裤，化为马头蛇神入人家中；西方虚耗生于庚辛，白衣白裤，化为鸡头狗形入人家中；北方虚耗生于壬癸，黑衣黑裤，化为猪头狗形入人家中；中央虚耗生于戊巳，化为牛头人身入人家中。须分别请青帝将军、赤帝将军、白帝将军、黑帝将军、黄帝将军持神弓圣箭射当方虚耗。当然这一过程在展开时，具体由仪式专家用桃弓柳箭射向五方虚耗，以祈保家宅平安荣昌，四季吉祥。《谢土科仪仙记》提到了有关五方耗神之鬼的姓名等具体信息。有关内容如下：

> 谨依佛敕，遣东方耗神之鬼，姓鲁名丘生，生居甲乙，青衫青袍，人头鬼赞，在人家中，变妖作怪，病疾连绵，财①帛耗散，六畜损失，为祸不一……谨依太上敕，遣南方耗神之鬼，姓陈名石，生居丙丁，赤裤人头马形，在人家中，令人喜怒，百物耗散，灾死兹牲，为害非一……谨依佛敕，遣西方耗神之鬼，名丘，生于庚辛，白衫白裤，人头鸡身，入人家中，令人惊布，开张厨柜，绫罗公私，口舌作闹不停……谨依太上勒，遣北方耗神之鬼，姓谢名辛，生于壬癸，黑衫黑裤，人头②鼠耳，入人家中，多生怪异……谨依佛勒，遣出中央耗神之鬼，姓张名伦，生于戊己，黄衫黄裤，进入堂前，次及飞禽，踰垣进屋，小儿夜啼，作怪不一……

东方虚耗鬼姓名为鲁丘生，生于甲乙，为人头鬼，在人家宅耗财帛，损六畜。南方虚耗鬼姓名为陈石，生于丙丁，人头马形，在人家宅耗散物品，害死兹牲。西方虚耗鬼名丘，生于庚辛，人头鸡身，在人家宅开人橱柜，不停造作。北方虚耗鬼姓名为谢辛，生于壬癸，人头鼠耳。中央虚耗鬼姓名为张伦，生于戊己，在人家宅作怪。念诵五方偈章，以求东方木德星君、南方荧惑星君、西方金德星君、北方水德星君、中央土宿星君护佑。遣走虚耗后，要念诵普庵咒，

---

① "财"，原文作"才"，据文意改。
② "头"，原文作"间"，据文意改。

以此镇宅。

《补龙谢土科》中五方"虚耗"的基本特征则都为人头兔形，进入家宅，作祸降殃。遣五方虚耗的神分别为东方青灵始老天尊、南方丹灵真老天尊、西方皓灵黄老天尊、北方五灵明老天尊、中央玄灵元老天尊，五方神张弓射箭，射除五方虚耗之鬼，以守护四季财宝，保佑家宅安康吉昌。

仔细阅读相关科书，可发现所谓"凶神"即"虚耗"。如《安慰土府神祇法事》说：

> 斋信诣于东方青帝青土龙神位前陈谢，东方青帝青土龙土君，兴工动土犯土星，今将五谷撒虚耗，桃弓柳箭射凶神。

这里的"虚耗"即"凶神"，"凶神"即"虚耗"。《补龙谢土科》称"吾今殄汝，不得留停，张弓射箭，速殄凶殃，谨射东方青儿之鬼"，"殄灭凶神"与"射五方虚耗之鬼"相对应，如可证明凶神就是虚耗。

从这些文本中可以看出，"射凶神"与"射虚耗"是互文关系。因为兴工动土，冒犯土府龙神，凶神或虚耗进入家宅，导致家宅不安，人口不兴，所以需要撒五谷，用桃弓柳箭射向五方凶神或虚耗，祈保家宅清吉安康。

（三）对治"虚耗"仪节的渊源

关于"虚耗"的具体所指，历代文献缺乏相关记载。唯有《云笈七签》卷一百二十一"道教灵验记"有一个描述性的说法，"道教灵验记"《南康王韦皋修黄箓道场验》说："然每至昏暝，则人多惊悸，投砾掷石，鬼哭呜咽。其丧失坟壠，平刻墟墓，无所告诉，故俗谓之虚耗焉。"[①]

这里提出韦皋在成都为创置新南市，发掘坟墓，导致黄昏的时候鬼哭呜咽，投掷砾石，人们害怕恐惧。这是因为鬼丧失了自己的坟墓，没有能申诉的地方

---

① 《道藏》第29册，第951a页。

所导致。人们认为这就是虚耗。这是笔者找到的历代典籍中相对比较直接的说法。但这种说法一是"俗谓"，从相关文献中能看出"虚耗"似是一个宽泛的称呼（详下）。

关于对治"虚耗"的来源，中古时期成书的《赤松子章历》①卷三"却虚耗鬼章"有说：

> 却虚耗鬼章　具法位，上古：云云。但某口舌横生，奴婢逃叛，皆缘虚耗，鬼魅相仍。谨请五福天官、地祇十二官将、百二十人，寻究此章奏上，为某家收补宅内五虚六耗之鬼，各归本方。或青虚青耗之鬼，遣归东方青帝收而禁之，勿令游走。或赤虚赤耗之鬼，遣归南方赤帝收而禁之，勿令游走。或白虚白耗之鬼，遣归西方白帝收而禁之，勿令游走。或黑虚黑耗之鬼，遣归北方黑帝收而禁之，勿令游走。或黄虚黄耗之鬼，遣归中央黄帝收而禁之，勿令游走，干扰人家。所请天官兵吏，及某家守宅三将军等三十万人，同心并力，为某驰遣宅中，虚耗退散，愿某家资产业集聚，回凶作吉，田蚕万倍，牛犊盈栏，金银增积，口舌潜消，灾厄不生，所愿皆成，人口平康，财食增长云云。②

文中记述，导致人口的流散、口舌是非横生这一现象的即是虚耗，这里的虚耗不是指无坟墓之鬼。上章谨请五福天官、地祇十二官将、百二十人，为某个家宅驱遣五虚六耗之鬼，笔者疑这里的"五福天官"疑指下文提到的东方青帝、南方赤帝、西方白帝、北方黑帝和中央黄帝。文中的"五虚六耗之鬼"即是"虚耗"，分别是青虚青耗之鬼、赤虚赤耗之鬼、白虚白耗之鬼、黑虚黑耗之鬼、黄虚黄耗之鬼。请天官兵吏以及守宅将军收禁虚耗，不再干扰家宅，使

---

① 关于《赤松子章历》的成书年代，《道藏提要》认为约出于南北朝，见任继愈主编：《道藏提要》，北京：中国社会科学出版社，1995年，第443页。《道藏通考》认为大体出于六朝，但有唐代的痕迹。Kristofer Schipper and Franciscus Verellen edits. *The Taoist Cannon*. Chicago & London：The University of Chicago Press，pp.134-135.

② 《道藏》第8册，第649c页。

得人口平安健康，财富食物各有增长。前述安镇五方时提到的"射虚耗"即是请五方帝来对治，内容及仪式结构与"却虚耗鬼章"全然相同，但是安龙谢土仪式文本明显迟于《赤松子章历》中的"却虚耗鬼章"，笔者认为安龙谢土仪式中"射虚耗"渊源于"却虚耗鬼章"，且成为了安龙谢土仪式中的重要内容。

可资对照的有《太上济度章赦》卷上中的"利宅舍却虚耗"，章文请天官兵吏以及守宅将军驱遣虚耗：

> 利宅舍却虚耗　谨为上请安炁君，太玄君，赤白沙君，元炁君，天玄君各一人，官将各一百二十人，主收摄横祸，利安宅庭，斥散凶殃，擒束蛊怪。天昌君黄衣兵士，太白君各十万人，天罡官将一百二十人，主收捕殃煞，解逐灾害。青龙君一人，官将一百二十人，五福天官，地祇十二官将，与守宅三将军三十万，主驱遣虚耗，利宜畜养。天德广大吏五人，主驱除群凶，收绝邪鬼。①

可见"却虚耗鬼章"与"利宅舍却虚耗"都是为了利安宅舍，上章请天官地祇、守宅将军等神，驱遣虚耗，以保家宅。

同样与安龙谢土仪式联系密切的"言功安宅章"②，也提到了"虚耗"。因家宅修补掘凿，触犯神灵，一切虚耗导致家宅不安，为求安稳，上章请神来消除虚耗。所请神祇为东方青帝九夷君，南方赤帝八蛮君，西方白帝六戎君，北方黑帝五狄君，中央黄帝三秦君等。请五方帝安宅，具有诸祸不生、镇宅、辟除不祥的作用。如果害怕家宅不安，龙神不利，则谨请五龙安宅，保护家宅人口。由此可证明"言功安宅章"体现了安龙谢土仪式中安镇五方的仪式内涵。不仅如此，《太上济度章赦》卷上"谢土安宅章"③和《赤松子章历》卷三的"谢土

---

① 《道藏》第8册，第718a页。
② 《道藏》第8册，第650a页。
③ 《道藏》第8册，第709c页。

章"①均充分说明了安镇五方是安龙谢土仪式的重要环节。

总体来说，从"射凶神"和"射虚耗"的文本内容来看，两者即为互文，"凶神"就是"虚耗神"，都是因为兴工动土冒犯土府神，凶神或虚耗入人家宅，所以才用桃弓柳箭进行驱遣，并撒五谷，目的都是安镇五方，保佑宅舍清吉，人口平安。通过分析《道藏》中的文本内容，笔者发现《赤松子章历》《太上济度章赦》等记述了"却虚耗"的相关内容，"却虚耗"为后来安龙谢土仪式演变的重要内容和核心仪节。

三、从"射凶神"到"射虫蚁"

道教中关于对治"虫蚁"的观念，约出于南宋时期的《上清天枢院回车毕道正法》卷上有提到：

> 夫上清五岳真形符者，入山能伏狼虎，入水能伏龙鼍。佩之吉祥，不遭患难。及虫蚁损害屋宇、飞鸟入屋作怪、虫蛇出现，并仰具状，经本院投押，用梓木板，长二尺四寸，阔一尺二寸，朱书此符，钉于宅上，其怪自坏，虫蚁自去，永不为害也。②

大意是说，佩戴上清五岳真形符的人不会遭遇困难，虫蚁、飞鸟损害房屋等情况，书写此符能让虫蚁、飞鸟离开，不为所害。

《正一醮宅仪》中"凡人居宅虚耗，牛马死失，田蚕不熟，人口婴害，或每年有五瘟时气，及狗鼠虫蚁作怪，或犯五方十二时土财，利散亡举，向不称者，以四时王相日醮之吉"。③该段的大意是说，人民居住宅舍，牛马死的死，丢的丢，庄稼不成熟，人们得病，有的是因为五瘟疫病，还有狗鼠虫蚁在作祟，还

---

① 《道藏》第8册，第649b页。
② 《道藏》第31册，第522a页。
③ 《道藏》第18册，第297c页。

有的是触犯了五方，因此应该选择四时旺相的吉日来设醮。

笔者目前掌握到的大陆地区安龙谢土仪式文本中，尚未见到有关"射虫蚁"的内容，但在台湾的安龙送虎仪式中有出现。

安龙送虎是为安镇土地龙神，驱逐可能会危害庙宇的虫蚁的一种仪式，常出现在台湾传统社会的庆成法事中。吕锤宽的《安龙谢土》提到，此环节用到的科仪本《太上正一安龙玄科》。为龙神开光的过程中，道长在以白米堆砌而成的龙神上面，分别点龙的头、耳、眼、鼻、口、身、爪等部位，每点一个部位，就要大声说吉祥话。安龙结束后便开始"射土"法事，主要是将可能危害建筑物的虫蚁等射死，来保护木质结构的房屋或者寺庙。该法事的详细内容为："手执桃弓并柳箭，射死东（南－西－北－中）方虫蚁神，东（南－西－北－中）方虫蚁不逃走，吾今一箭就射亡。"①

石光生和王淳美两位学者所著的书中所引的"射虫蚁"的文本和《安龙谢土》同样也是依据《太上正一安龙玄科》，在这一节中提到了正一派的安龙送虎仪式。先上香请神，接着用硃砂笔沾白雄鸡的鸡冠血和硃砂，分别点米龙的各个部位，如头、耳、眼、口、须、龙身和龙爪等，主要是给米龙开光，每点其中一处，都要说一句吉祥话。再用桃弓柳箭分别射向寺庙的五方，是为了驱逐可能损害木质庙宇建筑结构的虫害，随后撒五谷，将铁钉、铜币分发给斋主及信众，以祈求五谷丰收、添丁发财。接着稳固庙基，安位龙神，后安置五龙安镇符、五方安镇符等。②

李丰楙也提到安龙送虎仪式中"射虫蚁"的环节，也就是解除神煞阶段。因为以往的庙宇和祠堂均为木质结构的建筑物，怕虫损害房屋，所以用线香做成桃弓柳箭，并用箭射向五方，象征驱除五方虫煞。在场人员需要避开箭所射的方位，防止冲犯。"射虫蚁"后，道长撒五谷，以保五谷丰登。米中含有铁钉，表示添丁，铜币表示发财等，并将其分给醮主，祈求保佑家宅安康，五谷丰收，家财兴旺。后进入送虎环节，进行此环节之

---

① 吕锤宽：《安龙谢土》，第77页。
② 石光生、王淳美：《林金錬跳钟馗仪式剧场》，台北：台北市政府文化局，2015年，第145页。

前，先提前通告住家户要闭门闭户，以免冲犯。还要用生猪肉塞到虎口，表示封口。道士身穿罡衣，用八卦节护身，用剑抵纸虎，等鞭炮放完才将白虎送出。①

上面的情形均为正一派的情形。如从大渊忍尔披露的台湾灵宝派庆土科仪《灵宝庆土启圣开经科》《祭煞》《灵宝庆土告符五土神灯科》《灵宝谢土酌献科》来看，中间提及了五方土煞，并没有提到五方虚耗，也没有提及"虫蚁"。②香港的相关情形，韦锦新虽然谈到了射虫蚁，则是转引自蔡志祥所论，而蔡志祥实际上又是引用台湾的科仪书来说明香港的安龙仪式，③详细情形还有待进一步研究。

笔者所掌握的大陆地区安龙谢土仪式文本未见"射虫蚁"的内容，台湾部分地区的安龙仪式中之所以有相关内容，笔者推测似是地方气候的缘故，因而需要特别对治"虫蚁"。从这一意义上，似是将凶神、虚耗具体化、实物化了。

四、结语

安镇五方是安龙谢土仪式的重要环节。这一仪节上承《赤松子章历》等道经中的"却虚耗鬼章"相关章文，同时又有所增益，如宋以后的安龙谢土仪式中出现了普庵信仰元素，体现了一种宗教仪式的发展。安龙谢土的核心环节是安镇五方，主要表现为洒（射）虚耗、射凶神。从相关文本来看，"射凶神"与"射虚耗"是互文关系。

笔者所掌握的大陆地区安龙谢土仪式文本中并未发现"射虫蚁"的信息，但在台湾地区的正一安龙送虎仪式中出现，"射虫蚁"的环节相当于"射凶神"

---

① 李丰楙：《台湾斋醮》，谢国兴编《进香·醮·祭与社会文化变迁》，台北：台湾大学出版中心，2019年，第40页。
② 大渊忍尔：《中国人的宗教仪礼——道教篇》，东京：风向社，2005年，第369—381页。
③ 韦锦新：《安龙——香港新界客家社群的节日与仪式初探》，《崇教人类学》（第五辑），2014年，第260页。

或对治虚耗的环节。不论是射凶神、射虚耗，还是射虫蚁，其相同点均是为了安镇或安谢五方。而且撒五谷时要说吉祥话，祈保家宅、庙宇平安。两者属于同一仪式的同一环节，在一定意义上可认为后者将凶神或虚耗具体化为虫蚁，是"射凶神"环节的发展流变。在这点上，笔者认为"射虫蚁"呈现出台湾地区安龙谢土仪式区域性发展的特征。

时间政治及其正义寻求[①]

——马克思的时间理论及其当代启示

张晓兰[②]

摘 要

马克思的时间理论立足于超越谋生性社会必要劳动时间和实现人的自由解放的原则高度，在其历史性上是对资本主义劳动生产关系的正义拷问，在其现实性上是对财富衡量尺度和人的生存发展空间的价值检审。马克思揭露了资本的"时间暴政"：社会加速导致时间异化、社会时间疏离生命时间以及劳动时间宰制大众命运。谋求自由时间的"时间抗争"主要表现为：劳动时间与自由时间的抗争、必要劳动时间与剩余劳动时间的抗争、消极自由时间与积极自由时间的抗争。摆脱资本统治的"时间解放"之路，要求并指引人们大力发展科技和共同生产，促进"时间生产力"富余；强力限制资本和权力妄为，谋求"时间生态学"正义；努力彰显人民主体地位，捍卫"时间属己性"旨归。

关键词：自由时间；劳动时间；时间正义；马克思

---

① 教育部人文社会科学研究规划青年基金项目（项目编号：19YJC710107）。

② 张晓兰，上海师范大学哲学与法政学院副教授，哲学博士。

近几年的热点话题，从"996工作制"到用生命配送的骑手，这一生存论困境再度引发人们对现代社会时间的控诉——"时间的贫困"。个体完全丧失了对时间的掌控，仿佛社会中的每个人都被一种无形的力量所逼迫，"快一点，再快一点，时间紧迫"。这些讨论似乎根本上都在质问，在科技如此发达、算法这般精确的时代，为什么劳动者依然被过度的劳动时间宰制而没有公平享有自由时间？一个半世纪前，马克思在《资本论》中所阐释的自由时间思想已为人们提供识破困局的理论武器。自由时间，作为一个具有价值尺度属性和现实解放维度的政治经济学范畴，具有人类学本体论的重要意义，是指劳动者可以自由支配、自主活动并用于自我发展的时间。然而由于现代社会加速发展，资本霸权普遍盛行，时间生态学失衡，经由自由时间通达人类解放的正义之路受阻，劳动者对大量生成的自由时间不能充分占有、公平享有和积极运用，并因此导致现代社会人们身心压力加剧、生命价值虚无等一系列隐忧，引发大众之存在论焦虑，严重危及社会基本秩序和新时代美好生活的构建。因此，时间政治的问题作为一个重要的理论课题和现实任务在当下凸显出来，深入挖掘马克思的时间理论及当代价值，对于我们在现代社会谋求超越谋生性社会必要劳动时间的时间正义，提升劳动者在单位时间内的存在感、归属感和幸福感，促进以人的自由发展为根本目的的当代中国社会主义建设，皆具有非常重要的启示意义。

一、"时间暴政"：资本逻辑的时间统治

马克思围绕"劳动""商品""资本"等范畴展开对资本主义的批判，但实际上在深层逻辑中还蕴藏着一个基础性维度——"时间"。时间是人类生存和发展的基本方式，人的自由解放一定意义上就是时间的解放，每个人对自由时间的充分占有、公平享有和积极运用就是时间正义的完整实现。然而，现代社会"时间开始越来越成为稀有之物，时间已经成了资本主义时代新的控制方式……白天与黑夜、公共与私人、活动与休息、工作与休闲的重要界限

正在消失"①，人们的生活全面"去边界化"，甚至一切时间都被资本纳入了同质化的劳动时间。"时间就是权力"，资本的时间逻辑"开始显示它的暴政"（tyranny）②：

（一）社会加速导致时间异化

"加速"是现代时间结构的突出特征，也是资本的内在时间设置。加速发展在互联网、大数据、人工智能等技术领域早已成为现实。当代德国社会哲学家布罗伊尔（Stefan Breuer）宣称："速度已成为我们今日的神。"③ 米兰·昆德拉强调"这个时代沉湎于膜拜速度的幽灵"④。保罗·维希留（Paul Virilio）第一次开创性地用"竞速学"（dromology）理论来研究现代社会的加速逻辑和时空体制。在他看来，"从最早的石器时代，人类为了食物而快速地追捕猎物或为了不要变成食物而快速奔跑以逃脱猎食动物的追赶开始，速度就一直是人类生存的核心要素。人类的历史从根本上可以说，就是一个纠结着速度而发展的速度史"。⑤ 维希留的论断揭示出，人类的历史就是"发展的速度史"，是工业革命之前人类凭借风力、水力和人力等创造的"自然速度史"，是工业革命凭借蒸汽火车等交通竞速革命的"相对速度史"，更是信息时代凭借互联网等科技来光速传递信息的"绝对速度史"。

对于现代社会的加速逻辑，马克思早在《共产党宣言》中就给予了迄今为止最深刻的揭示。"如果借助《资本论》来看，'加速'（beschleunigen）及其相关变位的德文词在《资本论》中出现98次，足可见马克思已经将'加速'纳入

---

① 孙亮：《资本逻辑视域中的"速度"概念——对罗萨"社会加速批判理论"的考察》，《哲学动态》2016年第12期。

② 吴国盛：《时间的观念》，北京：商务印书馆，2019年，第120—121页。

③ Stefan Breuer, "The Nihilism of Speed : on the work of Paul Virilio," in Hartmut Rosa & William E. Scheuerman（eds.）, Pennsyluania State University Press. 2009，pp.215-241.

④ ［捷］米兰·昆德拉：《缓慢》，尉迟秀译，台北：台湾皇冠出版社，2005年，第139页。

⑤ Paul Virilio, *Revolutionen der Geschwindigkeit*, Berlin : Merve Verlag, 1991. 转引自郑作彧：《社会速度研究：当代主要理论轴线》，《国外社会科学》2014年第3期。

资本运转视野下进行考察，并给予了高度重视。"①马克思将社会加速与资本增值逻辑连接在一起，强调资本主义"生产的不断变革，一切社会状况不停的动荡，永远的不安定和变动，这就是资产阶级时代不同于过去一切时代的地方"②。马克思生动地呈现出资本主义伴随技术革命的加速步伐，作为一种普遍而无情的力量，将"一切等级的和固定的东西"都踩在脚下，作为一种自然规律，将"必然造成生活实践、沟通传播结构与相应的生活形式当中的全面改变"③。社会加速强制成为不可避免的趋势，任何减速策略都将失效，因为这并不是技术问题或者道德问题，而是资本主义社会的结构性问题。在资本生产结构中，时间等于价值量，而速度就等于流通，资本欲想实现最大限度的增殖就要使必要劳动时间和流通时间缩减到无限小，如果资本流通时间缩小到零，那么生产过程可重复的次数就达到了最大限度。因此，劳动者既承担着生产价值维度的时间创造，又承担着价值流通维度的时间缩减，这种二重性的存在正遭遇着深刻的"时间异化"，即"缩短劳动时间的最有力的手段，竟变为把工人及其家属的全部生活时间转化为受资本支配的增殖资本价值的劳动时间的最可靠的手段"④，时间作为劳动者身上重要的要素被剔除在劳动者之外，并反过来统治劳动者的生产劳动。然而，科技进步和生产劳动只要仍置身在资本主义生产方式和生产关系当中，就始终是一边创造可自由支配的时间，一边又被资本转变为剩余劳动时间。资本通过技术所带来的生产加速，也必然形成对人生命节奏的宰制。

（二）社会时间疏离生命时间

时间是"人的生命尺度"，是生命组织秩序的形式和意义定向。积极的对象化劳动时间可以激活生命，赋予生命以意义，并在时间结构中选择特定的某种

---

① 孙亮：《资本逻辑视域中的"速度"概念——对罗萨"社会加速批判理论"的考察》，《哲学动态》2016年第12期。

② 《马克思恩格斯选集》（第1卷），北京：人民出版社，1995年，第275页。

③ 哈特穆特·罗萨：《新异化的诞生：社会加速批判理论大纲》，郑作彧译，上海：上海人民出版社，2018年，第39页。

④ 《马克思恩格斯全集》（第44卷），北京：人民出版社，2001年，第469页。

生产和生存方式。自然生命遵循细胞衰变的恒定周期而有其特定"生物钟"和独立的时间规律，生命时间是柏格森所说的"纯绵延"[①]，它不能用空间叠加和物理刻度准确划分来把握。海德格尔认为"时间性是原始的、自在自为的'处理自身'本身"[②]，时间不是抽象的、外在于此在的向量，而是此在本身在世界的绽出。哈特穆特·罗萨强调："行为者发展出将其生命作为一种整体的时间视角，通过这个时间视角他们思考自己的'生命时间'。"[③]生命时间是主体内在的时间，与主体活动构成统一体，它本身是有限的、不可分的、多样的，同时更是个体性的、差异性的，若外部强力违反这种自然规律，如超常劳动和超快节奏则会使生命不堪重负，同质化和标准化的"时间表"则会使生命的个性魅力消失殆尽。

随着现代资本主义的发展，理性、精确和同质化的标准线性时间不断叠加在自然生命节奏之上，并将自然节奏纳入社会权力运作当中，重塑"工作－休息"的生活节奏。在根本上，现代社会的深层矛盾就是个体生命时间与社会劳动时间之间的矛盾，前者遵从使用价值主宰的昼夜划分的自然式时间尺度，后者遵从交换价值主宰的分秒必争的计算式时间尺度，现代社会一切生命时间和使用价值都要经由社会必要劳动时间转化才具有其价值。因为，"劳动本身的量是用劳动的持续时间来计量，而劳动时间又是用一定的时间单位如小时、日等作尺度"，"我们说劳动小时，也就是纺纱工人的生命力在一小时内的耗费"[④]。工人就是人格化的劳动时间，一切个体生命的差异都只是"工时"之差。遵从生产逻辑的社会必要劳动时间对生命时间的疏离和蚕食：一方面在于资本增殖逻辑对劳动大众自然劳逸规律（包括过劳和童工）的摧残；另一方面在于抽象劳动消解具体劳动，使得普遍适用的社会必要劳动时间尺度抹平了个体生命的特

---

① 亨利·柏格森：《时间与自由意志》，吴士栋译，北京：商务印书馆，1997年，第60页。

② 马丁·海德格尔：《存在与时间》，陈嘉映、王庆节译，北京：生活·读书·新知三联书店，1999年，第375页。

③ 哈特穆特·罗萨：《加速：现代社会中时间结构的改变》，董璐译，北京：北京大学出版社，2015年，第12页。

④ 《马克思恩格斯全集》（第44卷），北京：人民出版社，2001年，第51，221页。

殊、多样和独特的个性。现代工业社会单一化、标准化的劳动时间使得个体生命沦为了单向度的机器"标准零部件"，消解了人的生命时间的主体性。现代工业化对自然的统治和改造，就潜在地包含着对个体自然生命时间的统治和改造，社会劳动时间与个体闲暇时间处于矛盾对立之中，这在某种意义上也呈现出现代人在感性与理性、抽象与具体、公共生活与私人生活（工作与家庭）、身与心等关系中的矛盾和分裂，这种分裂本身也恶性呈现出工作时越抽象乏味与非工作时就越舒适刺激的现实分裂。

（三）劳动时间宰制大众命运

当资本加速逻辑成为现代时间的轴心，满足资本增殖意愿的精细化"标准时间表"不断打破田园般"自然生命律"，雇佣劳动时间就成为大众命运般的存在方式。之所以如此，因为资本由雇佣劳动来定义，劳动由时间来衡量。"自资本主义兴起以来，时间一直都具有相当大的重要性。这样的重要性同时表现在两方面：量化时间，这牵涉到劳动力的价值估算；以及质化时间，这关系到所有劳动的同步化。"[1]首先在量化时间方面，马克思指出，劳动作为商品等价交换的前提，除了从具体劳动转化为抽象劳动以外，更重要的就是抽象劳动的时间"可计算性"，工人劳动过程用劳动持续时间来计量，并把以小时、日等时间单位计量的生产劳动时间出卖给资本家来进行产品增殖，这也使标准时间从日常生活参照转变为生产劳动参照，转变为劳资交易的依据。但是，作为商品交易的劳动时间并没有给工作日规定任何界限，"资本家坚持他作为买者的权利，他尽量延长工作日"[2]，甚至"侵占人体成长、发育和维持健康所需要的时间。它掠夺工人呼吸新鲜空气和接触阳光所需要的时间。它克扣吃饭时间，尽量把吃饭时间并入生产过程"[3]。

① 郑作彧：《时间形式的时候化：社会时间形式的改变及其当代现状》，《学习与探索》2018年第1期。
② 《马克思恩格斯全集》（第44卷），北京：人民出版社，2001年，第271页。
③ 《马克思恩格斯全集》（第23卷），北京：人民出版社，1972年，第295页。

"除此之外，在20世纪初期，工业资本主义企图透过对劳动力在每个分工部门的配置尽可能地提升生产效率。在这种情况下，重要的不仅在于工作时间要多长，还更在于工作时间在何时。质的时间在此发挥着所有行动者的同步化的功能。人们必须依照一个既定的上下班的时候而行事。这最终透过工作时间法规的建立，影响工业资本主义社会当中全面的日常生活作息。"①在质化时间方面，工厂上工的劳动哨子和计时的钟表宰制着大众生活，劳动者的生活时间表不归自己掌控，劳动者自身不具有选择结束劳动时间的能力，为了在竞争中生存而不被淘汰，甚至"甘愿"将一切时间纳入雇佣劳动时间当中。一天的时间被精确划分为24等份，什么时间该做工、什么时间该休息都不由己，而要与资本增殖体系同步。资本家决定着劳动大众的工作时间、吃饭时间，甚至在换班制度下，任何监督制度都无法阻止过劳流行。因此，如何制定出公平的工作时间法规，在时间结构分配中如何争夺自由时间的充分占有、公平享有和积极运用则成为资本主义社会时间权力的斗争场。

二、"时间抗争"：时间结构的分配与时间权力的斗争

马克思透过资本逻辑的"时间暴政"，在时间张力的结构中深刻呈现出时间权力的抗争，揭露了资本剥削的秘密。马克思对"时间正义"的寻求就是要将无产阶级乃至全人类从资本的时间统治中解放出来，因此必须深入到资本主义社会特定的经济层面来破解"自由的时间张力"。"时间抗争"主要围绕自由时间的"充分占有""公平享有"和"积极运用"三方面展开。

（一）劳动时间与自由时间的抗争

时间结构的内在矛盾主要表现为劳动时间与自由时间之间的抗争，这也是社会基本矛盾在时间维度的反映，主要集中在时间量上比例的抗争、主体拥有

---

① 郑作彧：《时间形式的时候化：社会时间形式的改变及其当代现状》，《学习与探索》2018年第1期。

者的抗争和整个人类发展条件的抗争。首先，从时间的量上比例来看，除去吃饭、睡眠和劳动时间外，"剩余的时间"就是自由支配的时间。时间的量上比例关系受社会习俗和民族文化等因素影响，若假定这些因素稳定不变，那么其比例就完全取决于劳动生产率。随着社会生产力发展，劳动时间中的"客观必要"的劳动时间必然会不断缩短，自由时间也会相应增加，这是历史发展中时间结构演变的规律，即劳动时间与自由时间成反比例变化。其次，从时间的主体拥有者来看，原始社会虽然自由时间微乎其微，但却为社会成员共同享有。随着分工发展和私有制产生，虽然自由时间在量上大幅增加，但却出现了时间分配的不公平问题，奴隶遭受的剥削就是时间不公平的开始和极端体现。资本主义发展进一步产生大量自由时间，但这些自由时间的主体拥有者不是时间的创造者（即劳动者）而是资本家，劳动者的时间除了饮食和睡眠等生理时间外，都是被资本家奴役的劳动时间，劳动节约和创造的"剩余时间"却"给不劳动的那个阶级提供了发展其他能力的自由支配的时间。因此，在一方产生剩余劳动时间，同时在另一方产生自由时间……同一方的自由时间相应的是另一方的被奴役的时间"[1]。可见，资本主义条件下，劳动时间与自由时间的抗争主要表现为资本家对劳动者自由时间的剥夺和窃取。最后，从整个人类发展条件来看。资本主义的发展不自觉地为人类享有自由发展的时间创造了条件。这也就是马克思所说的资本内在的自反性，当必要劳动时间缩减到最低限度，资本的历史使命也就完成了。"资本就违背自己的意志，成了为社会可以自由支配的时间创造条件的工具，使整个社会的劳动时间缩减到不断下降的最低限度，从而为全体社会成员本身的发展腾出时间"[2]，到那时"财富的尺度绝不再是劳动时间，而是可以自由支配的时间"，即劳动时间与自由时间的对抗最终将完全消解。劳动从谋生性逐渐转变为人的"第一需要"，那时的自由劳动时间就等于自由时间。

---

① 《马克思恩格斯全集》（第32卷），北京：人民出版社，1998年，第215页。
② 《马克思恩格斯文集》（第8卷），北京：人民出版社，2009年，第199页。

（二）必要劳动时间与剩余价值时间的抗争

"节约劳动时间等于增加自由时间"[①]，然而在资本主义追求剩余价值最大化的逻辑之下，劳动时间的节约并没有转化为真正属人的自由时间，因为"资本的趋势始终是：一方面创造可以自由支配的时间；另一方面把这些可以自由支配的时间变为剩余劳动"[②]。劳动时间是人类为了生存和发展而必须付出的时间代价，无论何种社会形态都不可避免。然而在资本主义制度下，劳动者付出的时间代价不仅是为自己生存，而且还要为资本家的贪婪，劳动时间也就划分为必要劳动时间与剩余劳动时间。工人为自身再生产所付出的时间即"进行这种再生产的工作日部分称为必要劳动时间"，这部分时间具有自然强制性和物质基础性，是以工资为补偿的有酬时间。同时，"工人超出必要劳动的界限做工的时间，虽然耗费工人的劳动，耗费劳动力，但并不为工人形成任何价值。这段时间形成剩余价值，剩余价值以从无生有的全部魅力引诱着资本家。我把工作日的这部分称为剩余劳动时间"[③]。无酬的剩余劳动时间是资本剥削的秘密所在，工人劳动时间内部比例的变化完全服务于资本增殖。首先，从劳动时间的量来看，资本主义早期阶段，"工作日"长度历来是劳资双方时间权力抗争的焦点。资本家为了获取更多超出必要劳动时间的外延量，无限度地延长工作日，甚至突破了工作日的身体界限和道德界限，资本家"仁慈"地未将其延长至24小时，也是出于自身利益延续的考虑，毕竟资本家不会愚蠢地将所有劳动力在最初生产中耗费殆尽而影响后续的再生产。资本家的贪婪激化了阶级矛盾，工人罢工运动爆发，国家以法律形式调和工作日，即形成8小时工作制，从而使劳动时间在量上的抗争趋于稳定。其次，从劳动时间的质来看，资本家以改进技术、提高劳动生产率为基础，以增加相对剩余价值为目的，不断提升劳动时间的内含量，具体表现为加快单位时间的节奏和增加单位时间的强度，消解工人主体意

---

① 《马克思恩格斯全集》（第31卷），北京：人民出版社，1995年，第107页。
② 《马克思恩格斯全集》（第31卷），北京：人民出版社，1995年，第103—104页。
③ 《马克思恩格斯文集》（第5卷），北京：人民出版社，2009年，第251页。

志，将超额劳动转化为工人的主动合作，甚至形成工人内部加班的"内卷"趋势。最后，从劳动时间的灵活性来看，随着信息技术的发展，新型劳动时间即"弹性化时间"出现，工人劳动时间的灵活度增强，表面是工人掌握了时间权力，但实际上是工人生活的全面"去边界化"，即将全部生活时间组织边界化，一切时间都变成了同质化的劳动时间，没有了所谓的昼夜之分、上下班之分，资本正是以劳动时间的灵活性换取了劳动者"心甘情愿"放弃自己的自由时间，然而灵活却不等于真正的自由。

（三）消极自由时间与积极自由时间的抗争

随着社会生产力发展，自由时间在量上有所增长，即使资本贪婪地窃取"劳动时间"，但总归还是有一定限度，也就是说劳动者或多或少还是拥有一点自由时间，那么如何运用有限的自由时间则呈现出时间"属物性"与"属人性"之间的对抗，即消极自由时间与积极自由时间的抗争。首先，什么是自由时间？闲暇时间是不是自由时间？卡莱尔·科西克认为"作为有组织的闲暇的自由时间概念与马克思毫不相干"[①]，马尔库塞也认为"马克思的'自由时间'不是'闲暇时间'，因为实现个人的全面发展并不是一种闲暇的事情"[②]。但马克思自由时间的根本规定在于可以自由支配、自主活动和用于自我发展的时间，"不论是闲暇时间还是从事较高级活动的时间"[③]。实际上，我们很难泾渭分明地划分出自由时间的消极和积极，因为即使闲暇时间也会对恢复主体的体力和智力产生积极作用。消极自由时间与积极自由时间的划分主要体现在对自由时间的运用上，无论是"动物式的享乐"还是"拜物教式的消费"都对身心发展无益，甚至是"属物性"时间对"属人性"时间的侵占。其次，从消极自由时间来看，运用自由时间从事有损身心健康的活动，这当然是消极的。同时，"非劳动时间"并非全部属于真正

---

① 卡莱尔·科西克：《具体的辩证法——关于人与世界问题的研究》，北京：社会科学文献出版社，1989年，第164—165页。
② Herbert.Marcuse. *Towards A Critical Theory of Society: Collected Paper of Herbert Marcuse*, Vol2. London and New York: Routlege, 2001, pp.74-75.
③ 《马克思恩格斯全集》（第31卷），北京：人民出版社，1998年，第108页。

的自由时间，"从属于劳动"的休息、娱乐和消费的自由时间不具有独立性，属于消极的自由时间。"从属于劳动"的休息是为了恢复劳动者体力来维持其生命的劳动状态，并未具有超越谋生性劳动的新生活样态。由此衍生出的消极休闲形式也是对必要劳动的配套调节机制。刺激性的娱乐活动往往也是对劳动单调乏味的反拨，甚至网络游戏、消费娱乐活动更是对人的自由时间的剥夺。这些消极闲暇与必要劳动处于恶性对立当中，将人的类特性退化为"动物性"，将时间的意义局限于"占有物"，同时让人误以为这种休息、娱乐和消费就是真正的自由。虽然马克思的自由时间本质上包含闲暇，但自由时间却不能停滞于无意义的原始松散状态，更不能依循必要劳动需要来配置使用，而必须依托实践活动来建构意义时间。最后，从积极自由时间来看，积极自由时间就是"意义时间"，其理想的极致活动就是"自由劳动"，其核心内涵在于使劳动过程呈现为主体发展的个性化、劳动方式的多样化和社会交往的丰富化。作为积极自由时间的自由劳动并不是必要劳动基础上的新型必要劳动，而是"发展不追求任何直接实践目的的人的能力和社会的潜力"[1]。自由劳动的主体不再屈从于强制性的分工和谋生性的单一职业劳动，而是基于自身个性的积极自由劳动者。"个体得到自由发展，因此，并不是为了获得剩余劳动而缩减必要劳动时间，而是直接把社会必要劳动缩减到最低限度，那时，与此相适应，由于给所有的人腾出了时间和创造了手段，个人会在艺术、科学等方面得到发展"[2]，从整个社会来看，共产主义所实现的人类解放，就意味着以分工交换和占有财富为基础的社会必要劳动时间不再宰制个体生命时间，基于主体个性差异的多样劳动形态的时间将占据主导，自由时间将超越生产主义和消费主义，成为真正属人的意义时间。

三、"时间解放"：自由时间的公平享有和意义旨归

马克思的时间理论所蕴含的丰富而深刻的思想，不仅仅是揭示时间权力运

---

① 《马克思恩格斯全集》（第32卷），北京：人民出版社，1998年，第214页。
② 《马克思恩格斯文集》（第8卷），北京：人民出版社，2009年，第197页。

作下资本剥削秘密的致思范式，更是一种"时间解放"的革命道路。自由时间的实现过程也就是人类走向真正自由的历史过程，对自由时间的充分占有、公平享有和积极运用依然是现代时间政治的核心所在。因此，马克思的时间理论对于现代社会，尤其是对当今中国发展实践无疑具有重要的启示意义。

（一）大力发展科技和共同劳动，促进"时间生产力"富余

自由时间生成的历史就是人类在自然面前不断彰显其主体性的历史，历史展开的首要基础就是社会生产力的发展。生产力越低下，人类就越受控于自然必然性，在原始社会人类几乎所有时间都被耗费在满足基本生存需要的劳动上，毫无任何自由时间可言。因此可以说，自由时间生成的可能性首先是以社会生产力发展为前提。正是凭借生产力发展，剩余劳动时间和自由时间在阶级社会获得了现实性。在马克思看来，社会发展和社会活动的全面性都取决于时间的节约，"节约劳动时间等于增加自由时间，即增加使个人得到充分发展的时间，而个人的充分发展又作为最大的生产力反作用于劳动生产力"[1]，这实际上就要求通过发展科技来提高劳动生产率和节约时间，二者相互促进并形成螺旋式上升态势，为自由时间实现富余奠定基础。但是，"只要存在一些人不劳动（不直接参加使用价值的生产）而生活的社会"[2]，就存在不劳动的人从剩余劳动中夺取生活物质条件和自由时间。因此，自由时间在劳动者身上的富余还取决于劳动的社会化和普遍化即"共同生产"，一切有劳动能力的人都无一例外地投入生产当中。每个人都成为积极的劳动者，都成为社会物质生产活动的承担者，"任何人都不能把自己在生产劳动这个人类生存的必要条件中所应承担的部分推给别人"[3]，从而使单个人所承担的劳动时间缩短到最低限度，自由时间生成富余到最高限度，最终为劳动解放创造现实可能性。提出全面建成小康社会的中国，大力发展科技拓展"智造"产业来缩短劳动时间，提供就业保

① 《马克思恩格斯全集》（第31卷），北京：人民出版社，1998年，第107—108页。
② 《马克思恩格斯全集》（第32卷），北京：人民出版社，1998年，第213页。
③ 《马克思恩格斯文集》（第9卷），北京：人民出版社，2009年，第311页。

障，避免被唯利是图的资本市场和竞争法则统摄而出现"失业""过劳"和"不劳"之极端状况。每个社会成员有劳有得的"就业"问题一直是最大的民生问题，关乎基本生存和人的尊严。同时，让所有劳动者都享有自由时间也是最大的社会问题，关乎人的发展空间、精神追求和美好生活建构。所以，大力发展科技和共同生产以实现"时间生产力"富余，是马克思劳动解放的实践要求。

（二）强力限制资本和权力妄为，谋求"时间生态学"正义

目前分配正义理论往往都聚焦于财富、收入和机会等分配制度，而没有涉及时间正义问题。但鉴于自由时间是人类解放的根本条件，所以对自由时间的分配正义和相关制度也应视为正义理论的重要课题。时间正义根源于劳动正义和财富正义。劳动是创造社会财富的价值源泉，如何分配劳动财富就关乎每个人的生存境况和发展空间。但在资本和权力共谋的社会中，资本窃取了属于生产者的劳动财富，使得劳动者丧失了享有物质财富和体面生活的公平回报，甚至吊诡的是劳动者生产的财富越多，他们就越赤贫，他们创造的时间越多，他们的时间越紧迫。之所以如此，是因为我们缺少足够的力量限制资本和权力，没有监管的权利必然肆意横行，没有规约的资本必将任性妄为。马克思尖锐地指出，要消解必要劳动时间与自由时间之间的对立，真正实现自由时间的公平合理分配，关键问题就是要限制资本和权力。限制资本就是限制资本的掠夺性，约束权力就是避免不正当的权力主宰，实现时间权力的去中心化。若将时间与生态学相结合，从"时间生态学"视角则呈现为诸行动者之间公平地满足彼此的时间需求，并透过制度批判性地检视人与人之间的时间协调模式，诊断自主活动协调的公平性问题。环顾今天的社会，全球财富集中在少数人手中，劳动者在社会所劳和所得存在明显不公，贫富差距悬殊，时间异化加剧，这是中国乃至世界面临的严峻问题。鉴于此，在新时代社会主义建设中，我们首先要处理好劳资关系，维护劳动者主体地位，谋求时间生态学正义。"我们应特别注重国民收入再分配的重要性。国民收入

再分配作为国家通过立法而建立起来的包含社会保险、社会福利、社会救助、社会优抚等内容的社会保障体系，是一种不以直接劳动为前提的分配制度，它更注重分配公平，因而更有利于迎接智能化技术广泛应用在就业问题上带来的挑战。"①我国民生建设，除了物质财富上缩小差距、实现共同富裕以外，更应该注重缩小自由时间分配差距，让所有社会成员公平享受到发展的空间。

（三）努力彰显人民主体地位，捍卫"时间属己性"旨归

自由时间是人的发展空间，是人自由解放的前提条件。"个人如果没有自己处置的自由时间，一生中除睡眠等纯生理上必需的时间以外，都是替资本家服务，那么，他就还不如一头役畜。"②人只有在属于自己的自由时间中，其活动目的才会发生根本转变，不再为谋生，更不为生产剩余价值，而只为"发展不追求任何直接实践目的的人的能力和社会的潜力"③，即为了"造就更好的自己"。人类解放的实现就意味着人可以主宰自己的劳动和时间，即人能以自己想要发展自身的尺度、以审美的尺度来决定所从事的劳动形式、劳动内容和劳动量，即真正享受自由的时间和自由的劳动。但外在强制性的劳动时间，对于劳动者而言只是一种生命的损耗。所以，尽管时间可以创造价值，但却并不自然等于人的价值，在资本主义生产方式中要么服从自身生存需要，要么服从外在强制，毫无自由可言，更何谈发展。只有那种与自由劳动本质相一致的"自由的""属己的"且"为人本身"的时间才会给人提供自由、解放和发展的条件，并且只有人民充分占有、公平享有自由时间，可以做自己喜欢做的事，才会获得真正的愉悦感、满足感和幸福感。追求人类解放，为人民谋自由发展是中国共产党人的初心和使命，人民对自由时间和美好生活的向往是其奋斗目标。坚持人民主体地位，努力使人民群众摆脱自然和劳动的限制，在身心放松中激发潜能、

---

① 阎孟伟：《人的生命活动的时间结构及其当代意义》，《江汉论坛》2019年第6期。
② 《马克思恩格斯文集》（第3卷），北京：人民出版社，2009年，第70页。
③ 《马克思恩格斯全集》（第32卷），北京：人民出版社，1998年，第214页。

张扬个性、展现才华、提升能力，使人的一切"独特性"都在"属己性"的意义时间中得到生长和锻造，不断在自我更新、自我完善、自我超越中成为新时代的主人，这是马克思时间解放的价值旨归，也是中国共产党的现实任务和历史使命。

中国式现代化的哲学省思

——兼评胡军北大版《究真求道》

张永超①

　　近年来关于中国哲学的研究，学界多有新作出版且获得广泛关注，比如对于传统思想资源予以深度发掘且以比较哲学视角予以研判对比者，以孙向晨教授《论家：个体与亲亲》为代表；另外从形而上学角度切入，对于"具体形而上学"及"道体"多有关涉且有深度创发者，以杨国荣《人与世界：以"事"观之》及丁耘《道体学引论》为代表。另外如方朝晖的《中学与西学》、杨泽波《儒家生生伦理学引论》皆值得留意。

　　然而，若由学理探研进而深入中国现代化进程之哲学省察，学界论述不多。比如杨国荣教授《哲学：走向历史的深层》更多涉及元哲学的"思与辩"以及对中国哲学的"总体反思"，而对于中国现代化历程少有涉及。若要对中国现代化进程予以哲学省察，一方面需要对于近现代以来的工业文明及其现代化进程有深度了解，另一方面对于中国的现代化历程要有充分自觉；此外，还需要有比较的视角，对于中西传统的不同思维方式要有明晰考察；进而对于现代化进程的未来预流还要有所观摄。

　　就此而言，胡军教授的新作，也是他的遗作——《究真求道：中国走进现代社会的哲学省察》在汉语学界便具有某种独特地位。在导论中，本书尝

---

①　张永超，上海师范大学哲学系教授、博士生导师。

试"从中国近现代的百年历程看中国到自由之路的可能性开展"，这是直接回应"中国向何处去"的百年之问。另外，诸如冯友兰先生念兹在兹的"两个世界的冲突"及其根源亦可在此得以呈现，此种梳理不限于对现代化的现象层面描述，而是涉及"现代化""现代性"之本质探问；对于前辈学者的探索，诸如"西化论""复古论""调和论"均予以评判，尤其是以现代化的七项标准予以论述。由此提出本书的新思路："回到儒家思想与现代社会的张力源点，接续前辈学人的自觉探索和批判，重新审视中国走进现代社会的自由之路。"[①]

一、经济实业与学术独立之痼疾

此书的第一章讨论了冯友兰的《新事论》和胡适的《争取学术独立的十年计划》。这是中国步入现代化进程的两项重要内容：经济发展与学术独立。然而《究真求道》一书则予以批判省察。对于冯友兰先生所赞同的发展实业以实现中国的"自由之路"，作者认为，"根据他的看法，有了某种生产工具，才有某种生产方式，才有整个社会的进一步发展的可能。但我们知道，要发明某种新的生产工具并不是一厢情愿的事情。如果要等到自己有了某种新的生产工具才谋求社会的变革，那么什么时候才能走上真正自由之路呢？"[②]作者也明确提到："中国要走向真正的自由，经济上的独立无疑是根本的。但经济决不可能是单轨发展的。经济上的独立是要依赖于思想的创新和科学的发明，要依赖于教育的普及和提高。要在上述领域取得成就，中国首先必须取得学术的独立，使基础学科获得长足的进步。而所有这些又都要依赖于政治上完善的民主制度的确立。"[③]由此而言，他认为冯友兰的"自由之路"是无法走通的，"将生产或经济看作是文化的核心并以之来解读社会其他领域发展的理论是很值得商榷的"。[④]

[①] 胡军：《究真求道：中国走进现代社会的哲学省察》，北京：北京大学出版社，2022年，第15页。
[②] 胡军：《究真求道：中国走进现代社会的哲学省察》，北京：北京大学出版社，2022年，第38页。
[③] 胡军：《究真求道：中国走进现代社会的哲学省察》，北京：北京大学出版社，2022年，第38页。
[④] 胡军：《究真求道：中国走进现代社会的哲学省察》，北京：北京大学出版社，2022年，第39页。

对于学术独立而言，可以看出不仅仅是胡适一人之见，大约可以代表当时以蔡元培先生为首的士林共识，但是胡适先生以其清晰明快的笔触发表了《争取学术独立的十年计划》（《中央日报》1947年9月28日）。此篇独立计划，蕴含了一代学人的学术激情与爱国热忱。一般认为，由于当时国内战争形势，此计划无缘实现。然而，《究真求道》一书则釜底抽薪般地认为：缺乏知识理论基础的"学术独立"计划难以实现。这不是时代背景的缘故无法实现，而是这个独立计划本身就是"纸上谈兵"，根本实现不了，"对于胡适本人上述的看法，我们应该深表同情，但我们在此不得不指出的是，他本人的这一看法似乎完全出于主观、耽于空想"。①此种深层原因便在于逻辑理论、知识理论的研究缺乏，由此而来的学术独立便难以实现："我们的文化传统历来就缺乏对科学的知识理论体系的研究及科技实验这样两个极其重要的元素，而且至今依然如此。……而这两者恰恰就是国家文化独立和进步的基础。如果不重视关于逻辑方法理论和知识理论体系的研究和相关能力的提升，而却一厢情愿地积极努力鼓吹中国学术独立也就不免流于虚幻的空想。"②

基于上述两点评判，《究真求道》一书回到"孔子之道与现代生活"的困境原点。此种困境原点与陈独秀的《孔子之道与现代生活》侧重不同，前者更多是侧重伦理层面的歧异以及"伦理的觉悟"，而《究真求道》一书则从现代化、现代性的视角入手，本书明确声称"现代化的实质是理性化"。③现代化进程中的"工业化"只是其成果，其奠基则在于现代化及工业化底色的"知识理论体系"，而这一点正是中国传统思想所缺乏的，而且在现代化进程中，此一缺陷并未受到应有的重视，可谓"先天发育不足"，"后天发展不良"。然而问题在于，随着中国现代化道路在经济实业层面的飞速发展，大家对其底基的"理性化""知识理论"体系则更加漠视甚或漠然。这是中国的现代化道路亟待重视的风险，理论层面与现实层面，双重的风险；理论上国际

---

① 胡军：《究真求道：中国走进现代社会的哲学省察》，北京：北京大学出版社，2022年，第47页。
② 胡军：《究真求道：中国走进现代社会的哲学省察》，北京：北京大学出版社，2022年，第48页。
③ 胡军：《究真求道：中国走进现代社会的哲学省察》，北京：北京大学出版社，2022年，第48页。

话语权缺失，现实上处于产业终端，这些都是不可持续的。学界对此不能视而不见。

二、传统思维与新人生论之提出

若认可现代化之实质是"理性化"，若可以接受现代化光彩之下是依托于"近现代知识理论体系"之支撑，那么，由此两点我们都终须要回归到"人"自身。无论是发展实业经济还是学术独立，最终都是现代"人"的作品。这里很自然就会涉及"背负传统的现代人"这一问题。据说晚清文人孙宝瑄说过一句话，颇值得玩味："以旧眼读新书，新书皆旧；以新眼读旧书，旧书皆新。"问题在于，中国的现代化之路恰恰是由浸润于传统思想的一代代中国人所开辟的，这是一条新路，但却是由老人披荆斩棘开辟出来的。鲁迅在《热风》中就发现："维新以后，中国富强了，用这学来的新，打出外来的新，关上大门，再来守旧。"他们的称号虽然新了，我们的意见却照旧。因为"西哲"的本领虽然要学，"子曰诗云"也更要昌明。换几句话，便是学了外国本领，保存中国旧习。本领要新，思想要旧。要新本领旧思想的新人物，驮了旧本领旧思想的旧人物，请他发挥多年经验的老本领。一言以蔽之：前几年渭之"中学为体，西学为用"，这几年谓之"因时制宜，折衷至当"。

由此以来，我们再看陈独秀对于传统思想尤其是孔教思想的批判，或许会有更多的同情及敬意。这是中国走进现代社会的必经阶段，毕竟这是一条新路，对于原有的传统思想资源、稳固的核心价值观均需痛彻的反省，否则很容易"改弦易辙""回到老路"上去，或者如鲁迅所说"用这学来的新，打出外来的新，关上大门，再来守旧"。此种痛彻反省，最终是要引进确立一种"新人生论"，而此种人生论旨在培养一种独立的人格，如同后来陈寅恪所说"独立之精神，自由之思想"。换句话说，唯有独立的人格，才能有经济之独立、话语权之独立以及学术之独立。《究真求道》对陈独秀的此种"新人生论"提倡明确表示赞扬："陈独秀所倡导的此种人生论实质上便是现代社会所需要的基本的人的品性，是现代社会所需要的真正的基础。新人生论的核心其实就是一种新的思维方式。"① "陈独秀思想革命优先的看法是有着先见之明的。不先行思想革命，没有民主、自由、科学、独立、法制、责任等意识的人来从事单纯的经济建设会给社会带来无穷的社会问题，导致产生权钱结合的变相官僚资本，形成财富分配的极不公平现象加剧社会矛盾，导致生态环境的急剧恶化。" "他认为现代社会应该具有的那些因素，如民主、人权、法治、科学、独立的人格等几乎已成了具有普适性的价值取向。可以说，缺乏或部分地缺乏这些因素的社会都没有资格被称之为现代意义上的社会。"②

个体的独立人格是中国现代化自由之路的基石，然而我们也要看到此"基石"并不牢靠，一方面此基石并未完全实现，另一方面此基石在提倡者那里有某种"先天缺陷"。作者明确声称："从现在看，陈独秀新文化运动提出的目标也并未完全实现，民主化的建设仍然在途程之中，科学还有待于提供和普及。他所积极提倡的新人生论即便在当下也未得到普及。"③这是值得深思的。另外《究真求道》一书指出："新文化运动领袖人物尽管准确地看到西方文化的核心，也基本上解决中国向西方学什么的问题，但是他们对西方文化却缺乏深入系统的研究，比如对于民主、人权、科学等虽然有着基本的了解，但总的说来，他们的文章中对此类问题的讨论缺乏深度和系统，没有能力做学理上的研究与分析。"④ "现代性的核心要素即是人的理性思辨能力。……陈独秀提倡的新人生论远较晚清直至新文化运动前的学者看得更深远和更透彻。但在此我们又不得不承认，陈独秀本人对于科学及其方法毕竟没有深入和系统的研究，在述说其新人生论的时候，对于科学思维模式也只是一笔带过。"⑤进而言之，独立人格与学术独立研究是同构的，彼此相互丰富，"世界学术发展的历史表明，知识理论体系的进步和发展有其自身的规律，要能够真正地促进知识理论的持续进

① 胡军：《究真求道：中国走进现代社会的哲学省察》，北京：北京大学出版社，2022年，第112页。
② 胡军：《究真求道：中国走进现代社会的哲学省察》，北京：北京大学出版社，2022年，第108页。
③ 胡军：《究真求道：中国走进现代社会的哲学省察》，北京：北京大学出版社，2022年，第108页。
④ 胡军：《究真求道：中国走进现代社会的哲学省察》，北京：北京大学出版社，2022年，第89页。
⑤ 胡军：《究真求道：中国走进现代社会的哲学省察》，北京：北京大学出版社，2022年，第113页。

步，不断创新，我们就必须自觉而坚决地遵循学术发展的基本模式，不能随意加以干预。干预的唯一结果只能是扼杀思想创新，断送学术生命。""与其他领域内的创新一样，知识理论体系的创新就是与众不同，就是异端，就是背离传统。……固守已有的传统，永远不可能有创新。"①

三、批判性继承与方法论自觉

中国的现代进程终究需要建基于个体独立人格的确立，由此独立个体人格，才会有对于知识理论体系的独立探讨，才有学术独立计划之实现以及学术创新与话语权之落实。《究真求道》一书指出："新人生论的核心其实就是一种新的思维方式。对此虽然没有明确系统地阐述这一点，陈独秀本人还是提出了他所说的科学主要就是指的科学方法。而他所说的自主的或独立的也恰恰正是科学思维所急需的独立而不依傍他人的思想品性。"②独立人格与方法论自觉是同构关系，以独立人格为根底，方法只是发用。"工欲善其事，必先利其器"，中国现代化道路之实现在学理层面便表现为独立的方法论自觉。由此而言，中国近现代化进程中，在学理层面，一方面有着明确的方法论自觉，另一方面又有着明显的方法论缺陷。

对于中国近现代化进程的方法论层面而言，较为系统地阐发源自胡适的"实验主义方法"介绍及其运用；学界更为关注的则是逻辑分析方法的传入与应用。这个以金岳霖和冯友兰为代表，其中冯友兰以逻辑分析方法反而来建构为维也纳学派所"拒斥"的"形而上学"则尤其引人注意。但是，《究真求道》一书通过对冯友兰"新理学"体系的细致考察则评论说："冯友兰虽然十分重视并热衷于运用逻辑分析方法来建构自己的哲学思想体系，但是他本人却并未对逻辑分析方法理论本身作过任何深入细致的论述，更谈不上对逻辑分析方法的理

---

① 胡军：《究真求道：中国走进现代社会的哲学省察》，北京：北京大学出版社，2022年，第122页。

② 胡军：《究真求道：中国走进现代社会的哲学省察》，北京：北京大学出版社，2022年，第112页。

论的系统研究了。"① "冯友兰对逻辑学知识的这种知识状况事实上误导了冯友兰对维也纳学派的逻辑分析方法的理解，也影响了他本人运用逻辑分析方法来构造形而上学的逻辑进程。"② 这个还算是比较客气的评论。到维也纳学派代表洪谦先生笔下，依据维也纳学派的立场对于冯友兰的形而上学体系及其方法给予了直白的批评，在洪谦看来，"冯友兰对维也纳学派有关形而上学的理论是有误解的。"③ 冯友兰的形而上学不过是"一种'空话'的理论系统"④，如果要取消形而上学的话，"那么冯先生的形而上学之被'取消'的可能性较之传统的形而上学为多"。⑤ 可以说，"洪谦是彻底地否定了冯友兰的形而上学思想体系"。⑥ 需要说明的是，《究真求道》一书出于某种情感和敬意对于冯友兰的"形而上学"体系有某种维护，但却很难视为"理论辩护"。因为作者也看到，对于哲学性质的论述以及"负的方法"之侧重，冯友兰"对逻辑分析方法的性质及其运用的看法已经与维也纳学派完全背道而驰"。⑦

而对于归纳法，这是近现代以来尤其是则培根以来重要的科学方法。对其凸显是在"中国科学社"同仁的努力下为中国学界所重视，他们认为"无归纳法则无科学"，由此来回应当时"为什么中国没有科学"的问题。"在任鸿隽等人看来，归纳方法也是科学产生和发展的充分条件。这就是说，只要把归纳方法引进中国，中国的科学也就能够发展起来。"⑧《究真求道》一书固然看到《科学》杂志同仁对"归纳法"引介研究予以高度评价，也看到当时的重大影响；但是，对其将归纳法视为"科学"之充分条件则明确表示反对。因为，"任鸿隽及以后的学者花了不少的时间介绍、引进归纳方法，任氏本人对于归纳方法的看法应该说是相当完备的。以后的金岳霖可以说花了几乎20年的时间研

① 胡军：《究真求道：中国走进现代社会的哲学省察》，北京：北京大学出版社，2022年，第131页。
② 胡军：《究真求道：中国走进现代社会的哲学省察》，北京：北京大学出版社，2022年，第132页。
③ 胡军：《究真求道：中国走进现代社会的哲学省察》，北京：北京大学出版社，2022年，第142页。
④ 胡军：《究真求道：中国走进现代社会的哲学省察》，北京：北京大学出版社，2022年，第144页。
⑤ 胡军：《究真求道：中国走进现代社会的哲学省察》，北京：北京大学出版社，2022年，第145页。
⑥ 胡军：《究真求道：中国走进现代社会的哲学省察》，北京：北京大学出版社，2022年，第145页。
⑦ 胡军：《究真求道：中国走进现代社会的哲学省察》，北京：北京大学出版社，2022年，第154页。
⑧ 胡军：《究真求道：中国走进现代社会的哲学省察》，北京：北京大学出版社，2022年，第166页。

究归纳方法，可以说提供了一套比较完备的归纳方法的理论。但科学在中国似乎并没有随着归纳法理论的立足而获得相应的发展。"①原因何在，还是要回到"人"自身上来，要回到"独立人格"上来，"西方科学的长足发展是在文艺复兴之后，是在人的意识的觉醒之后，人并不是神的附属物，人意识到了自己的主体性，认识到自己是自然的主人，是人给自然立法，人有能力认识和改造自然"。②

对于怀疑论方法，作者声称："一切学术的进步发展却似乎要依赖于怀疑的精神或方法。如果对一切都熟视无睹，习以为常，那么思想就会陷于停顿，变成一潭死水。为学贵在于有疑。疑则有进。这种怀疑精神当然是哲学研究的必要条件。没有怀疑精神，就不可能有真正的哲学思想，就不可能有真正的学术研究。"③然而我们对于怀疑论并不重视，甚至提到"怀疑"视为一种负面评价，"我们过度地坚持可知论的哲学立场，以为只要通过努力，我们一定能够掌握或了解世界的性质和事物运行发展的客观规律。由于过度地相信我们的认知能力，所以我们总是对怀疑论保持一种不满，甚至批判的态度。说某某哲学家具有怀疑论的倾向，实质上就是对这位哲学家的哲学思想的批判或不满。"④胡适对于怀疑论方法提倡有力，但是在作者看来"胡适的怀疑方法对中国传统文化具有极大的破坏力。但在方法论上讲，他的这种方法还是极其温和的，是不彻底的，而且运用的范围也是极其有限的。"⑤这是值得留意的评价，在方法论层面，我们可以看到方法论自觉，但是缺陷明显。

另外，需要留意"直觉方法"。作者以逻辑分析见长，这个可以他的《道与真》以及《分析哲学在中国》为例，但是，《究道求真》则秉持一种中和的立场。作者称"逻辑思维固然重要，但逻辑思维并不是人们思想的全部，而且逻辑思维有其局限性，需要得到直觉思维的补充。在紧张的逻辑思维之后，直

---

① 胡军：《究真求道：中国走进现代社会的哲学省察》，北京：北京大学出版社，2022年，第166页。
② 胡军：《究真求道：中国走进现代社会的哲学省察》，北京：北京大学出版社，2022年，第166页。
③ 胡军：《究真求道：中国走进现代社会的哲学省察》，北京：北京大学出版社，2022年，第171页。
④ 胡军：《究真求道：中国走进现代社会的哲学省察》，北京：北京大学出版社，2022年，第171页。
⑤ 胡军：《究真求道：中国走进现代社会的哲学省察》，北京：北京大学出版社，2022年，第172页。

觉思维的能力就得到了展现。"①"理性本身也有着不可避免的局限或弊病，它也曾给人类带来了不少灾难""直觉的方法与逻辑分析的方法之间既有着不同或相互排斥的关系，也有着相互补充的关系。两者只有优长互补，才能将直觉论和直觉主义向前推进。"②接续方法论省察，胡军教授出版了一部直觉论研究专著（《中国现代直觉论研究》），这是值得留意的，恰恰是一位注重逻辑分析法的学者为中国学界提供了第一部关于中国现代直觉论的研究专著。套用冯友兰的话来说，注重正的方法的人不仅能理解"负的方法"，而且能研究最难的"负的方法"。作者对于逻辑分析方法、直觉方法，持中和立场。这以《生活中的逻辑分析与直觉思维》为代表，该文首刊于《中国文化》（2018春季号）。

四、未来忧思与重建可能

《究真求道》一书第四章讨论知识主义社会视角下"自由之路"的重建可能。需要留意的是，作者是从"人性"这一视角来探讨"知识""知识主义社会"和"自由之路"的，作者首先引用亚里士多德《形而上学》首句："求知是人的本性。"回到"人"自身，这是本书的特点和根基所在，对于中国现代化历程的深层省察，没有停留在经济层面、教育层面，甚至科学方法论层面，而是随着对这些层面的发掘最终回到了"人"自身。作者说："人是求知的动物。在这里，知识不仅仅是指自然科学知识，也是指伦理、艺术、神话、宗教等方面的知识。仅仅把人定义为道德主体是不准确的。因为道德主体不足以反映人的本质属性。比较有充分理由的说法是，人是有道德意识的存在。"③"自由是人的本质。其实，自由不过是人自觉地运用知识系统来说明自我及外在

①　胡军：《究真求道：中国走进现代社会的哲学省察》，北京：北京大学出版社，2022年，第191页。
②　胡军：《究真求道：中国走进现代社会的哲学省察》，北京：北京大学出版社，2022年，第195页。
③　胡军：《究真求道：中国走进现代社会的哲学省察》，北京：北京大学出版社，2022年，第201页。

的一切、并超越自我的种种限制和割断外在的一切束缚的能力的实现。"①人的本性、求知与自由这是一体的自然显现，不是彼此割裂的。有独立的个体人格，才有独立的学术，才有知识创新与行动自由，才有现代意义上的现代化国家。

"由于知识在经济生活中的全面渗入，现代的经济生活也出现了革命性的变革。""知识在现代社会成了新资本形态。以实物形态表现的传统资本的一个最显著特点是它的时空有限性。知识资本却不同，它具有无限的延伸性。"②这些是作者对于未来社会"知识主义"展望，作者说："通过上面的分析，我们可以清楚地看到，知识在我们的时代，已经成为了主宰或支配整个社会的力量。因此，结论也就是，我们的世界是知识的世界。我们的经济是知识经济。最新的系统的知识是最大、最新的生产力。谁掌握了这样的知识系统，谁就是新的生产力发展的主体，谁就代表了先进生产力的发展要求。"③问题在于，在作者笔下恰恰是知识理论体系创新层面，中国近现代化进程是最为薄弱的一环。

不仅仅现代化之路是在外缘后发的，对应的知识体系是引进的，关键在于知识创新体系的根底"独立人格"在中国现代化进程中并未实现或完成。"陈独秀所倡导的此种人生论实质上便是现代社会所需要的基本的人的品性，是现代社会所需要的真正的基础。"④"从现在看，陈独秀新文化运动提出的目标也并未完全实现，民主化的建设仍然在途程之中，科学还有待于提供和普及。他所积极提倡的新人生论即便在当下也未得到普及。"⑤所以，作者固然对于知识主义社会深有赞同，对于未来展望也自信满满，但是，对于中国现代化进程而言，其哲学省察，更多是一种预警和忧思。

接续论述"知识主义社会中人的行动结构""知识主义社会生活中的逻辑

---

① 胡军：《究真求道：中国走进现代社会的哲学省察》，北京：北京大学出版社，2022年，第202页。
② 胡军：《究真求道：中国走进现代社会的哲学省察》，北京：北京大学出版社，2022年，第206页。
③ 胡军：《究真求道：中国走进现代社会的哲学省察》，北京：北京大学出版社，2022年，第207页。
④ 胡军：《究真求道：中国走进现代社会的哲学省察》，北京：北京大学出版社，2022年，第112页。
⑤ 胡军：《究真求道：中国走进现代社会的哲学省察》，北京：北京大学出版社，2022年，第108页。

分析与直觉思维"，作者还论及"知识是高质量权力之源""知识理论引领现代人文艺术、体育"。这是一个全方位的"知识主义社会图景"，然而此种光辉的"知识主义社会"恰恰建基于"求知的人性"这一独立人格之培育，这与"思想自由学术至上"是对应的。"思想自由"建基于"人格至上"，而人格至上与学术至上是同构的。作者说"遵循思想自由、学术至上的原则。而且更要认清的是，目前大学及研究机构管理的主要方式是意识形态的管理模式。此种主导模式强调的只是思想上的统一，以为思想上统一了，行动上也就统一了。殊不知，这种以意识形态为主的管理模式阉割的是自由思想的能力及其知识创新的可能性。两者之间完全是背道而驰、南辕北辙、风马牛不相及的。知识创新就是对主导思想的背离，就是对传统文化的反叛。"[①]

毋庸讳言，胡军《究真求道：中国走进现代社会的哲学省察》一书通过对中国现代化进程的哲学省察以及对于未来知识主义社会的展望，蕴含了一位中国哲学家对于本土现代化进程的深沉忧思与赤子之爱，同时也彰显了一位北大学人对于人类未来文明进程的预流研判与忧患意识。这是一部掷地有声的书，我在2018年写的《胡军教授的学思历程及其反省》（《关东学刊》2018年1期）一文结尾说：

> 很明显年逾"耳顺"的他，写法不必再囿于"博士论文手法"（到处需要引经据典加注释）；但是，他的想法、洞见恰恰通过行云流水的方式游刃有余地表述出来，自由而洒脱，其根底正依托于他四十年来深厚的知识论、方法论训练，因此便令人期待而欣慰……

《究真求道：中国走进现代社会的哲学省察》，正是这样一部书，可以视为胡军教授的晚年定论与代表作。我们固然可以找出本书种种格式引文等方面的瑕疵，然而正是这样的直面问题、直抒胸臆，让我们看到一个北大学人延续百

年北大精神，敢于讲真话，维持蔡元培先生"研究高深学问"之嘱托以及"为现代中国寻路"之热忱。中国哲学界对于古文献的研究人声鼎沸熙熙攘攘，然而与中国现代化进程渐行渐远。大家热衷于皓首穷经，对于历史人物津津乐道谈兴正浓，对于现实境遇则视而不见装聋作哑。

或许，中国哲学界的研究终须回到中国自身的问题中来，才是正道。这是胡军教授遗作《究真求道》给予中国学界的最大启示。

主要参考文献

冯友兰：《中国现代哲学史》，广州：广东人民出版社，1999年。

陈独秀：《陈独秀著作选》，上海：上海人民出版社，1984年。

梁漱溟：《东西文化及其哲学》（修订版），北京：商务印书馆，1999年。

牟宗三：《中国哲学的特质》，长春：吉林出版集团有限公司，2010年。

牟宗三：《中国哲学十九讲》，长春：吉林出版集团有限公司，2010年。

贺麟：《文化与人生》，北京：商务印书馆，1988年。

贺麟：《五十年来的中国哲学》，北京：商务印书馆，2002年。

沈清松：《从利玛窦到海德格：跨文化脉络下的中西哲学互动》，台北：商务印书馆，2014年。

梁漱溟：《东西文化及其哲学》（修订版），北京：商务印书馆，1999年。

梁启超：《梁启超史学论著四种》，长沙：岳麓书社，1985年。

李泽厚：《中国古代思想史论·中国现代思想史论·中国近代思想史论》（全3册），北京：生活·读书·新知三联书店，2009年。

李泽厚，刘绪源：《该中国哲学登场了？——李泽厚2010谈话录》，上海：上海译文出版社，2011年。

陈来：《现代中国哲学的追寻：新理学与新心学》，北京：生活·读书·新知三联书店，2010年。

林毓生：《中国意识的危机》，穆善培译，贵阳：贵州人民出版社，1986年。

张岱年：《中国哲学大纲》，北京：中国社会科学出版社，1982年。

熊十力：《十力语要》，上海：上海书店出版社，2007年。

陈平原：《"新文化"的崛起与流播》，北京：北京大学出版社，2015年。

蔡元培：《对于送旧迎新二图之感想》，载《蔡元培全集》（第二卷），杭州：浙江教育出版社，1997年。

陈序经：《中国文化的出路》，北京：中国人民大学出版社，2004年。